新时代高校思想政治工作协同创新研究

周 方◎著

XINSHIDAI GAOXIAO SIXIANG ZHENGZHI GONGZUO
XIETONG CHUANGXIN YANJIU

人民出版社

序

　　《新时代高校思想政治工作协同创新研究》是西北师范大学副教授周方博士在他博士论文的基础上进行修改和充实而成的一部学术专著。他的博士学位论文在答辩过程中,得到校内外同行专家的一致好评。这既是他 4 年学习与研究的结晶,也是他近年来对高校思想政治工作协同创新问题思考的一个阶段性成果。作为他的博士生导师,我为他所取得的进步颇感欣慰。在本书即将由人民出版社出版之际,他提出让我作序,我欣然应允。

　　党的十八大以来,以习近平同志为核心的党中央高度重视学校思想政治工作。围绕为谁培养人、培养什么人、怎样培养人这个根本问题,习近平总书记先后发表一系列重要讲话、作出一系列重要指示批示,系统、科学、深刻地回答了事关新时代学校思政课建设的一系列方向性、根本性问题,为学校思想政治工作指明了前进方向。在以习近平同志为核心的党中央推动下,一系列相关举措接连出台,推动学校思想政治工作不断迈上新台阶,取得了一系列新成就,呈现出不同于以往的新气象,高校思想政治工作的地位明显提升、内容导向性更加明确、运行模式发生深刻变化、领域得到新的拓展、格局进一步优化、专门力量显著增强。正是得益于伟大时代的启发,周方博士长期关注、跟踪新时代高校思想政治工作,并作为主要研究方向进行深入探索,积累了丰富的第一手素材和相关的研究经验,撰写出博士论文和书稿,在此期间花费了不少精力、付出了巨大努力。

　　高校人才培养质量是新时代高校体系建设和内涵发展的关键,而思想政治工作是高校各项工作的生命线,在高校人才培养过程中起到关键作用,直接体现着高校的办学性质、办学方向和办学质量。该书以马克思主义理论为指导,将高校思想政治工作视为战略工程、固本工程、铸魂工程,从高校思想政治工作的内涵特征、基本范畴入手,探寻协同理论与高校思想政治工作的内在契合性,追溯高校思想政治工作协同的理论依据和中华优秀文化中协同思想,为后续全面展开论述奠定了良好基础。

新时代 10 年,高校思想政治工作成效显著、成绩喜人。该书在娓娓道来的论述中,对高校思想政治工作的发展趋势、机遇环境做了认真分析。比如,更加突出立德树人的核心内容、更加注重与专业相融合、由传统向现代化转化、专业引领的全员化发展等。同时,也通过不同的视角,对新时代高校思想政治工作面临新的挑战进行仔细考量,表现出了浓郁的问题意识和问题导向。该书认为,新时代高校思想政治工作面对着主体多元、思想观念多样、社会发展多变的复杂环境,面临着教育领域拓展、教育内容交汇、教育方式交叉的实际,面向着人们主体性、选择性不断增强的特点,高校思想政治工作更需要坚持主导性与多样性相结合的发展方向,更需要各项教育的紧密结合,更需要研究各种教育内容、教育环节、教育方法的有效综合,深入推进高校思想政治工作协同理论研究与实践探索。

该书抓住创新这个关键动力,突出了协同这个必然选择,紧紧围绕高校思想政治工作为何协同、怎样协同展开论述。基于协同理论的视角,着眼于破解高校思想政治工作中存在的"非协同"问题,重点阐述了协同学理论与高校思想政治工作的内在联系,分别从高校思想政治工作的 6 个维度,论证了高校思想政治工作协同的内涵、意义和路径。该书旁征博引、内容充实、思路严谨、论述充分,提出了富有见解的思想,创新性突出,比较系统地对高校思想政治工作的基本内涵和基本范畴进行探讨,并为高校思想政治工作协同创新研究提供了前提。其中,目标协同是聚焦立德树人目标,以学生思想品德的形成为价值旨向,重点考察教育主体目标,课程思政目标协同情况;主体协同的目的在于厘清高校思想政治工作主体的内涵,协调主体之间的关系,认知主体的功能特征,为高校思想政治工作主体关系的优化提出建议;主客体协同从主体间性的视角来看待主客体关系,强调主体间性思维方式,考察主客体关系失衡现象,构建主客体主体间性思想政治工作模式;内容协同则重在高校思想政治工作促进大学生政治思想、政治意识、政治态度的认同,弘扬和践行社会主义核心价值观,培育社会主义理想信念,体现高校思想政治工作内容的科学性和现代化;过程协同则是以问题为导向,针对高校思想政治工作过程中的要素不协调、载体相隔离、机制不完善等问题,从实践的视角构建了高校思想政治工作协同机制;环境协同强调高校思想政治工作文化协同的作用,探索创建高校思想政治工作文化生态的有效举措,加强生态环境建设,切实推动高校思想政治文化生态的不断优化。作者还从高校思想政治工作实际出发,展望了高校思想政治工作可持续协同创新的前景。

希望本书的出版能为高校思想政治工作协同创新的研究起到抛砖引玉的作用,希望有更多的同行加入这个领域的研究,取得更为丰硕的成果,合力推动高校思想政治工作协同创新的发展。同时,也希望周方再接再厉,继续深入研究,在未来的学术耕耘中争取获得更新、更高质量的研究成果。

王宗礼

2023 年 2 月

目　　录

前　言

　　"当我们通过思维来考察自然界或人类历史或我们自己的精神活动的时候,首先呈现在我们眼前的,是一幅由种种联系和相互作用无穷无尽地交织起来的画面。"①恩格斯所描绘的画面在这里表现得更为真实、贴切和美丽,也使人充满激情和期待。协同创新是高校思想政治工作实践的理想追求,也是业界的共同期盼。致力于高校思想政治工作协同创新的学理层面和运行机制的研究,为协同育人找到学理逻辑和实践路径,正是本书的时代使命和不懈追求。

一、新时代高校思想政治工作协同创新的现实意义

　　党的十八大以来,以习近平同志为核心的党中央高度重视高校思想政治工作,提出一系列重要理念,作出一系列重要指示批示,出台一系列重要文件,特别是习近平总书记在全国高校思想政治工作会议上的重要讲话,从全局和战略高度,深刻回答了事关我国高等教育事业发展和高校思想政治工作的一系列重大问题,既是对高校思想政治工作指导思想和实践要求的不断深化,又是对当今高校办学方向和育人规律的科学把握,是指导新形势下高校思想政治工作的纲领性文件,对于办好中国特色社会主义大学、推进党和国家事业发展,具有重大而深远的意义。

　　1. 高校思想政治工作协同创新的理论意义

　　第一,创新思维模式。"在时代变化和实践发展中,实现理论创新则是学

---

　　① 《马克思恩格斯文集》第 3 卷,人民出版社 2009 年版,第 538 页。

科与时俱进和理论体系不断发展的基础。"①高校思想政治工作协同创新研究基于协同理论,紧紧围绕高校思想政治工作"为什么协同"和"怎么样协同",致力于突破育人模式的传统理念,以思想政治教育工作协同创新的机制重构与系统再造为目标,尝试对思想政治工作协同进行观念重塑、过程再造和深刻变革,致力于构建起体系完备、机构健全、高效运转、融合统一、协同发展、目标达成度高,具有重要理论意义和现实意义的育人新模式。

第二,构建协同体系。协同体系的建设,不仅是在协同理论视域下深入思考高校思想政治工作协同问题,实现理论应用的创新,更是为高校思想政治工作的有效开展,提升高校思想政治工作质量和水平提供理论指导。

第三,推动价值认同。高校教育工作要体现教学相长,促进教师和学生对思想政治工作的认同,对于形成"大思政"格局具有重要的意义。教师首先要明道信道,才能传道授业解惑,学生只有明道信道,才能学以致用、学以修为,践行知行合一。

2. 高校思想政治工作协同创新的实践价值

第一,坚持社会主义办学方向的必然要求。一是为高校社会主义意识形态教育提供制度保障。在高校构建大学生思想政治工作协同机制,是确保社会主义办学方向的需要,是为培养中国特色社会主义事业合格建设者和可靠接班人提供制度保障。二是为高校全面贯彻落实党的教育方针,确保高校社会主义意识形态的主导地位提供政治保障。

第二,提高思想政治工作实效性的根本保证。一是努力探索高校思想政治教育内容结构体系的构建,为提高思想政治教育实效性提供基础保障。在高校构建思想政治工作协同机制,形成目标明确、职责分明、关系协调、责任共担、齐抓共管的"大思政"工作格局,巩固思想政治教育成果,开创思想政治工作的新格局。二是加大思想政治工作的统领力度,整合高校思想政治教育资源、优化高校思想政治工作协同系统结构,落实高校思想政治工作的目标任

---

① 顾海良:《打牢马克思主义学科建设的根基》,《理论导报》2015 年第 8 期。

务,并将人员责任落到实处,形成思想政治工作的合力。

第三,大学生成长成才的根本需要。一是获得更好的引导和教育,塑造新的精神风貌。首先,高校大学生正处于世界观、人生观、价值观的形成期,思想还很不成熟,需要引导和教育。其次,一些高校尚未真正形成独具特色的办学理念和校园文化,重学生专业技能培育,而轻人文教育,因此难以真正解决学生在学习、思想上存在的困惑,容易造成学生世界观、人生观、价值观的偏离。最后,青年学生的健康成长需要得到高校教师的正确引导和教育,学生在获得专业技术技能的同时,身心素质、道德、个性等也要得到充分的发展,最终成长为品德高尚、人格健全、心理健康、行为端正的社会主义合格建设者和可靠接班人。二是注重人文关怀和心理疏导,促进青年学生全面发展。注重人文关怀是思想政治工作坚持以人为本的必然要求,是大学生成长成才的客观需要,是增强大学生思想政治工作针对性、实效性的有效途径。

二、新时代高校思想政治工作协同创新的基本思路

新时代高校思想政治工作协同创新研究始终坚持以马克思主义理论为指导,立足当前国内外形势与高校思想政治工作发展实际,以问题为导向,紧紧围绕"为何协同、怎样协同"这个中心点,着眼于破解高校思想政治工作过程中存在的关键问题,分四个部分论述高校思想政治工作如何实现协同:首先是提出问题(论点),在梳理挖掘协同理论资源的基础上,清晰协同理论与高校思想政治工作的内在关联,进一步明确问题研究的范畴;其次是研究问题(证据),分别从高校思想政治工作的六个向度,论证了高校思想政治工作协同的内涵、意义和路径;再次是总结问题(结论),以问题为导向,针对高校思想政治工作过程中的要素不协调、载体相隔离、机制不完善等问题,从实践的视角,构建高校思想政治工作过程协同机制;最后是展望发展格局(前景),立足于高校思想政治工作发展的视域,展望了高校思想政治工作可持续协同创新的前景。

针对高校思想政治工作中存在的教育主体疏离、主客体失衡、目标脱节、

内容断裂、环境干预等非协同现象,运用协同理论的观点,旨在高校思想政治工作中构建机构、制度以及教育内容、教育途径、全程循环等协同机制,促进高校思想政治工作各系统之间关联互动、协同共振,提高系统内的自组织能力和抗干扰能力,优化思想政治教育的整体结构和功能,实现高校政治思想工作效果的显著化,不断提升人才培养的质量。

本书从协同理论的视角出发,基于中国传统文化协同思想的启发,着眼于破解高校思想政治工作中存在的关键问题,阐述了协同学理论与高校思想政治工作的内在关联以及高校思想政治工作协同的基本内涵与基本范畴,从横向角度,分六个向度论述高校思想政治工作各要素的协同,是显性机制;从纵向角度来看,促进高校大学生从明道至信道,由内化而外化,实现知行合一的过程,是隐性机制。

三、新时代高校思想政治工作协同创新的鲜明特征

新时代高校思想政治工作的协同创新坚持问题导向,深入分析了高校思想政治工作过程中存在的问题,将协同理论引入高校思想政治工作,着力构建高校思想政治工作"协同体",形成协同育人新格局。

第一,研究视角的选择:将协同理论引入高校思想政治工作育人实践进行创新尝试,协同包含理论发展和实践演进两方面的内容,我们应在理论创新和实践培育的双向互动过程中有效开展育人工作。因而,本书将协同理论的基础研究作为理论起点,以期从理论的视域对高校思想政治工作的协同进行系统的梳理。同时,整体分析了高校思想政治工作协同的现状,对消解高校思想政治工作协同的各种阻碍给予了有力的回应,有助于构建高校思想政治工作的协同体系及体制机制,推动高校思想政治工作的协同运行。

第二,具体问题的探讨:从理论来源、实践模式、制度体系全面剖析,从整体上来观照高校思想政治工作协同机制的建构。在此种意义上,本书期望推动高校思想政治工作理念从传统教育观向现代教育观的转变;从灌输教育理念向主体性教育理念的转变;从传统课堂价值观到生命课堂价值观的转变;从

单一教育理念向协同育人理念的转变。

　　第三,实践价值的探寻:合理发掘高校思想政治工作协同育人的实践价值。本书从协同化和整体化着手,革新高校思想政治工作思维模式,构建高校思想政治工作协同育人模式,将思想政治工作协同理念贯穿于高校思想政治工作人才培养的全过程,将高校思想政治工作协同育人落到实处。

第一章 高校思想政治工作
协同理论阐释

思想政治工作是学校一切工作的生命线。高校应始终高举马克思主义伟大旗帜,坚守社会主义办学方向,紧紧围绕"培养什么人、怎样培养人、为谁培养人"这一根本问题,深入推进习近平新时代中国特色社会主义思想"进教材、进课堂、进学生头脑",落实立德树人根本任务,为社会主义现代化事业培养合格建设者和可靠接班人。本章主要涉及高校思想政治工作的内涵、特征与范畴,清晰界定高校思想政治工作的特色及问题研究的范畴是研究的关键,以马克思主义教育理论、中国传统文化中的协同思想为理论基础,探索协同理论与高校思想政治工作的内在契合性,内蕴协同特质、协同要求及协同价值。

第一节 高校思想政治工作的内涵与特征

高校思想政治工作协同的内涵强调系统要素在运行过程中的互动对实现思想政治教育总目标的影响,以及思想政治工作原则、规律、内容、方法、过程、空间等要素的有机组合,体现了各级思想政治工作体系的整体功能和规律。高校思想政治工作紧紧围绕"为什么协同、怎样协同"展开研究,深入把握高校思想政治工作的内涵及其协同特征,更有利于探索高校思想政治工作协同模式,构建协同创新机制,不断提升高校思想政治工作的针对性和实效性。

一、高校思想政治工作的概念与内涵

我们要深入研究高校思想政治工作的协同问题,必须首先清楚什么是思想政治工作,什么是高校思想政治工作,高校思想政治工作协同的内涵是什么?下面我们就对这些概念逐一进行界定,分析高校思想政治工作现代化协同依据、多元化协同趋势、协同张力及文化协同目标,为今后的研究提供价值基础。

(一)高校思想政治工作协同的概念

在本书中高校思想政治工作努力构建"大思政"工作格局,更侧重于实践性,涉及思想政治理论教育及教育活动,因此,本书在论述中使用了"思想政治工作"的概念。

1.思想政治工作的概念

所谓思想政治工作,就是指"无产阶级及其政党在进行无产阶级革命和社会主义建设的过程中,为引导和促进人们认同、掌握马克思主义的思想理论、政治取向、政策主张而进行的宣传、动员、教育等方面的工作及其科学理论"[①]。思想政治工作历来是我们党的优良传统。中国共产党思想政治工作中的"思想"就是以马克思列宁主义、毛泽东思想、邓小平理论、"三个代表"重要思想、科学发展观以及习近平新时代中国特色社会主义思想为指导的思想,"思想"具有更强的意识形态性,"工作"更强调政策性和实践导向。习近平总书记指出:"思想政治工作从根本上说是做人的工作,必须围绕学生、关照学生、服务学生,不断提高学生思想水平、政治觉悟、道德品质、文化素养,让学生成为德才兼备、全面发展的人才。"[②]"思想政治工作包含思想政治教育和日常性思想政治工作",不仅包含思想政治教育,还包括日常的思想政治教化以及

[①] 荆惠民:《思想政治工作概论》,中国人民大学出版社2007年版,第42页。
[②] 习近平:《把思想政治工作贯穿教育教学全过程 开创我国高等教育事业发展新局面》,《人民日报》2016年12月9日。

各种形式的以思想政治为主题的活动。① 其范围广于"思想政治教育",它所强调和构建的是一种"大思政"格局。

2. 高校思想政治工作的概念

高校思想政治工作是通过先进理论的教育,引导师生掌握正确的思想、观点和方法,实现释疑解惑、沟通思想、凝聚力量,坚定马克思主义和共产主义信念。② 高校思想政治工作包括思想政治教育、日常性思想政治工作和教师管理工作的一部分,涉及政治教育、思想教育、道德教育、心理教育及促进教师全面发展等多方面内容。高校思想政治工作的过程就是落实党的思想政治教育任务,结合大学生的思想实际,有计划、有目的、有组织地对学生施加教育影响,使他们形成符合国家所要求的、具有马克思主义世界观和社会主义品德的过程。高校思想政治工作关乎育人根本,必须把思想政治工作贯穿教育教学全过程,在坚定理想信念、厚植爱国主义情怀、加强品德修养、增长知识见识、培养奋斗精神、增强综合素质等各方面,狠下工夫、下足工夫。

3. 高校思想政治工作协同的概念

思想政治工作协同是指在思想政治工作理论和实践领域如何通过对不同主体之间的相互协同,以期在社会教育的整体系统中形成微观个体层次整合性的结构特征,构建一个新的有序结构并使其发挥正向功能。③ 高校思想政治工作协同是指在思想政治工作过程中,运用协同理论来研究思想政治工作各参与主体和要素之间的关系,从而构建具有保障性功能的思想政治工作协同机制。思想政治工作协同是一个动态发展的系统,将目标、内容、方法、过程、空间等要素协调合作,实现"1+1>2"的效果。高校思想政治工作运用协同理论研究思想政治工作要素之间的协同,从文化创新的视角,探讨思想政治教

---

① 参见余仰涛、熊习岸:《建设思想政治教育学应正视的几个问题》,《江汉论坛》2003 年第7 期。

② 参见王永贵:《掌握高校思想政治工作主导权的现实思考》,《思想理论教育》2017 年第4 期。

③ 参见王学俭、李晓莉:《论思想政治教育协同创新》,《甘肃社会科学》2014 年第 3 期。

育过程中人文关怀与生命价值的意义,形成思想政治工作协同创新理念和行为方式,实现思想政治工作环节的优化、系统要素的相互依赖和共同演化以及教育发展的需求。

(二)高校思想政治工作协同的内涵

高校思想政治工作协同是以学生的全面发展为育人目标,基于主体协同、空间场域协同、内容协同层面,在工作目标的同构性、育人资源的贯通性、教育方法的关联性协同逻辑中,展现高校思想政治工作协同实践的整体性效应与人文关怀品格,表现出现代化、多元化、互通化、人文化趋势,有效诠释了思想政治工作协同内涵。

1. 高校思想政治工作现代化协同依据

高校思想政治工作目标规划的现代化。社会利益格局的多元化、社会思想文化的多元化深刻影响着高校思想政治工作思维模式。因此,高校思想政治工作的现代化应当坚持目标设计的现代化,树立协同育人理念、打造育人平台、挖掘育人资源和撬动育人动力等方面,提升思想政治工作的质量和水平。高校思想政治工作实践载体的现代化,强调正视社会信息传播的新传媒和网络化趋势,要有"互联网+"思维。高校思想政治工作协同发展平台需要教育载体现代化,这将加快推进思想政治教育理念的传播,从而促进思想政治教育环境优化、教育成本降低,构筑起文明、和谐的思想政治教育文化空间。

2. 高校思想政治工作多元化协同趋势

高校思想政治工作的多元化是指现代思想政治工作要有效利用社会教育资源,有效运用思想政治教育方法,有效搭建社会教育网络,发挥思想政治工作的合力作用,最大化实现协同育人功能。家庭、学校、行业企业、社会等形成了思想政治工作的多元社会资本,在高校大学生思想政治教育过程中发挥重要作用。家庭是学生接受思想政治教育的首要场所,家庭成员的思想品德行为潜移默化地影响着学生的思想行为,奠定了学生基本的思想观念、政治倾向、道德素养;学校是大学生接受思想政治教育的主要环境,学校思想政治教育遵循学生成长规律进行理论和实践教育,促进学生社会主义核心价值观的形成,培养德、智、体、美、劳全面发展的社会主义建设者和接班人;行业企业是高校学生接受实践锻炼的重要场所,企业生产环境、生产技术、企业文化极大地影响着学生的思想政治风貌;社会宏观环境对学生思想政治状况是潜移默化的影响,社会风气、社会主义价值观深刻影响着学生的价值观念。高校突出强调专业能力和职业精神的培养,社会实践成为锻炼学生专业技能的重要途径。因此,推进学校、家庭、企业、社会多元化培养,尤其是加强学生在社会实践期间的思想政治工作,更有利于学生职业精神和职业素养的培育,达到更好的思政工作效果。

3. 高校思想政治工作的协同张力

在思想政治教育的多维空间中,提出新时代高校思想政治工作的互通。中国特色社会主义"五位一体"总体布局,为高校思想政治工作在多维空间中提供了协同张力。经济、政治、文化、社会、生态文明建设为高校思想政治工作奠定坚实的基础,增强高校思想政治教育目标和内容的说服力,保证思想政治教育的正确方向,营造思想政治教育的良好氛围,致力于公平正义的和谐社会构建、解决人与自然的关系问题。

4. 高校思想政治工作人文化协同目标

高校思想政治工作人文化坚持以人为本原则,将人的全面发展看作思想政治育人实践的根本出发点和价值旨归。"现代思想政治教育与传统思想政治教育的一个重大区别就是高度重视人,这是由现代思想政治教育的本质所决定的,也是马克思主义人学理论发展影响的结果……构建以人为本的现代思想政治教育是现代思想政治教育发展的必然趋势。"[1]高校思想政治工作重点应当关心学生的需求、尊重学生的人格、体谅学生的情感、重视学生的心理。高校思想政治工作协同机制的建构目标要求唤醒大学生主体意识,[2]使其悦纳自我教育、倾向自我发展、追求自我完善,从而使思想政治工作协同育人更

---

[1]　王学俭:《现代思想政治教育前沿问题研究》,人民出版社 2008 年版,第 106 页。

[2]　参见王学俭、李晓莉:《思想政治教育协同创新的育人机制探析》,《教学与研究》2015 年第 10 期。

高效地运行。

二、高校思想政治工作协同的特征

高校思想政治工作是基于党的指导思想和政治宗旨开展的教育人、团结人的工作,通过先进理论的教育,引导师生掌握正确的思想、观点和方法,实现释疑解惑、沟通思想、凝聚力量,坚定马克思主义和共产主义信念。发挥好高校思想政治工作协同效应,须充分把握协同系统的"自组织""慢驰豫变量""整体效应"等协同特性,才能更有利推进高校思想政治工作系统的有序运行。

(一)系统呈现"自组织"特性

高校大学生思想政治工作通过自组织实现自我完善。自组织原理是协同学理论的核心原理之一,系统内部各子系统就算没有外部指令也能依据一定的规则自发运行,演变形成一定的结构,发挥相应的功能。高校思想政治工作是党和国家一项长期的具有战略意义的重要工作,也是一项不易量化考核的工作,外部也无法通过下达指令性的指标来产出思想政治教育"效益",因此,"自组织"是实现高校思想政治工作系统的自我完善基本途径,也是时代创新需要,可从三个方面推进高校思想政治工作系统实现自组织过程科学、高效地运转。

1.科学设定"序参量"

序参量可以使系统有条不紊地组织起来,支配着各子系统的行为。协同学理论视域下,高校思想政治工作的序参量,正是通过"以生为本"的方式,培养中国特色社会主义事业合格建设者和可靠接班人。高校思想政治工作内部子系统(学生工作部、团委和就业处)和外部子系统(宣传部、组织部、教务处、后勤处等职能部门),高校思想政治理论学科和各专业学科子系统,学校、政府、社会、家庭等子系统都要以序参量为方向,推动自身的"微涨落",为实现系统的"巨涨落"贡献自己的力量。

2.保证系统的开放性

系统只有与外界不断进行能量、物质和信息的交换,才具有自组织的能力,实现存在和发展。高校思想政治工作系统要具有开放性思维,思政教育工作者应贴合时代的变化,立足思想政治教育的政治性和渗透性,不断引入开放、丰富、具有时代特色的教育内容,使用灵活多样的教育手段、方法,运用互联网、多媒体等多种载体,增强思想政治教育的灵活性与生动性;要重视思想政治教育在课内、课外、校内、校外的延伸,形成学校、企业、家庭、社会的互动关系;与复杂变化的外部社会环境进行信息的交流,科学答疑解惑,避免说教的僵化和空洞,以理论的彻底性赢得大学生的认同,保证自身的有序发展。

3.系统内部子系统之间的协同

各子系统之间的牵制与内耗是系统整体功能发挥的阻碍,唯有子系统的协同才能使系统有序运行。如何实现高校思想政治工作系统的协同,关键是建立联动协同机制。高校在学校层面成立校领导挂帅的思想政治工作领导小组,领导、整合、协调全校相关资源,在领导小组下设由马克思主义学院、学工部、团委、心理咨询中心、就业处及各二级学院等单位组成的高校思想政治工作联动协同机制,定期召开学生思想政治工作会议。

(二)系统中的"慢弛豫变量"占支配性地位

高校思想政治工作队伍正是系统中的慢弛豫变量,具有数量少,发生作用时间长、强度大的特点,其在系统运行过程中起着主导和支配的作用。

1.高校思想政治工作者的主导作用

高校思想政治工作者设计并控制着思想政治教育的全过程,组织和引领大学生参加教育活动,发挥着主导作用,处于支配性地位。

2.高校思想政治工作者须发挥"知行合一"的示范作用

不能只做"代言人"而不做"示范者","说"和"做"脱节只会被受教育者更加排斥。提升高校思想政治工作队伍"慢弛豫变量"式的支配作用,必须做好三方面工作:一是高校思政工作者要注重加强理论学习,自觉加强对习近平新时代中国特色社会主义理论体系的领悟,达到真学、真懂和真信的境界,善用马克思主义立场、观点和方法,阐释社会热点、难点、疑点问题。二是高校思政工作者要以"学高为师,身正为范"的标准要求自己,达致知行合一,通过工作、生活中的诸多细节去教育和影响青年学生,提高思想政治教育的实效性。三是高校思政工作者要自觉创新教育方式方法,引导大学生认同中国特色社会主义理想信念,特别是在政治原则和事关大是大非问题上,要及时发声,因势利导,帮助大学生明辨是非、澄清模糊认识。

(三)系统凸显整体效应

在马克思主义的哲学范畴中,所谓整体、全面是与局部、片面相对应而存在的,包含世界的普遍联系性、世界的变化发展性以及人的整体性三个既相互联系又逐步递进的内容。① 思想政治工作的诸多方面不是孤立、互相排斥的,应注重人员参与的广泛性、思想政治教育的联系性以及发展变化性,要求各方力量都参与到思想政治工作中来。要发挥全体师生在思想政治教育工作中的主体作用,形成"共生性"和"共在性"的关系。诸方力量要相互融合,统一于多维整体之中,加强各方之间的沟通与合作,达成有效的协调与整合,确保彼此的目标能够连续一致,起到相互强化、合作无间的合力作用。

三、高校思想政治工作协同的基本范畴

"范畴是反映客观事物本质联系的思维方式,是各个领域中的基本概念……任何一门学科都是由其特定的一系列概念、范畴为骨架而构成的知识体系。思想政治教育学也是如此。"②高校思想政治工作协同研究的基本范畴设定在目标、主体、主客体、内容、过程、环境等六要素的协同创新。这些要素都有其固有的逻辑关系:从纵向关系上看,它们之间是互补的、协同的,各要素的协同作用的存在为其他要素的实践奠定了重要的基础;从横向关系上看,他们之间存在着动态转化。同样,每个范畴关系都具有相互转化效应。

---

① 参见王冠中:《马克思主义整体观下的"四个全面"战略布局解读》,《岭南学刊》2016年第3期。

② 张耀灿主编:《思想政治教育学前沿》,人民出版社2006年版,第7页。

除了呈现出一定的结构体系,反映一定的内在逻辑外,思想政治工作协同的基本范畴也在一定程度上体现了思想政治工作协同的基本特征和主要功能。

（一）思想政治工作目标协同

"思想政治教育的目的,就是思想政治教育的目标指向或价值取向。""思想政治教育是一种有目标、有计划、有组织的具体的社会实践活动,活动的目标是教育者对教育对象进行的思想政治教育活动在一定时期内要达到的预期结果。"思想政治工作协同的科学实践要求相关环节的思想政治教育目标协同一致,无论是短期目标还是长远规划,无论是基础目标还是系统设计,无论是个体目标还是社会要求,这一系列目标都要体现出整体性、关联性、动态性、层次性等的协同要求。

1.思想政治工作目标协同沿革

"思想政治教育工作的目标和内容是一个开放的系统,与外界发生广泛的关系,受多种因素的制约。"思想政治工作目标协同沿革体现了思想政治工作目标的动态性发展,不仅是由社会发展的动态性决定,而且受个体发展的阶段性影响。自1978年以来,我国高等教育经历了全面恢复、初步创立、规范发展、规模发展、内涵发展五个发展阶段,思想政治教育理论与实践在每个阶段的目标任务也在不断拓展和深化,培育和践行社会主义核心价值观、尊重学生的主体性特征等成为新时代思想政治教育目标协同的追求。

2.思想政治工作目标协同层次

思想政治工作目标协同层次要求教育的具体目标与根本目标递进承接,在面对不同的教育主体时体现出不同的教育理念和方式。思想政治工作协同的目标层次追求价值目标、生活目标、学习目标、发展目标的完整统一,针对高校学生开展存在教育、成长教育、发展教育、成功教育。高校思想政治工作要进行目标协同管理,必须明确思想政治工作的四个目标层次:一是基础目标,需要思想政治工作主体达成的基本教育要求;二是提升目标,强调掌握基础能力的同时形成一定思维方式和行动理念的综合性要求;三是体验目标,通过对思维意识和价值理念的培育和塑造促进具体的实践行为;四是高级目标,既适应社会发展需要,又能实现主体发展需要的目标层次。

3.思想政治教育目标协同实现

高校思想政治工作目标协同实现强调的是一种保障体系或实践机制。围绕思想政治工作的目标协同,思想政治工作的育人实践需要构建"设计—支撑—评估"的一体化教育保障体系,在系统论、协同论等理论指导下,运用科学的绩效管理方法,对上述一体化的教育保障体系进行分析、建构和管理。首先,设计环节是对整个思想政治工作保障体系的整体规划,需要从教学育人、管理育人、服务育人、文化育人等因素出发,进行有效设定。其次,支撑环节是育人体系的资源平台,包括物质资本、发展资本和激励资本等关键要素。最后,评估环节是对育人体系可持续发展和科学化发展的重要保证。"互联网+"时代的大数据挖掘为协同育人体系的信息化管理提供了有效工具,当然也要重视协同育人的经验规律。

(二)思想政治教育主体协同

"思想政治教育的主体性是由思想政治教育者的主体性、受教育者的主体性和思想政治教育活动的主体性有机构成的复杂整体。"[①]

主体协同是系统中许多主体的联合行动和集体行为,它们彼此协调,合作或同步,它是系统完整性和相关性的内部表达。高校思想政治工作系统是一个复杂、动态、自组织的多主体系统,是通过主体在功能、环节、信息和技术上的协调而产生的协同作用和协同效应,使工作系统在宏观和整体层面上具有特定的结构或功能。思想政治工作主体协同是指思想政治工作体系中教学管理服务、社会企业和行业协会的合作、协调和同步。高校要实现思想政治工作体系的整体效率和最大社会效益,必须依靠思想政治工作体系的主体协同。

高校思想政治工作的协同是由参与主体协同完成的一种教学实践。这种

---

① 张耀灿主编:《现代思想政治教育学》,人民大学出版社 2006 年版,第 271 页。

教学实践本身是潜在的统一体。为更好地实现教学目标,教学实践本身必须进行。同时,当众多的统一规划参与主体需要形成合力时,就需要各个环节的有机协同。在这些协同行为中,参与主体之间的鲜明界限模糊,但个体潜能和创造性却得到更大程度的发挥。①

在明晰相关理论的基础上,我们有必要在协同学基本理论和方法体系指导下开展高校思想政治工作主体协同研究,注重高校思想政治工作主体概念、内涵、特征、结构、功能的揭示,发现思想政治工作存在的非协同现象,从协同学视域建构高校思想政治工作主体协同体系。

(三)思想政治工作主客体协同

主客体及其关系是思想政治工作中的重要理论问题。随着思想政治教育理论从主体性转向主体间性哲学,传统思想政治教育的理论瓶颈和实践困境日益突出。以主体间性理论为基础,从思想、行为、方法、过程四个层面入手,建立思想政治工作的新思路,构建"教育思维,交往关系,教学组织、协同育人"四合一体的思想政治工作新模式。

(四)思想政治工作内容协同

将作为一种结构性存在的思想政治教育的丰富内容进行协同管理,以形成有机的体系,不仅是思想政治教育科学化的必然要求,也是思想政治教育协同创新的重要实践。

1.思想政治教育内容协同特点与原则

教育内容的思蕴性与知识性相统一。坚持把思想政治教育与技能知识教育相统一,并且必须与高校大学生的持续生涯发展计划和职业生涯规划相融洽,有针对性地提高他们的技能知识水平和思想道德素质,从而有效增强高校

---

① 主体性教育理论强调:教育要重视参与主体的主动性和创造性;主体性教育理念的推进实施需要一系列诸如组织形式、教育方式、管理方略、制度调整、培养体系的深刻变革;主体性教育所倡导的自我意识、学习意识、问题意识、参与意识、合作意识应贯穿于育人的整个过程中;主体性教育要整合与利用优势的教育资源以搭建协同创新的信息化育人平台。高校思想政治工作协同主体的有效联动,除了需要重视主体性教育外,还应重视主体间的对话交流、实践中的合作对接、发展中的生态有序。

大学生的综合性素质。

历史性与当代性相统一。弘扬党的优良传统和思想政治工作的宝贵经验,结合思想政治教育工作的新时代要求,紧抓时代脉搏,依据新形势、新任务的明确规定,持续增添思想政治教育工作新内容。

学理性与实践性的统一。深刻理解并把握思想政治教育工作的学术理论性和实践性是统一的。在彰显职业技能的同时,还可以发挥思想政治教育工作的主导作用,两者相辅相成。

普遍性与个体性相统一。高校思想政治教育工作,在表现两者共性的同时,又体现出个性教育特色。所以,高校思想政治教育工作必须始终涵盖一般教育与个别教育这两个方面,尤其是在个体性教育上采取针对性策略,开展有系统策略性的思想政治教育工作。

2. 思想政治教育内容协同实践与反思

按照一般的分类可将思想政治教育的内容分为基础性内容、主导性内容以及拓展性内容等。① "任何一种理论,只有面向人民、追求科学、贴近时代、尊重实践、体现超越,才能具有生命力。"②

基础性内容的协同实践:将传统美德教育、公民道德教育、爱国主义教育、艰苦奋斗精神传承教育等有序衔接。

主导性内容的协同实践:将思想理论教育、理想信念教育、民族精神和时代精神教育、形势政策教育等有效对接。

拓展性内容的协同实践:将诚实守信教育、心理健康教育、公民意识教育、民主法治教育、创新精神教育、生态道德教育、全球化意识教育等创新性发展和创造性转化。

将思想政治教育的基础性内容、主导性内容以及拓展性内容等通过隐性教育的方式进行协同,在传递知识、开启心智的同时传递和梳理价值理念、规

---

① 参见熊建生:《思想政治教育内容结构论》,中国社会科学出版社 2012 年版,第 149 页。
② 熊建生:《思想政治教育内容结构论》,中国社会科学出版社 2012 年版,第 318 页。

范行为、引导实践。①

（五）思想政治工作过程协同

"思想政治教育过程的实质是将一定的社会的思想观念、价值观念、道德观念转化为受教育者个体的思想政治素质。"②思想政治教育过程协同是为了顺畅地实现思想政治教育活动的展开、运行、发展流程；为了充分地实现思想政治教育的活动目的；为了更有效地实现教育者的组织、引导、教育与受教育者的能动认识、体验和实践的协同有序。

1. 思想政治教育过程协同表现

思想政治教育过程的协同体现在以下几个方面：一方面是教育协作群体间信息交流得到加强，因为只有信息的通畅和交融才能实现思想政治教育育人实践的协调发展；另一方面是教育管理层级的扁平化，思想政治教育是一个庞大而复杂的教育系统，涉及诸多方面的参与要素和管理主体，通过协同创新，通过创造性知识主体和技术创新主体之间的深入合作和资源整合，产生系统叠加的非线性效应。思想政治教育的协同过程主要体现在专业的思想政治教育团队、受教育者为中心、教育资源的整合、教育过程的灵活多样、开放的教育时空。

2. 思想政治教育过程协同规律

思想政治教育过程强调：教育过程要保持适度张力、教育与自我教育相结合、将各种要素统合在可控范围之内。③ 思想政治教育过程的协同规律体现在思想政治教育参与过程的网络化、思想政治教育组织结构的扁平化以及思

---

① 在论及隐性思想政治教育基础理论时有学者谈道：隐性思想政治教育是一种寓于专门的思想政治教育之外的、社会实践活动中展开的、不为受教育者焦点关注（甚至不为受教育者明确感知）的教育类型。参见白显良：《隐性思想政治教育基本理论研究》，人民出版社2013年版。思想政治教育的协同创新在某种意义上讲也在强调协同的潜隐性和融入性，将思想政治教育寓于多领域、多角度、多主体的实践过程中，通过"隐性协同"（协同文化的培育过程）支撑"显性协同"（协同实践的有效开展阶段），通过"文化育人"促进思想政治教育的协同创新。

② 张耀灿主编：《现代思想政治教育学》，人民大学出版社2006年版，第324页。

③ 参见张耀灿主编：《现代思想政治教育学》，人民大学出版社2006年版，第353页。

13

想政治教育实践运行团队合作中。

（六）思想政治工作环境协同

思想政治工作环境协同的文化生态是由思想政治工作协同环境和思想政治工作文化构成的相互联系、相互统一的有机统一体，具有自我适应、自我调节的能力，且具有一定的稳定性。可以说，思想政治工作环境协同的良好文化生态，具有感染、激励、同化的作用，能够营造有方向、有温度、有力量、有层次的氛围，对于塑造大学生思想品格，培育大学生的综合素养，促进大学生德、智、体、美、劳全面发展具有重要的价值和意义。

第二节　协同理论与高校思想政治工作的内在契合

"和谐发展""互利共赢"已成为人类当今社会的必然趋势。佩鲁在《新发展观》中指出："冲突与合作交织在一起共同推动着社会发展，而新的综合与协作已成为今天的根本，合作、协同、互助、和谐，一切综合的发展越来越被看做是社会灵魂的一种觉醒。"①高校思想政治工作协同要求学校及时调整发展方向和指导方针来适应时代变化要求，构建高校思想政治工作协同育人体系。重视"学生—教育—空间"的协调统一，关注协同组织和系统的核心要素，整体调节学校内部发展与外部环境的关系，保持动态平衡状态。注重协同对于人的塑造，在渗透、内化和养成的过程中将社会对于学生的要求规范转换成为学生的日常行为习惯，达到自学与自律。

一、思想政治工作的协同特质

协同理论与高校思想政治工作存在内在契合性。因此，可以探索出高校思想政治工作的新范式，提高高校思想政治工作的效率和水平。协同理论具

---

① ［法］弗朗索瓦·佩鲁：《新发展观》，张宁译，华夏出版社1987年版，第4—6页。

有普遍适用性特征,并且不断被广泛应用于物理、化学、经济学、社会学、管理学、教育学。人的思想和思想政治工作是一个高度的自组织系统,使得思想政治工作系统具有开放性、存在着非线性反馈机制、发展存在随机涨落等自组织特征①,这为系统内的各子系统产生协同合作创造条件。思想政治工作系统内各子系统(组织、人、教育内容、教育形式,组织系统下的思想政治理论课教学部、学生处、团委子系统等)存在较强的非线性相互作用,相互影响,并具有促进子系统之间相互关联运动的功能。涨落存在于思想政治教育系统中,它是提高系统内自组织能力,形成协同效应的催化剂。杨睿认为,协同学理论为我们探索未知的领域提供了一种有效的手段,而且协同学理论还可以找到影响系统变化的控制因素,从而有效地发挥系统内部的各种要素或者子系统之间的协同作用。② 郑吉春指出,随着高校人才培养的思维方式逐渐由单向性向多向性转变、由离散性向联系性转变,其工作机制的开放和非平衡性特征、序参量特征和协同特征日渐显著,与协同理论中基于适应性主体及其相互之间作用的建模与模拟分析方法具有理论层面的高度契合性。③

高校思想政治工作过程实质上是学科交叉、多主体参与、多要素渗透等的衔接环节,呈现出鲜明的渗透性、现实性、包容性、生态性等协同特质。第一,渗透性强调协同理念和实践过程的有效互动,将“知”与“行”贯穿于协同实践的全过程,在育人的各个环节和过程阶段实现行动的最优同步。第二,现实性要求思想政治工作的协同要立足于大学生的特点进行教育实践和创新,在育人过程中,要“贴近实际、贴近生活、贴近学生”,在情、理、行的融合统一中实现育人目标。第三,包容性意味着思想政治工作的协同作用是一种融科学性、规律性和可持续性的教育实践。在此过程中,协同发展的前提是尊重每个参

---

① 参见梁继锋:《自组织理论视野下的思想政治教育系统研究》,《黑龙江高教研究》2009年第7期。

② 参见杨睿:《基于协同学理论的思想政治教育方法创新研究》,广西师范大学2014年博士学位论文,第27页。

③ 参见郑吉春:《协同理论视域下推进高校大学生思想政治教育工作的思考》,《北京教育》2014年总第676期。

与主体的成长过程,关注每个参与主体的情感诉求,在渐进、渐悟、渐成中达成教育目标。第四,生态性是指思想政治工作的协同的重点,是将片面的机械育人环境转化为协调、有机、可持续的育人生态。这种生态性观念要求人的全面发展和人的综合素质的全面提高,促成个体生命的协调进化、合理成长。

高校思想政治工作的目标追求、内在需求、环境变化等要素,都迫切需要思想政治工作系统内外部力量协同作战,形成思想政治工作的合力。唐兴①尝试基于共生理论等生物学、生态学的基本理论来解释教育领域的协同现象。蔡小葵②则从高校思想政治教育各系统的共同的目标出发,围绕促进大学生政治道德素质、文化专业素质和身心健康素质协调发展,培育社会主义合格建设者和可靠接班人;思想政治教育系统的完整性是协同的内在要求;日益复杂的国际国内环境、思想政治教育在高等教育中的重要性、大学生品德形成与发展的复杂性、大学生在社会中的特殊地位都是高校思想政治教育工作必须协同的理由。

高校思想政治工作的人本理念,要求从学生需求着手,强调主客体的开放互动,协同共享教育资源,促进主客体关系的优化和改进。注重开发学生的创新潜能,在协同发展中促进学生德、智、体、美、劳全面发展。协同创新的过程也是实现人本理念现代化的过程,更是学生全面发展的过程。高校思想政治工作要在促进学生相互交流、相互支持、相互促进的过程中,逐步培育起平等互信的协同文化,尊重学生的自主选择和主动精神,兼顾个性成长的同时保持共生模式,建立共同愿景的同时实现多维目标,培育协同创新文化的同时培养创新精神。高校思想政治工作要实现理论的现实性转化,同时将创新精神融入到教学、科研、实践、管理和服务育人的各个方面,有利于思想政治工作协同目标的实现。

---

① 参见唐兴:《大学生思想政治教育与心理健康教育的共生发展机制研究》,《中国科技创新导刊》2009年第12期。

② 参见蔡小葵:《运用协同理论探索大学生思想政治教育中的协同机制》,《内蒙古师范大学学报》(教育科学版)2013年第11期。

二、思想政治工作的协同要求

高校是培养社会主义现代化建设需要的高素质人才的有效途径。高校思想政治工作是高校教育教学工作的重要内容。加强和改进高校思想政治工作,是实现立德树人的根本任务、深化高校教育改革、全面提升高校人才培养质量的需要,也是实现高校内涵发展、建设中国特色高等教育的需要,更是深入贯彻落实习近平新时代中国特色社会主义思想,促进大学生德、智、体、美、劳全面发展,培养中国特色社会主义事业建设者和接班人,推进党和国家事业发展的需要。长期以来,在党中央的正确领导下,高校思想政治工作紧紧围绕培养高素质人才这个根本问题,结合自身办学实际和高校学生特点,积极采取措施,不断加强改革、坚持创新,在实践探索、理论总结和经验积累方面取得了重要进展。特别是党的十八大以来,党中央高度重视高校思想政治工作。习近平总书记在全国高校思想政治工作会议上发表重要讲话,从全局和战略高度深刻回答了高校思想政治工作的一系列重大问题,提出了许多具有政治性、思想性和针对性的新论断新思想,指出了新时期深化高校思想政治工作改革的方向。

在高校思想政治工作中,各要素应该相互关联,形成有序结构,追求要素之间的动态平衡。高校思想政治工作可以看作是一个包含各种相互关联因素的协同系统。各要素构成了思想政治工作的生态结构,相互调节,相互制约。只有思想政治工作协同系统的各组成因素之间及其自身比例关系的因素基本协调,才能使思想政治工作协同结构形成良性循环,思想政治工作协调机制才能不断协调发展。如果思想政治工作的协调要素存在问题,协同结构不合理,比例不平衡,与学校和社会环境不协调,那么高校思想政治工作的协同效益就会受到影响,很容易形成发展的恶性循环。

总体而言,高校学生思想政治状况是积极、健康、向上的。同时"思政课建设中的一些问题亟待解决。有的地方和学校对思政课重要性认识还不够到位;课堂教学效果还需要提升,教学研究力度需要加大、思路需要拓展;教材内容还不够鲜活,针对性、可读性、实效性有待增强;教师选配和培养工作还存在短板,队伍结构还要优化,整体素质还要提升;体制机制还有待完善,评价和支持体系有待健全,大中小学思政课一体化建设需要深化;民办学校、中外合作办学思政课建设还相对薄弱;各类课程同思政课建设的协同效应还有待增强,教师的教书育人意识和能力还有待提高,学校、家庭、社会协同推动思政课建设的合力没有完全形成,全党全社会关心支持思政课建设的氛围不够浓厚"。①

三、思想政治工作的协同价值

哈肯说:"改善每个人的生活是人类当今最重要的任务之一。无论对社会或对个人来说,这个任务所提出的问题日益复杂。自然科学、工程科学和社会科学必须为解决这些问题奠定基础。为此……这个任务的复杂性要求各门不同科学之间密切对话。只有通过它们的共同努力,这些复杂问题才能得到解决。"②协同学作为一门交叉应用学科,已然取得了显著的成果。为加深对思想政治工作协同育人机制问题的认知,我们将从协同理论的价值基础和价值诉求两个方面入手,探讨协同创新产生的整合价值、协同实践的有效运用、协同组织的变化与适应等问题。

协同价值产生的吸引力。"我们发现,许多个体,无论是原子、分子、细胞,或是动物、人类,都是由其集体行为,一方面通过竞争,另一方面通过合作而间接地决定着自身的命运。"③协同学揭示了开放复杂系统在外部参量驱动和内部子系统协同作用下,在宏观上以自组织方式形成空间、时间或功能有序结构的条件、动力及演化的规律。这里的"协同"指的是系统中多个子系统或要素之间相互协调的、相互合作的联动作用,它通常包含了竞争与合作,但重点强调的是合作。马克思指出:"许多人在同一生产过程中,或在不同的但互

---

① 习近平:《论党的宣传思想工作》,中央文献出版社 2020 年版,第 376 页。
② [德]赫尔曼·哈肯:《协同学:大自然的奥秘》,凌复华译,上海译文出版社 2013 年版,第 17 页。
③ [德]赫尔曼·哈肯:《协同学:大自然的奥秘》,凌复华译,上海译文出版社 2013 年版,第 4 页。

相联系的生产过程中,有计划地一起协同劳动,这种劳动形式叫做协作。"这里的问题不仅是通过协作提高了个人的生产力,而且是创造了一种生产力,这种生产力本身必然是集体力。"①在"互联网+"时代,协同学理论关注于不同学科同质性问题的系统研究,从而在建构系统的理论基础上来解决相关的复杂问题。高校思想政治工作所表现出的教育主体的需求性、教育方法的多元性、教育载体的科技性、教育过程的周期性、教育空间的现实性、教育评估的层次性以及教育功能的延展性要求,②使得高校思想政治工作协同机制呈现出集成性、原创性和动态性的态势。

协同实践体现的有效性。"协同学所以广泛应用的重要原因在于,它的基础是一些最普适的基础理论和方法,主要包括概率论、信息论、随机论、动力论。"③哈肯认为协同学是基于宏观层面的结构和功能的协作,用统一的视角整合系统中的相关部分;同时,它又是基于学科交叉的层面,鼓励不同学科之间的合作。协同方法强调综合处理问题的思维方式,从整个系统的角度把握目标,着眼于系统各部分之间的协调与协作以及由协调而产生的统一结构。协同理论所提倡发展的"共同体"构建,协调处理个体成长与整体发展的关系,成为高校思想政治工作协同发展的有益借鉴。同时,在这个协同平台上,通过思想政治教育的生态空间,贯穿于思想解放、自我实现、人文和谐、理性跃升的科学意识,促进学生个体之间、学生个体与社会发展之间的协同与交流,从而凸显出教育主体的存在价值。因此,将协同理论引入高校思想政治工作,研究解决高校思想政治工作中的一系列综合性、复杂性问题具有现实意义。高校思想政治工作协同研究旨在构建思想政治工作协同机制,包括有效实践、完善协同、集成整合、沟通调适、反思延伸等综合元素,从而实现思想政治工作协同的有效性。这种有效性进一步明确了高校思想政治工作的方位:政治教

---

① 《马克思恩格斯文集》第5卷,人民出版社2009年版,第378页。

② 参见李晓莉:《思想政治教育协同创新研究》,兰州大学2016年博士学位论文,第84—86页。

③ [德]赫尔曼·哈肯:《高等协同学》,郭治安译,科学出版社1989年版,第1页。

育是指导性内容、思想教育是根本性内容、道德教育是基础性内容、法律教育是保障性内容、心理教育是前提性内容;进一步创新了高校思想政治工作协同发展的平台:学术交流平台、项目资助平台、实践活动平台、教育管理平台;从而大大提升了高校思想政治工作的质量和水平。

协同组织自身的适应性。高校思想政治工作协同,有效整合教育资源和要素,突破教育主体协同障碍,充分释放人才、资本、信息、技术等协同要素的有序流动,共享教育资源,减少教育资源的划分、浪费和重复,从而有效地提高思想政治工作的协同效率。我们研究高校思想政治工作协同问题,正是对高校教育模式转变和教育"生产转型"适度调整的积极回应。在这里,我们强调高校思想政治工作的创新发展和协同整合,使协同创新成为高校思想政治工作的不懈追求和努力方向。高校思想政治工作要融入"创新、协调、绿色、开放、共享"的发展理念,体现思想政治工作"理念人文化、方法现代化、资源整合化和功能渗透化"的发展趋势。在育人实践中树立"以人为本"的育人理念,开展协同研究,也是一种有益探索。

由此可见,协同产生的集成价值吸引、实践的有效性、组织自身的适应性,这些都有赖于协同文化的塑造。在高校思想政治工作实践过程中,我们更应将协同理论与高校实践有机结合,发挥协同效应的集聚能量场,打造协同文化生态,着力塑造知行合一、善于协作的实践能力,实现价值引领功能,树立正确的政治导向。

第三节　高校思想政治工作协同的理论依据

思想政治工作是高校可持续发展和内涵建设的坚实保障。高校要坚持马克思主义的指导地位,贯彻习近平新时代中国特色社会主义思想,坚持社会主义办学方向,落实立德树人的根本任务,同生产劳动和社会实践相结合,努力培养担当民族复兴大任的时代新人,培养德智体美劳全面发展的社会主义建设者和接班人。高校思想政治工作不仅要解决大学生的政治立场、政治观点、政治行为等问题,还要解决大学生的世界观、人生观、价值观问题。高校思想政治工作以马克思主义教育理论、中国传统文化协同思想、协同理论为理论基石,运用马克思主义的立场观点方法、借鉴中国传统文化协同思想、引入协同理论,全面系统地指引高校思想政治工作协同运行。

一、马克思主义教育理论

马克思主义教育理论从人的现实社会性本质出发,探寻环境(教育)对人的影响,指向最终实现人的自由而全面的发展,这是马克思主义教育理论的哲学基础,蕴含着与思想政治工作协同的贯通之处。

(一)马克思主义教育理论关于主客体关系论

主客体关系问题是马克思主义哲学的重大问题之一。马克思把人看作是创造历史活动的主体,这个主体首先是相对于自然界、动物界而言。马克思明确指出,"主体是人,客体是自然"①。人的主体地位在人与世界的交往关系中产生,这种"为我"的关系奠定了人的主体地位的基础:"凡是有某种关系存在的地方,这种关系都是为我而存在的;动物不对什么东西发生'关系',而且根本没有'关系';对于动物来说,它对他物的关系不是作为关系而存在的"。②在教育理论特别是思想政治教育理论中,主客体关系一向是各抒己见的话题。传统思想政治教育主要从教学过程来理解主客体关系,以教育者作为主体、受教育者为客体;也有观点认为教育者和受教育者都是教育活动的积极参与者,教育必须获得受教育者的接受才能发生效果,由此提出教育者和受教育者都是主体的"双主体"理论;还有观点提出"主体间性"理论,用来描述教育者、教育内容、受教育者之间的关系。上述理论有的割裂了教与学的统一性,有的忽视了思想政治教育不同于其他教育的阶级性,都没有很好地阐释思想政治教育的主客体关系,其原因在于对"人"这个主体的理解不够完整。马克思主义认为:"人的存在并不仅仅是个体存在,而是个体存在、群体存在、社会存在和

---

① 《马克思恩格斯文集》第 8 卷,人民出版社 2009 年版,第 9 页。
② 《马克思恩格斯文集》第 1 卷,人民出版社 2009 年版,第 533 页。

类存在的统一。所以,在社会历史发展过程中,主体的形态也并不是单一的存在,而是个人主体、群体主体、社会主体和类主体的统一。"①从这个角度来理解人的主体性问题,对思想政治教育和思想政治教育协同育人具有重要意义。对于作为类主体的人来说,人既是主体也是客体,统一于人类改造自然界、人类社会和人自身的实践活动。人在改造客观世界的同时也在改造自己的主观世界,人的精神世界就是思想政治教育的客体,这就决定了思想政治教育协同育人的本质、目标、方向等基本问题。对于作为群体主体的人来说,思想政治教育是统治阶级用自己的意识形态对全社会进行教育,具有很强的政治性和阶级性,从这个层次来说,统治阶级就是思想政治教育的主体,全体社会成员则是思想政治教育的客体,这规范着思想政治教育协同育人的意识形态属性。对于作为个人主体的人来说,教育者和受教育者都可以是思想政治教育的主体,受教育者的主观世界则是思想政治教育的客体,这为思想政治教育协同育人开拓了丰富多样的空间。

(二)马克思主义教育理论关于社会教育论

所谓社会教育,狭义的含义是除了家庭教育、学校教育以外由社会组织、机构对社会成员施加的教育,广义的含义就是由社会力量来兴办教育。马克思主义经典作家并没有对社会教育进行系统的论述,但是他们关于社会教育的思想却宏大而又丰富,在许多著述中均有论述。马克思的社会教育思想始于他对人的本质的理解和对资本主义教育的批判。对人的本质的理解为社会教育思想提供了哲学基础,对资本主义教育的批判揭示了资产阶级企图通过"社会教育"来缓解阶级矛盾、消除无产阶级与资产阶级对立的意图,并且明确指出"资产者唯恐失去的那种教育,对绝大多数人来说是把人训练成机器"②。马克思恩格斯清晰地指明了教育的社会作用和阶级性质,针对资产者关于"用社会教育代替家庭教育,就是要消灭人们最亲密的关系"的指责,马克思恩格斯反驳道:"而你们的教育不也是由社会决定的吗?不也是由你们

---

① 项久雨:《论多重视角下的思想政治教育主客体关系》,《教学与研究》2014 年第 9 期。
② 《马克思恩格斯文集》第 2 卷,人民出版社 2009 年版,第 48 页。

进行教育时所处的那种社会关系决定的吗？不也是由社会通过学校等等进行的直接的或间接的干涉决定的吗？共产党人并没有发明社会对教育的作用；他们仅仅是要改变这种作用的性质，要使教育摆脱统治阶级的影响。"①马克思社会教育思想的主要观点涵盖消灭资本主义生产关系带来的权利不平等现象、实现所有社会成员的权利平等是实行社会教育的前提条件；社会教育的主要原则和方法是实行社会教育与生产劳动的结合；社会教育和环境育人双向互动，"环境的改变和人的活动或自我改变的一致，只能被看做是并合理地理解为革命的实践"②；社会教育的最终目标是彻底改变人的畸形而片面的发展，实现人的自由而全面的发展。马克思主义社会教育思想不仅仅是指思想政治教育或意识形态教育，而是对思想政治教育及其协同育人产生深远的影响。

（三）马克思主义教育理论关于人的全面发展论

在《1844 年经济学哲学手稿》中，马克思指出雇佣劳动制度引起的劳动者的四种异化现象：劳动者与自己的劳动产品的异化、劳动者与劳动过程的异化、劳动者与人的类本质的异化以及人与人的异化。马克思在成熟时期的著作中改变了这种表达方式，但却更鲜明更深刻地阐明了雇佣劳动制度对劳动者的摧残及其带来的畸形而片面的发展，并证明了其固有的不可克服的弊端将埋葬自身，以人的自由全面发展为宗旨的共产主义社会必将到来。在共产主义社会，"教育将使年轻人能够很快熟悉整个生产系统，将使他们能够根据社会需要或者他们自己的爱好，轮流从一个生产部门转到另一个生产部门。因此，教育将使他们摆脱现在这种分工给每个人造成的片面性。这样一来，根据共产主义原则组织起来的社会，将使自己的成员能够全面发挥他们的得到全面发展的才能"③。在共产主义社会，由于人的活动范围的扩大、社会生产的有序调节，所以人的素质和潜能可以得到自由而全面发展，每个人"以一种

---

① 《马克思恩格斯文集》第 2 卷，人民出版社 2009 年版，第 49 页。
② 《马克思恩格斯文集》第 1 卷，人民出版社 2009 年版，第 500 页。
③ 《马克思格斯文集》第 1 卷，人民出版社 2009 年版，第 689 页。

全面的方式,也就是说,作为一个完整的人,占有自己的全面的本质"①。马克思主义关于人的自由而全面发展的思想,对思想政治教育及其协同育人具有全面而深远的影响。思想政治教育的协同育人,就是要在科学预见的基础上充分发挥思想政治教育的适应——超越规律,为人的自由而全面的发展提供引领和指导。事实上,这也是思想政治教育的终极目标,是思想政治教育协同育人的价值指向。它不是孤立地发展每个人的力量,而是让人们"在集体中获得全面发展其才能的手段";也不是只发展人的力量,而是为了促进个人与社会、人与自然的全面、协调和可持续发展。

二、中国传统文化中的协同思想

协同学理论深刻反映了唯物辩证法的基本观点,中国传统文化也在许多方面契合着唯物辩证法的基本观点和基本方法,两者在主要内容方面有着共通之处。中国传统文化所折射出的整体观、协和性思想、合一性理论、自组织观点以及结合性手段,为高校思想政治工作协同提供了文化资源与思维方式的借鉴。

(一)整体观

中国传统文化,是我们中华民族悠久历史、灿烂文明的载体。同时,它为世界文明发展作出了重要贡献,也是中国乃至世界现代文明延续发展的基础。其"天人合一,以人为本;诸家兼容,以儒为主;多种并敬,无神为常;德能统观,以德为重;述作共倡,述为号召"②的本体论特征,"标志着中国传统文化在一定社会历史时期所到达的文化高度和扩展的文化广度,同时又作为民族心理的厚重积淀"③,融合于我们塑造现代文化的过程之中。罗国杰教授认为,中华民族的传统思维方式可以概括出"整体动态、辩证综合、直觉体悟"这样

---

① 《马克思恩格斯文集》第 1 卷,人民出版社 2009 年版,第 189 页。
② 张崇深:《简明中国古代文化史》,甘肃人民出版社 1994 年版,第 11—20 页。
③ 吕萌:《媒介形态变化与电视文化传播》,合肥工业大学出版社 2006 年版,第 243 页。

三位一体的突出特点。① 这种综合性思维,或者说这种"具有整体性、辩证性和缺乏理性探求的""整体直觉性思维"②等突出特点,它是区别于西方分析理性思维的一种独特的中国式思维。中国传统文化的整体主义倾向是一种具有系统性特征的有机整体观,可归纳为宗主认同结构、同根同源结构和阴阳五行结构等多元化的思维模式。③ 孔子讲"从心所欲,不逾矩"(《论语·为政》),孔子的观点包含着深刻的哲理,这里"矩"指的是自然和社会运行的客观规律,意味着"人事"与"天道"的统一。《礼记》云:"人者,其天地之德,阴阳之交,鬼神之会,五行之秀气也。"(《礼记·礼运》)正是从人的起源和本质的角度来解释天人合一。宋明理学的整体观更为抽象、更具理论性,它提出"理一分殊"的命题,它用"理"作为世界上一切事物的最初本源和最高准则。

中国传统文化的整体观与现代协同学的理论具有契合之处。协同学所谓"协同",指的是系统内各子系统、各组成部分之间相互影响、相互制约、相互协作、相互作用,它指的是处于或支配或服从地位的各序参量之间的运动机制,而这些都必须放在一个"整体"中进行全面考察。中国传统文化的整体观和协同学的整体观、系统观,都反映了唯物辩证法关于矛盾的普遍性和特殊性的原理。研究思想政治教育工作的协同,应当充分吸收中国传统文化中"观物取象"和"类比推衍"的思维方式,重视思想政治教育工作的整体性、注重思想政治教育因素的系统性、把握思想政治教育效果的全面性,强调思想政治教育各子系统的平衡与协调,从而有效促进思想政治教育工作的协同。

(二)矛盾对立统一思想

中国传统文化倾向于从整体上把握问题,并运用系统思维来看待和解决

---

① 参见罗国杰:《道德教育与价值导向》,教育科学出版社 2000 年版,第 287 页。

② 詹万生:《整体构建德语体系总论:全国教育科学"九五"规划国家级重点课题研究成果》,教育科学出版社 2001 年版,第 98 页。

③ 共宗主性结构模式指宇宙万物由于受同一原则支配而联系在一起;同基源性结构模式指万物由于具有同一本源或构成基质而联结为整体;阴阳五行结构模式指万物遵循阴阳五行原则运行而形成的明确时空结构的整体。参见高晨阳:《中国传统哲学整体观模式及其评价》,《文史哲》1988 年第 6 期。

问题。同时,它揭示了世界万物蕴藏的矛盾对立统一的规律。老子认为矛盾的对立面是相互依存的,即:"有无相生,难易相成,长短相形,高下相倾,声音相和,前后相随。"(《道德经·二章》)对立面的两面也将相互转化,是为"祸兮,福之所倚,福兮,祸之所伏。"(《道德经·五十八章》)其在总结矛盾对立统一思想时说:"其言虽殊,譬犹水火,相灭亦相生也。仁之于义,敬之与和,相反而皆相成也。"(《汉书·艺文志》)矛盾对立统一思想在中国传统文化中不断得以深化。张载指出:"两不立则一不可见,一不可见则两之用息。"(《正蒙·太和》)可以看出,随着历史的演进,对立统一思想越来越理论化和精致化。对立统一及其相互转化,还深刻地表现在中国传统文化对"物极必反"的认识上。《易经》认为,"日中则昃,月盈则食"(《易·丰彖》),老子则曰"物壮则老"(《道德经·五十五章》),《战国策》指出"物盛则衰,矢之常数也;进退盈缩变化,圣人之常道也。"(《战国策·秦策》)韩非则主张"万物必为盛衰,万事必有弛张"。明清之际的王夫之研究了运动与静态的关系,提出了"动极而静、静极而动"的辩证关系。中国传统文化对"物极必反"的认识具有一定的循环论色彩,但其中蕴含着辩证法的理论内核,这一点必须得到重视。

中国传统文化中矛盾对立统一思想对思想政治教育协同育人的重要意义主要在于,既然认识到事物矛盾对立统一,就必须认识和研究这种统一;既然知道对立面可以相互转化,我们必须研究产生这种转化的条件和方式,并促进其转变为有效力的方面。对于高校思想政治工作协同主体来说,既要看到其向往协同创新、倡导协同创新、开展协同创新的积极一面,还有必要看到在协同过程中存在诸如思维定式、畏难情绪、行为惰性等消极方面,应当促使主体转变思想,全身心地投入思想政治教育和协同创新实践。当前,就要从多方面入手,积极化解矛盾、解决问题,努力为思想政治工作创造良好的协同创新空间。

(三)运动变化思维

通过对客观世界的反复考察,中国古代传统文化揭示了宇宙具有不可分割的连续性,生生不息、大化流行的特性。中国古代思想家研究万物生成的同时,也研究了事物的运动、发展与变化的规律。孔子曾经面对大川的奔流不息,感叹自然生命的流逝,老子也认为宇宙是一个无限的历程。《易》认为"生生之谓易"(《易·系辞上》),是为了说明事物在不断发展变化中生生不息。老子不仅肯定了万物是从"道"演化而来,而且也看到了万物永恒的运动与变化。汉代贾谊认为万物变化"未始有极",一切事物永远处于变化之中而没有极点。宋代周敦颐指出:"二气交感,化生万物,万物生生,而变化无穷焉。"(《周元公集·太极图说》)周敦颐讲的"无限变化"可谓简洁而深刻,它深刻地揭示了事物发展变化的永恒本质。张载提出了"渐进"式的事物发展变化观,他认为事物的发展是一个渐变的过程,当它们逐渐变化到一定程度时,就会引起较为显著的变化,这就比较深刻地揭示了事物发展变化的辩证过程。明清之际的王夫之则认为,天地之化日新,"静"也是"动之静",揭示了事物运动的绝对性和静态的相对性。中国传统文化的运动变化思维转变为思想政治教育协同创新的灵感,就是协同创新也是生生不息、永无止境的过程。对于思想政治教育协同创新来说,不是预先假定一个恒定的理想状态,而是要根据新的社会实践、依据思想政治教育的成就及与目标要求的差距,我们要不断提出新的问题,促进社会成员的思想的实际情况不断推陈出新、改革创新。

高校思想政治工作协同创新根植于优秀传统文化的土壤,时刻关注当下的主流意识形态,更着眼于未来的育人发展走向,需要我们把握好协同创新的良好机遇,用发展的眼光、历史的深度、理性的思维将使命意识、改革意识、历史意识、全球意识、发展意识贯穿于思想政治工作的全过程。

三、协同理论

(一)协同学的发展

牛顿和笛卡尔的经典的物理学和数学强调精确的计算和物质的线性发展关系,随着科学的进一步发展,人们发现很多现象并不能完全用线性的方程去描述和解释,更无法得出精确的对应关系。特别是当普朗克方程、量子力学和控制论、信息论的诞生,非线性的思维产生,导致了耗散结构、突变论的诞生,形成了以普里戈金的耗散结构理论和托姆的突变论为代表的学说。这些学说认为,在一定的控制条件下,远离平衡态的开放系统可以通过系统内部的非线性的相互作用,能够涨落形成稳定的有序结构,但假如系统处在临界状态,必然行为与偶然行为导致的涨落可能被放大,并形成一种新的有序,一切系统都含着不断起伏的子系统①,之后产生了贝塔格非的系统论,即系统是相互作用的诸元素的复合体,系统各要素按照等级和层次组织起来,并发挥作用。赫尔曼·哈肯提出了协同学,他认为从本质上讲,不同系统之间存在内在地一致性、相似性,强调用跨学科的方法来研究复杂系统中的普遍存在的非线性相互作用。

协同理论、耗散结构理论、突变论和超循环理论共同构成并推动了系统的自组织理论,为复杂性系统的研究提供了理论基础和方法论,圣达菲研究所和霍兰提出了隐秩序和复杂适应系统理论,霍兰研究了支配 CAS 系统的原理并提供了计算机模型;同期,钱学森提出了开放复杂的巨系统论。总的来说,协同学与耗散结构理论、突变论被称为"新三论",成为继一般系统论、控制论和信息论三大经典系统理论之后的现代三大系统理论。

(二)协同学的概念与内涵

1. 协同学的概念

协同学 Synergetics 一词来源于希腊语,意指合作。哈肯指出,"协同学即协调合作之学,旨在发现结构赖以形成的普遍规律,探讨的是最终形成的整体模式"②。哈肯在研究激光形成时,观察到当电子的振荡一致时,将产生光波,光波反过来又会促使电子按同一节拍振荡,而当光场强度达到临界值时,电子的协同行为就会导致激光的产生。同时,他还观察到,大自然中,处处存在着有序结构和协同现象,他认为系统在从无序到有序的演变过程中,构成系统的各个要素之间就存在着协同和自组织,自组织形成新的结构,呈现出不同于子

---

① 参见[比]伊里亚·普里戈金:《从混沌到有序》,曾庆宏译,上海译文出版社 1987 年版。

② [德]赫尔曼·哈肯:《协同学:大自然构成的奥秘》,凌复华译,上海译文出版社 2013 年版,第 2 页。

系统或组成部分的新功能。为此,他提出了,无序通过自组织产生有序的一般科学规律,即协同学。

2.协同的内涵

第一,协同指的是有差异性的多个子系统的共同发展,是整体,而非是抽象的、纯净的单个要素。协同的目的是在协调矛盾的基础上合作,故协同是首先要求承认客观事物的多样性,尊重其差异性。

第二,协同是各要素的和谐统一。作为一个有机整体,协同发展建立在各要素统一的基础上,包括内部要素(即内因)和外部要素(即外因),内因是变化的依据,任何发展要通过内因的协同来实现,但内因的协同又离不开与外因的互动,所以外因也很重要。协同的过程应以内因为基础,发挥外因的"边际效用",在系统发展不稳定态的时候,发挥助推作用;在协同构成要素中,还应该深刻认识要素有时序性和突变性特点,也就是说各种因素有时间先后顺序,有的要素有可能因为某一变因而成为突变力量。

第三,协同是一个动态演进、交互影响的自适应的过程。生物学家达尔文在生物进化理论中解释了自适应的概念。达尔文指出,生物的进化受到环境变化的影响,在生物体上的特征显示了其与生存环境的呼应关系;亨德尔森进一步扩展了协同的形成机制,认为适应性是有机体与自然之间相互协调的过程,是双向互动影响的关系,环境的适应同有机体的进化过程中的适应是同样重要的成分,而在适应的一些基本条件中,实际的环境是最能适应生物居住生存的①;而协同学则以复杂的互动关系和整体协调的特征代替了单向的线性演进,从而扩大了适应性这一概念的深度与广度。

(三)协同学主要原理及研究方法

1.协同学主要原理②

协同效应原理:协同作用能够导致有序。系统的有序性并非天然,只能通过协同作用来实现。

---

① 参见[美]劳伦斯·亨德森:《环境的适应》,纽约麦克米伦公司1913年版。
② 参见吴彤:《自组织方法论论纲》,《系统辩证学学报》2001年第2期。

支配原理:支配原理又被称为役使原理。当复杂系统在远离平衡态向新的有序时空结构转变时,序参量是一种促进变化的革命力,是突变的关键变量,它在系统相变过程中起着主导和支配作用,决定着系统的最终结构和功能,序参量的这种支配作用称为支配原理。

自组织原理:系统在获得空间的、时间的或功能的结构过程中,如果系统没有接到外部的特定指令,子系统之间会依据规则,通过互相间协同作用,在自身涨落力的推动下形成新的结构,拥有新的功能,这被称为自组织。

2. 协同学的研究方法

高校思想政治工作协同效应源自整合效益和互动实践两个重要维度。要素资源的优势性整合集中反映出知识、资源、行动和绩效的集约化创新,多元主体的有效性互动重点强调的是知识信息共享、资源整合配置、行动协同一致、组织系统衔接,两者均反映出信息对称、调节有序、优势协作、同步推进的价值趋向。[①] 将协同学引入高校思想政治工作需要把握以下几个方面:

(1)整体性:包括"加和性整体与组合性整体"[②]的两种整体思维方法。我们既要认识组分的效应,同时又要认识到系统整体涌现的形成,是整体大于局部的总和。

(2)系统分类:主要按照一般系统分类,如规模、结构、行为、功能。结合特殊系统分类,如自组织与他组织、适应性与非适应性。

(3)动态性:非线性的动态系统具有不稳定性,处在时刻的变动之中。

(4)序参量与役使:序参量是决定系统相变的宏观参量。序参量的形成将成为系统的支配力量,其他组分将被役使。

(5)自组织:序参量是系统内部自组织地产生出来的,一旦产生即成为系统内部的他组织者,支配了其他组分,转化为他组织的力量。发展系统需要看到自组织的力量。

---

① 参见李晓莉:《思想政治教育协同创新研究》,兰州大学 2016 年博士学位论文,第 61 页。
② 苗东升:《系统科学大学讲稿》,中国人民大学出版社 2007 年版。

第二章　高校思想政治工作目标协同

思想政治工作是社会发展进程中重要的社会活动,也是人们社会生活中必不可少的内容。作为我党特有的一个传统和优势,思想政治工作的目的是解放人的思想,提高人的认识,启迪人的智慧,塑造人的灵魂,凝聚人的力量,发展生产力,为经济建设服务。在新形势下,高校的思想政治工作,从本质上讲就是以马列主义为指导,全面贯彻习近平新时代中国特色社会主义思想,通过教育人、启发人、解决人的立场和思想问题,提高人们的思想政治水平。习近平总书记强调:"思想政治工作从根本上说是做人的工作,必须围绕学生、关照学生、服务学生,不断提高学生思想水平、政治觉悟、道德品质、文化素养,让学生成为德才兼备、全面发展的人才。"①高校是培养人才的重要基地,培养中国特色社会主义事业的建设者和接班人是高校的根本任务,也是高校思想政治工作的根本目标。高校不仅是培养适应社会主义现代化建设需要的高素质现代化人才的基地,还肩负着培养、储备和输送各类高技能应用型人才的重任,使他们具有马克思主义信仰,具备适应新时代要求的各类素质,贯彻执行党的路线、方针、政策,使党的优良传统和优良作风代代相传。思想政治工作也是高校可持续发展和学生全面发展的坚实保证。

第一节　高校思想政治工作目标协同概况

高校思想政治工作目标,必须以马克思主义中国化最新理论成果为指

---

① 《习近平谈治国理政》第二卷,外文出版社 2017 年版,第 377 页。

导,深刻领悟"两个确立"的决定性意义,增强"四个意识"、坚定"四个自信"、做到"两个维护",自觉承担并高举中国特色社会主义旗帜、汇聚民心、培育新人、发展文化、展示中华民族形象的使命任务,坚持正确政治方向,全面贯彻党的教育方针,牢记根本任务,以马克思主义中国化最新理论成果"三进"为主线,切实提高思政课教师队伍素质和培育新人的能力,以加强高校新媒体阵地建设为重点,以适应我国高等教育人才培养的根本要求,积极培育和践行社会主义核心价值观,覆盖高校思想政治教育的全部阶段,体现我国高校思想政治教育的特点,整体构建高校思想政治工作协同体系为目标,努力把学生培养成为德智体美劳和谐发展、具有职业精神、工匠精神和创新精神的满足生产、建设、管理和服务一线需要的高素质技术技能型人才。

一、思想政治工作目标的概念

思想政治工作是有目的、有意识的活动,制定明确而合理的工作目标,是做好思想政治工作的前提。思想政治工作的目标,是在一定历史时期内思想政治工作要达到的目的,它规定着思想政治工作的任务与内容,是思想政治工作的出发点和落脚点。思想政治工作目标的内涵包括思想政治工作目标的含义、协同依据及协同旨向。

(一)思想政治工作目标的含义

目标是一个价值取向,是一个理想境界,同时又是我们工作的理念。思想政治工作目标是指一定时期内思想政治工作者实施的行为活动所要达到的预期结果,是由多个子目标组成的。要通过大学的教育培养学生做人和做事的素质,称为人文素质和科学素质。做人素质就是要了解和认同自己的国家和民族(历史、现实、文化传统等),培养对于自己祖国和人民的依恋之情、责任意识和道德情操。做事的素质就是要具有与现代生产、生活相适应的基本的科学知识、科学方法和科学态度及相应的能力。与之相适应,在大学阶段,也应该把学生思想教育的重点放在提升学生做人的精神境界和做事的智慧水平上。① 这就是我们思想政治工作的目标,落脚到促进学生的发展上,坚持马克思主义关于人自由而全面发展的理论构想,坚持以人为本,以培养人、塑造人、完善人为目标,努力提高学生思想道德素养、健全学生理想人格、促进学生德智体美劳的全面发展。

高等教育的任务是培养具有社会责任感、创新精神和实践能力的高级专门人才,发展科学技术文化,促进社会主义现代化建设。高等教育目标指向的高素质技能型人才培养,其中"素质"一词原来就是一个富有整体化特点的概念,它是所学知识、具备的能力和人格特质等方面因素的系统整体。当代社会需要的是一个具有远大思想、独特个性、自身特长、内在潜质的不断进步的人才,是一个又一个多学科的有知识创新能力的多方面的人才。所以,高等教育想要教育出复合型人才,没有扎实的学科背景知识与形式上的跨学科融合,是很难实现的。从高等教育本身的特点和未来目标看,高等教育所要求的各方面都很强的技能型人才的未来培养目标,是建立在知识渊博、能力超群和人格品质优良等综合集成素质基础之上的。没有一定的理论知识为基础,高校大学生的职业技术和技能的培养只会是没有根底的空中楼阁。这些都源自高校思想政治工作协同育人的理念共识,建设在职业素质教育的全方位的高校课程体系打造,其价值取向与目标就是要培育整体观照思想,集成化构建思政课程体系与内容,交融性培养学生的"知识储备、业务能力与人格品质",实现思政课程向课程思政转变。

(二)高校思想政治工作目标协同依据

当前,我国经济增长的动力正在由要素驱动向创新驱动转换,技术进步和产业转型升级使一线劳动者内涵发生深刻变化,迫切需要我国高等教育培养的人才向中高端发展。高校要及时调整院校布局和专业设置,提升面向一、二、三产业的人才培养能力。高校在培养学生时,要以学生的全面发展为前提,不能只教授一门技术,也要培养学生的人文精神、职业素养、工作技能,为

---

① 参见甘晖:《思想政治工作的目标与队伍建设及其相关问题》,《思想教育研究》2004 年第 10 期。

学生的全面发展夯实基础。我国高等教育人才培养目标定位经历了探索、定型和完善三个时期。现代高等教育体系要求我国高校人才培养目标定位为高端技能型人才,主要特征是职业道德高、专业技能高、知识水平较高、迁移能力强、创新能力强、可持续发展能力强,培养途径在于校企一体化的办学理念、现代学徒制的培养模式、"教学做"一体的教学模式以及教师与师傅分工合作的师资队伍。为此,高校思想政治工作主要针对的是学生的思想政治教育,思想政治工作目标的确立是以高等教育人才培养目标、中共中央高校思想政治工作的意见为客观依据的,凝练出职业素养、思想素养、道德素养和创新素养四个方面具体的思想政治工作目标,并以此为引领开展了富有成效的思想政治工作。

(三)高校思想政治工作目标协同旨向

高校思想政治工作同教育目标相一致,共同致力于培养学生的各方面的能力素质,以党的指导思想,远大的社会理想,培养学生自觉弘扬中国精神,提高学生的人文精神和道德品质,这主要以社会主义核心价值观为引领,达到学生心理健康发展为基本准绳。因此,新时代高校大学生思想政治工作目标的具体内涵可以概括为"有理想信念、有核心价值、有中国精神、有能力素养",称为"新四有"。"有理想信念"是指培养学生把远大理想和共同理想结合起来,实现共产主义和中国特色社会主义共同发展,使高校大学生积极致力于社会主义伟大事业中去。其次,要培养高校大学生建立在不断奋斗中成功的理想目标。最后,还要引导学生树立把个人理想与社会理想相结合的坚定信念,使学生能树立对社会远大理想一定能够变为现实的信念,也不减少学生对自身理想的不断奋斗的热情,从而探索出一条有效渠道和途径,实现个人理想与社会理想。"有核心价值"是指大学生的思想政治工作要遵循社会主义核心价值观的多层次性规律,将自身与社会、国家很好地结合起来,社会主义核心价值观也在不断生活化中,成为大学生内在的精神追求和外化的行为习惯,打好大学生努力投入国家发展和实现自身价值的思想品质的基础。"有中国精神",一是要培养大学生爱国应该理性,帮助学生构建以爱国主义为核心的深厚民族精神,理解怎样爱党、如何爱国、热爱社会主义和热爱人民之间的统一性;二是要培养学生努力奋斗,弘扬以善于探索为核心的民族品质,提高创新创造能力和水平,努力成为实现中华民族伟大复兴中国梦所需要的高素质人才和创新创业人才;三是要将民族奋斗精神和当代精神统一起来,建立高校大学生所具有的统一的精神家园。"有能力素养"主要表现在两个方面,一是要有道德品质素养,二是要有文化道德素养,道德品质素养是前提,是文化精神的评价标准,文化素养是道德品质的支撑,两者相互影响相互发展。"有道德素养"就要切实树立正确的光荣和耻辱观点,既要传承和发扬中国流传下来的值得传承的文化,尤其是良好的道德传统,又要树立热爱祖国、热爱职业、秉持公正、遵纪守法、诚实守信等在内的包含当代特性的道德品质,还要将道德品质内化为自身的道德行为规范,实现把中国传承下来的良好道德精神与经济社会发展的要求相适应,达到道德精神与道德活动的良好统一。"有文化素养"就是既要掌握中华优秀传统文化、革命文化和社会主义先进文化以及人类其他一切优秀文明成果,又具有辨别文化的个体性功能和社会性功能的能力和水平,使学识增长与综合品质的提升协同提高。总之,"有理想信念"是奋斗目标的主要任务,表现为取向性含义;"有核心价值"是培养目标之间的纽带,表现为规则性内涵;"有中国精神"作为培养目标的动力,表现为帮助性内涵;"有能力素养"是培养目标的保障,表现为主体功能性内涵。以上四个方面在高校大学生思想政治工作中相互联系、相辅相成,是新时代高校大学生思想政治工作目标的具体内涵。

二、思想政治工作目标协同的概念

高校思想政治工作目标协同是指在思想政治教育过程中,将教育目标作为主导,对教育目标、教育过程参与主体(包括但不限于教育者、受教育者、学校、行业企业以及家庭)、教育内容、教育方法等进行协同,使各要素在教育目标统筹下产生自组织效应,实现思想政治工作系统新的有序结构,提高思想政治教育的效率及质量。目标协同是对开放式协同教育理念的进一步深化,其最大价值不仅有助于实现思想政治教育系统的自组织效应，而且有助于提升思想政治教育实效性。

（一）思想政治工作主体目标协同

高校思想政治工作队伍主要包括党政干部和团干部、思政课程教师和哲学人文社科教师、政治辅导员和班主任老师。学校党政干部和团干部主要负责大学生思想政治教育管理工作；思政课教师和哲学社会课教师主要负责课程的教学、品德教育和人文精神教育；辅导员、班主任在工作第一线是大学生思想政治教育的人员，按照学校的工作部署安排有对象性地开展工作，班主任的工作职责主要关注学生的思想教育、学习和生活方面的工作。

高校思想政治主体工作目标协同，就会在思想政治教育工作过程中做到要求一致，从而达到同步共振。习近平强调："高校思想政治工作关系到高校培养什么人、如何培养人以及为谁培养人这个根本问题。要坚持把立德树人作为中心环节，把思想政治工作贯穿教育教学全过程，实现全程育人、全方位育人，努力开创我国高等教育事业发展新局面。"①高校思想政治教育主体要坚持立德树人目标方向，促使各教育主体协同发力、同向而行。高校思想政治工作要解决各教育主体的协同问题，通过加强协同机制建设，推进高校思想政治教育的目标协同。当然在具体制定目标时，高校要根据高等教育培养人的目标要求，以及学校的实际，做到多重目标兼顾，坚持一元主导和多元发展，坚持紧跟时代主题变化而发展，要提升目标的亲和力，加强学生对目标的认同感。

高校要培养一批有坚定的政治立场、高尚的道德品质、善于创新、勤于联系实际的工作人员，形成具有老中青年龄结构合理，工作能力强的思想政治工作学科带头人和教学骨干队伍，紧紧围绕思想政治工作目标，在思想政治教育过程中发挥协同效用，提高思想政治教育的质量。因此，高校思想政治工作主体也指在思政工作过程中，所有工作人员具有明确的目标，正确的方向，高尚

---

① 《习近平谈治国理政》第二卷，外文出版社2017年版，第376页。

的思想道德品质,强烈的社会责任感,真正成为学生健康发展的学习指导者和生活引路人。同时,高校教学管理服务部门的教职员工都负有对大学生进行思想政治教育的重要责任。要围绕思想政治工作协同目标,制定相关激励政策,明确工作任务和业绩考核办法,在工作中形成教书育人、管理育人、服务育人的良好工作格局。

(二)思想政治工作主客体目标协同

高校思想政治工作主客体目标协同相吻合,有利于实现"现实需求"与"服务供给"同频共振。① 高校思想政治工作具有丰富的内容,但是思想政治教育过程中存在方式方法失当问题,往往忽视"需求侧"(学生)的主体性,或者过于迎合学生的需求,又造成"供给侧"(教育主体)影响力的忽视,导致"供需结构失衡",这样必然会对学生思想教育的效果产生影响。习近平总书记强调:"做好高校思想政治工作,要因事而化、因时而进、因势而新……提升思想政治教育亲和力和针对性,满足学生成长发展需求和期待。"②响应号召,高校思想政治工作要围绕协同目标,以供给侧结构性改革思维方式来构建思想政治工作"师生共同体"。同时我们应当根据工作实际,及时与学生进行学习生活方面的沟通,找准老师和学生相互之间的平衡点,从而使思想政治工作合理有序地开展,使学生"现实需求"与教育主体"服务供给"实现同频共振、良性互动,不断提高教育主体协同效率。同时,在思想政治工作过程中,主客体之间增强价值认同,达到思想交流的和谐共鸣,提升思想政治工作的实效性。

高校思想政治工作过程中,主客体目标吻合,一要坚持问题导向,加强对"需求侧"(学生)和"供给侧"(教师)的研究,实现教育主体专业能力和职业素养的提高。二要遵循"贴近学生、贴近生活、贴近实际"的原则,密切师生关系。思想政治工作既要教育人引导人,又要关心人帮助人,要真诚贴近师生实际,真正解决学生在生活学习中的实际困难,及时回应他们的诉求,缓解他们的内心压力,不断增强师生双方的情感认同。

---

① 参见黄路生:《构筑高校思想政治工作"协同体"》,《中国共青团》2017 年第 9 期。
② 《习近平谈治国理政》第二卷,外文出版社 2017 年版,第 378 页。

（三）思想政治工作介体目标协同

高校思想政治工作介体是指主客体之间相互关联、相互影响的中介因素，主要包括丰富多样的内容、灵活多元的方法和多变新颖的载体。

高校思想政治工作内容目标协同，是指学校、企业、社会、家庭等的教育主体在思想政治教育过程要正本清源，保持教育内容协同一致，要做马克思主义的播种者，弘扬和践行社会主义核心价值观，传播中国精神。习近平总书记强调"四个重要认识"：要求教育引导学生正确认识世界和中国发展的大势、正确认识中国特色和国际比较、正确认识时代责任和历史使命、正确认识远大抱负和脚踏实地。[①]

高校思想政治工作方法目标协同，是指高校教师要充分挖掘学生喜爱的思政教育元素，构建学生接受的思政教育话语体系，把思政教育覆盖到学生学习和生活的方方面面，使思想政治工作覆盖全体学生，达到教育引路与行为落地同步共育的效果。在教育引路方面，高校要围绕立德树人的根本任务，从教育教学的规律上，进一步厘清思想政治工作的主体和客体、思想和行为、内容和方式、活动和载体。要用党的理论创新成果引领思想政治工作，深刻把握高等教育的发展态势，不断提升学生政治思想、政治立场、道德修养、人文素养，不断促进学生达成理论认同、文化认同和情感认同，并促进行动上的自觉。高校思想政治工作要从日常性思想政治教育出发，围绕思想政治教育目标，运用丰富的理论、引用鲜活的案例、使用灵活的方法，使教育思想由"知识体系"内化为学生的行为习惯和价值取向，使思想政治工作全时空覆盖。

高校思想政治理论课程与专业课程同向共进。高校思想政治工作要革新思维模式，推进课程思政改革，使各门课程都渗透思政元素。习近平总书记指出："要用好课堂教学这个主渠道。思想政治理论课要坚持在改进中加强……其他各门课都要守好一段渠、种好责任田，使各类课程与思想政治理论课同向同行，形成协同效应。"[②]这既肯定了课堂教学的重要性，又提出了改进

---

① 《习近平谈治国理政》第二卷，外文出版社 2017 年版，第 378 页。

② 参见《习近平谈治国理政》第二卷，外文出版社 2017 年版，第 378 页。

和加强思想政治理论课建设的必要性,也指明了各类课程和思想政治理论课协同发展的方向性。高校要统筹思想政治理论课和其他课程,明确所有课程都有育人功能,充分挖掘蕴含在专业课程中的"思政元素",确保思想政治教育与专业课程同向共进、协同发展。在思想政治理论课教学过程中,若教学目标不明确,教学系统会陷入混乱:教学资源过于分散,无法形成合力,教学效果必然不好。而发挥目标协同效应,则能以教学目标为主导,据此协同各教学资源间的关系,使各要素协同起来,从而实现整个教学系统的有序结构,进而提升思想政治工作实效性。

(四)思想政治工作环境目标协同

高校思政工作的环境目标协同是指在思想政治工作过程中,实现课堂文化、校园文化、行业企业文化、家庭文化、社会文化协同育人的目的。

高校课堂环境是教学活动的基本因素之一,更是所有教学活动开展、实施的具体场域。因此,高校课堂环境不仅影响着教学过程的组织与安排,而且影响着学生未来发展的方向。因此,高校课堂教学环境的变革与优化是高等教育"支撑中国制造,成就出彩人生",适应经济发展"新常态"关键之一。

校园文化潜移默化地影响着学生的价值观念和日常行为。校园的整体设计和布局,校园的植被覆盖、建筑特色、道路规划,校训精神、校歌风采,校园文化活动(书香校园建设、高雅艺术节等),学校规章制度、法律环境,等等。这些因素交织在一起,共同作用,影响着学生的学习与生活。

高校"知行合一"的教育理念,"德才兼备、品学兼优"的育人原则,贯穿于学生学习的全过程。校企合作协同共育人才,学校的教育目标与行业企业需求目标相一致,学校环境与企业文化熏陶学生成才。

家庭文化和社会文化影响学生一生。营造和谐有度的社会主义时代文化与家庭文化,更有利于实现"知行合一"。

因此,课堂文化、校园文化、行业企业文化、家庭文化、社会文化协同目标一致协同育人,属于隐性思想政治教育,学生在学习和日常生活中受到环境熏陶,内化于心,外化于行,知行合一。

三、思想政治工作目标协同的价值

任何教育活动都是围绕一定目标或以实现某种目标为最终目的展开的。高校思政工作目标的设定需要考虑教育者自身所掌握的资源,需要了解受教育者的实际需求及接受能力,同时还需要考虑社会、家庭、行业企业等参与主体的参与程度及贡献大小等。基于这些最终确定一个契合实际的目标,并据此安排教育活动。思想政治教育是一个有目的、有组织、有计划的活动。高校思想政治教育工作目标是教育过程维持其基本动态平衡的重要序参量,在一定的教育目标运转中,思想政治教育工作系统也在动态发展不断完善。高校思想政治教育目标与学生期望自身达到的目标是一个有机整体,是所有思想政治工作的灵魂。在高校的思想政治工作中,确立的教育目标不仅决定了思想政治教育内容的选择、教育结果的评价,还决定了在实现教育目标的过程中可能出现的各种困难,以及要解决这些困难应采用何种方法,采取什么样的教学措施及需要何种教学环境。由此可见,教育目标是整个思想政治教育工作系统的关键所在。从协同学观点看,教育目标可作为整个思想政治教育系统自组织水平的基本标志,它能对教育过程起到定向、强化、激励、调控的作用。若无教育目标,或教育目标没能发挥作用,思想政治教育工作系统就会陷入无序的混乱状态。基于此,提高思想政治工作的针对性、有效性,必须以教育为目标,协调思想政治理论教育过程中的各项因素,获得教育体系的整体优势,提高教育效果。

因此,高校思想政治工作目标协同在于彰显基础价值、核心价值和根本价值,处于战略高位。其一,基础价值在于维护高校学生意识形态安全。加强和巩固高校意识形态建设,是一项战略工程、固本工程、铸魂工程,事关党对高校的绝对领导,事关全面贯彻党的教育方针,事关中国特色社会主义事业后继有人,对于巩固马克思主义在意识形态领域的指导地位,巩固全党全国人民团结奋斗的共同思想基础,具有十分重要的意义。当前,作为社会主义现代化建设事业培养建设者和接班人的高校,更是西方资本主义意识形态渗透和入侵的重要阵地。当代高校大学生呈现不同的层次特点,他们在思想政治方面的主流是积极向上的,但是在自身成长和个人发展过程中有非常明显的时代印迹,在理论学习、就业观念、处世态度、意识形态、道德和价值观念等方面都展现出具有时代特征的新变化,同时也显现出新问题。所以,我们务必发挥理想信念引导和政治工作协作效用,以社会主义核心价值观引领当代大学生的价值观念,构建新媒体时代思想政治工作话语体系,牢牢占领高校意识形态工作阵地,巩固马克思主义在高校意识形态领域的指导地位。其二,核心价值在于增强高校学生思想政治教育的实效性。高校思想政治工作就是引导大学生正确处理人与人之间,以及个人与集体、个人与国家之间关系的社会实践活动。实践的观点是马克思主义的基本观点,也是我们在思想政治工作中必须坚持的观点。而实效性则是检验高校大学生思想政治教育得失的实践标准。坚持以学生为本,提高学生在思想政治教育中的主体性地位,塑造大学生理想品格,实现"铸魂育人"的教育目标。这就需要思想政治教育工作不断更新观念,不断拓宽途径,不断完善机制,不断增强实效,使思想政治教育真正做到"有位有为"。其三,根本价值就是促进学生成为德智体美劳全面发展的社会主义合格人才。正处于人生成长阶段的青年大学生,能否树立起正确的世界观、人生观和价值观,能否确立为中国特色社会主义事业而奋斗的共同理想,这不仅关系到当代大学生的健康成长及高校培养人才的质量和水平,也关系到国家和民族的前途命运及社会主义现代化建设的大局。① 高校思想政治工作的最终目标是为我国社会主义建设事业培养合格建设者和可靠接班人,就是要全面提高学生的综合素养,培养生产一线所需要的具有职业精神、职业道德和职业能力的高素质技能型人才,为中国智造储备技术人才,为我国社会主义现代化建设提供人才支撑。为此,高校要深入学习贯彻习近平新时代中国特色社会主义思想,强化政治意识、责任意识、阵地意识、底线意识,以"立德树人"为根本任务,积极培育和践行社会主义核心价值观,不断坚定广大师生中国特色

---

① 参见徐岚:《高校思想政治教育与大学生政治社会化关系研究》,《学理论》2013 年第24 期。

社会主义道路自信、理论自信、制度自信、文化自信,培养德智体美劳全面发展的社会主义合格建设者和可靠接班人,为实现中华民族的伟大复兴而不懈奋斗。

第二节　高校思想政治工作目标协同的问题域

"课程思政"是将马克思主义理论贯穿教育、教学和科研的全过程,探索各类专业课程的思想政治理论教育资源,从战略高度构建思想政治教育课程、综合素养课程、专业教育课程的"三位一体"。"课程思政"不仅促进了各专业善于运用马克思主义的立场、观点和方法开展教育教学,而且是探索各类课程与思想政治理论课程同向同行,形成协同效应的重要途径。

高校课程思政建设应关注学生的培养目标,关注学生心理特点和成长规律,构建具有高校特色的"课程思政"。目前高校在"课程思政"的改革方面做出了一些探索,形成了代表性的课程,但是在整体设计、方法与载体、效果评价、保障机制等方面的规范建设和制度支撑仍相对薄弱,体现在教学改革动力不足,教师教学效果良莠不齐,学生对课程的认同度和获得感不均。本书通过对"课程思政"存在的关键问题进行分析,探寻课程建设的基本规律和解决路径,对于形成"大思政"格局,促进思想政治教育进教材进课堂进头脑具有现实意义。

一、"课程思政"面临的关键问题

"课程思政"坚持以马克思主义理论为指导,以习近平新时代中国特色社会主义思想为目标指引,对课程进行顶层设计和整体规划,从根本上解决专业课程与思政课程同向同行的目标协同问题。

(一)科学的管理理念是完善教学设计和整体规划的关键

科学的管理理念是"课程思政"建设的关键要素,尤其是高校领导应注重理念创新。一是要建立健全领导机制。高校领导干部要根据人才培养要求并结合学校实际,以习近平新时代中国特色社会主义思想为指导,上讲台,讲大课,传大势,让马克思主义理论融入学科建设中,融入教材编写中,在"论坛"上听到理论的声音。二是要优化教学管理。在实施课程思政的过程中,对于课程体系的设计、教材选定和编写、政治立场等是建设好"课程思政"的重要手段。三是要协同教学主体。教育部启动了全国马克思主义学院建设工程,当前马克思主义学院在课程建设中要发挥好引领和协同作用,形成思想政治理论课与所有哲学社会科学的协同,建立科学有效的课程建设机制,从而实现"课程思政"的合理化、标准化建设。

（二）不断深化改革为教学手段和教学载体创新提供动力

"课程思政"是高校思想政治教育的重要载体,也是实现高校人才培养目标的重要环节和有效途径。其一,树立学科意识。所有的学科都具有培养人的作用,加强对马克思主义中国化最新理论成果的宣传和学习,融入高校课程体系中,为高校推进"课程思政"的建设提供学理支撑。其二,教学载体。搭建思想政治理论学科、哲学社会科学学科、专业学科之间的教学与科研平台,加强学术交流,开展课程共建,进行日常性教学训练和教学思考,培养专业课教师思想政治教育实际教学能力,回应学生在专业课学习面临的问题。

（三）教学方法协同是提升专业化队伍和教学能力的途径

高校提高教学质量的关键是从事一线教学的任课教师。学校在师资队伍的培养方面,应该注重培养理论功底深、年龄结构合理的教师队伍。当前在高校教学过程中,思想政治理论课教师承担着主要工作任务,应该发挥好思政课教师的辐射带动作用。在授课能力的培养方面,加强专业课教师的教学指导,提供教师之间的交流合作和资源共享,建立集体备课制度,优化教学激励制度,利用学生喜欢的话语,切实提升思想政治课的针对性和有效性,使课堂具有深厚的吸引力和感染力。在教学过程中,不断完善不同学科背景的教学设计,所有课程在教学过程中加强学生的价值引领和价值判断,引导学生树立正确的价值观,发挥监督作用,保证马克思主义在课堂上得到宣传。

（四）优化体制机制是构建多学科的教学合作和激励制度的保障

高校要加强课程教学的相互补充作用,建立合作机制,发挥多学科的作用,从而保证"课程思政"常态化发展。一是在教学平台建设上,其他专业和高校职能部门对"课程思政"缺少主动融合意识,制约了工作合力的真正形成,需要形成针对思政课教师和其他专业课教师的信息沟通渠道、教学交流机制和智库共享资源。二是教学团队建设上,建立思想政治理论课教师与哲学社会科学教师的互通平台,加强学校行政部门的协同和合作,共同参与课程建设,为建立科学合理的课程体系提供内在动力。

二、"课程思政"建设中的实践问题

高校在课程思政建设的实践过程,会暴露出课程育人的种种不协同的问题,需要我们在实践中加以把握,切实提高课程思政协同育人作用。

（一）明确主体责任,发挥引领协同作用建立教学团队

教育的根本任务是立德树人,明确主体责任是"课程思政"建设的关键因素,做好课程建设的规划和管理。高校要按照"党委统一领导、党政部门协同配合、以行政渠道为主组织落实"的思路,形成科学合理的领导机制,加强工作协调,成立相应的课程小组,学校党委书记担任组长,成立办公室,促进工作的落实和沟通,学校教务处、人事处、教学督导等部门,在工作中加强与马克思主义学院、学工部门等部门的合作,将课程建设作为年度重要工作。学校和教师在思政课教学中应密切配合,紧密合作,学校各部门应注重整合课程资源,积极为"课程思政"的实施、教学和科学研究提供帮助。

（二）把脉学生需求,找准学术突破口创新教学载体

"互联网+"的推波助澜作用,使得现代课堂教学载体日益丰富。通过进行思想政治理论课与其他课程的协同合作,实现教学过程协同和科学研究协同,形成思政学科与其他学科的相互补充、共同发展。高校开展立德树人工程,结合高等教育特色,从培育"大国工匠"精神入手,发挥专业特色优势,既紧扣时代发展又回应学生关切,有效激发学生求知需求。倡导开展专题式教学,在方法上注重开拓创新,融合课堂主讲、现场回答、网上互动、课堂反馈等教学方式,巧妙地将社会主义核心价值观融入多样化课堂教学之中,在潜移默化中实现了教育目标。

（三）完善评价标准,建立教学效果为导向的激励机制

努力发挥马克思主义理论对思政课的牵引和带动作用,引导教师围绕马克思主义理论学科的创新与发展、马克思主义及其中国化的最新理论成果等主题开展课题研究。建立对教育教学的体系评估标准,发挥教学效果的评价机制。高校在课堂教学质量评估模式中,将学生的思政课成绩和学习表现纳入学生入党推优的考核标准,进行教学效果学生和教师相互评价机制,既要体现课程效果,教师将理论讲通说透,而且增强教师的吸引力和认可度,将知识内化为价值认同。将理想信念元素融入专业课教学过程中,实现知识教育和理想信念教育的同心同向,从而发挥思想政治理论课的主渠道作用,转变课程教学重、理念教育轻的情况。

（四）打通各专业间壁垒,优化全员全过程全方位育人教学资源

实现"课程思政"教学与育人功能的统一,其关键在于领导的意识、教学激励制度、协同作战的工作机制。各专业之间缺乏学术交流,教育目标断层而且衔接不足,是造成各类课程协同育人目标脱节的主要原因。高校要抓好课堂育人的主渠道,构建专业之间的协同平台,推动社会实践活动的深入开展,发挥实践育人作用。高校要注重"工学结合,知行合一"的实践教学模式,在校企合作中协同育人。

三、思想政治工作协同目标的要求

（一）适应我国高等教育人才培养的根本要求

2018 年,教育部关于人才培养能力的意见指出:高等教育是国家发展水平和发展潜力的重要标志。建设高等教育强国必须坚持"以本为本",加快建设高水平本科教育,培养大批有理想、有本领、有担当的高素质专门人才,为全面建成小康社会、基本实现社会主义现代化、建成社会主义现代化强国提供强大的人才支撑和智力支持。①明确了高等教育的战略意义及高校大学生人才培养的目标和任务。2016年，习近平在全国高校思想政治工作会议上强调："要坚持把立德树人作为中心环节，把思想政治工作贯穿教育教学全过程，实现全程育人、全方位育人，努力开创我国高等教育事业发展新局面。"②为高校思想政治工作进一步指明了前进方向。

爱因斯坦曾谈道："用专业知识教育人是不够的。通过专业教育，他可以成为一种有用的机器，但是不能成为一个和谐发展的人。要使学生对价值有所理解并关系到热烈的感情，那是最基本的。他必须获得对美和道德上的善恶鲜明的辨别力。"③人类对于真善美和理想人格的追求是永恒不变的，要使学生树立正确的价值观，能够获得美丑和善恶的分辨力。品德和才能兼备、内在和外在兼修是当前我们高等教育对优秀人才的根本要求。随着改革开放和市场经济的不断深入推进，我国社会主义现代化建设事业的蓬勃发展，随着市场经济发展推动产业结构的不断调整，急需大量符合经济社会发展和从事一线产品生产和管理的高素质技能型人才。因此，高等教育必须坚持教育的目标任务和方向，否则我们的高等教育就容易出现严重问题，偏离方向，就会从学术化走向功利化，从而忽视人才培养的根本任务和目的。

（二）贯穿高校思政教育的全部阶段

高等教育在社会主义现代化建设中发挥重要作用，必须坚持"立德树人，培根铸魂"的育人目标。高校构建思想政治工作协同体系，应准确把握高校大学生的基本特点和成长规律，有助于我们探索建立思想政治教育工作的常规化、机制化，为社会主义现代化的发展教育培养具有专业技术技能的人才。高校的思想政治工作目标体现层次性，必须抓好教养训育、职业素养培育、社会适应能力培育和理想信念教育等育人工作，构建"四位一体"的高校思想政

---

① 参见教育部：《关于加快建设高水平本科教育全面提高人才培养能力的意见》。
② 《习近平谈治国理政》第二卷，外文出版社2017年版，第376页。
③ 《爱因斯坦文集》第3卷，许良英、赵中立、张宣三编译，商务印书馆1979年版，第310页。

治教育的层次结构。具体分为一、二、三、四年级,需要层层递进地设置思想政治工作目标。一年级着重"教养训育",是学生从中学生到大学生角色转变的成长时期,更注重"明确发展方向,提高综合素质"的培养目标。二年级注重"职业素养培育",培养学生的职业素质,形成良好的职业人格。三年级立足于"社会适应能力培育",是大学生向职业人过渡的成才时期,更注重"加强技能训练,培养专业能力",以提升学生的专业素养和职业技能。四年级强化"理想信念教育",目的是把学生培养成为用习近平新时代中国特色社会主义思想武装起来的栋梁之才,实现由学生到"成人"的转变。更注重"实现角色转换,强化职业能力"的目标要求。因此,在社会过程中,我们要探索和总结高校的思政工作目标,要根据培养目标、主要内容、关键途径、主要方面以及管理手段和评价体系,遵循高校大学生成长成才与教育的规律,将高校大学生的思政工作培养目标和内容过程分解到教育学的全部过程。在高等教育实践中,使我们根据实践需求和学生的年级、水平形成一定的培养体系,遵循层级区别、水平相当、和谐连接的工作方式,坚持书本与社会实践相结合,把思想政治工作融入课程教学之中,融入实践学习之中,融入道德教育之中。

(三)体现我国高校思政教育的特点

立德树人是高校办学治校的根本任务,承载着为实现中华民族伟大复兴提供坚强有力人才支撑的历史重任。高校是为了培养符合经济社会发展需求和市场经济发展有用人才,它更强调为社会主义经济社会发展服务,以学生未来的工作方向为引导,以发展产业结构和进行产学研结合为主要方式;同时,高校应当依据市场和经济结构的不断变化、社会产业需要的不断变化及时调整或进行专业经济结构建设与课程教学体系改革,按照高校大学生的职业发展与未来岗位发展的实际情况进行有针对性的思想政治教育工作。高等教育要认真落实学生的社会实践能力与实践运用能力的培养,而且在进行校内外实训实习、有针对性的政策实习、社会组织和服务机构等工作都要与社会发展进行密切的交流和沟通。

理想人格的形成是高校思想政治工作的最高目标。高校在办学的运行主体、培养课程目标、教育对象以及学习时间、课时要求等呈现自身教育的特点，同时具有多方面性与不明确性的特征，这给高校思想政治教育工作带来了巨大挑战，同时也给高校教育增加了许多不可确定的因素。因此，高校思政工作必须打破以前封闭式的教育教学体系，呈现出高等教育的开放性，这就要求高校思政工作在体制、课程教学和教学方法设计上要密切联系高等教育与经济社会发展的需要，根据大学生今后的工作岗位要求和科学研究的实际发展来培养学生的工作技能、职业品质和思想政治素养，培育大学生的理想人格，进而从整体提升大学生知识学习和生活能力提升的综合素质。

在社会实践中塑造大学生的职业素养和职业能力。高校思政工作必须结合学生的心理素质和成长特点、成长成才规律和思想品德等方面形成的规律，在坚持认知和行动相统一的层次上，将职业技能提升和理想信念教育、职业人文精神培育、职业道德教育以及创新创业教育，作为大学生思想政治教育的重要内容，并贯穿于思想政治教育工作的全过程，让大学生在社会实践中体验和感受职场的育人力量，从而将正确的道德品质认识和社会实践内化为自身的道德信念，并外化为坚定的道德素养，成为思想活动的自觉行动，从而形成一种良好的职业道德素养和生活习惯，成为爱岗敬业、勤勉尽责、诚实守信的高技能型人才，为社会主义现代化建设和社会主义市场经济的繁荣发展贡献力量，实现高校思想政治工作目标与高等教育人才培养目标的协同发展，实现大学生认知与职业岗位的一致性。

第三节　高校思想政治工作目标协同原则及体系

高校思政工作目标的协同与创新，坚持立德树人、实事求是、开拓创新，坚持系统科学的理论原则，使高校的思想政治工作系统合理、课程科学、特色鲜明，成为适应经济社会发展需要的思想政治教育工作体系。为建立系统化、规范化、现代化，具有中国特色、传承中华优秀传统文化、适应素质教育要求的现代化高等院校提供实践典范。

一、思想政治工作目标协同的基本原则

高校思想政治工作具有系统性、长期性和整体性。推进高校思想政治工作目标协同,必须坚持以社会主义核心价值观为引领、坚持满足经济社会发展的人才需求、坚持整体性构建高校思想政治工作体系、坚持继承与创新相结合的基本原则,切实把高校思想政治工作贯穿于大学生健康成长和自由全面发展的过程中,不断增强高校思想政治工作协同效果。

(一)坚持以社会主义核心价值观为引领

习近平总书记在党的十九大报告中指出,"社会主义核心价值观是当代中国精神的集中体现,凝结着全体人民共同的价值追求……把社会主义核心价值观融入社会发展各方面,转化为人们的情感认同和行为习惯"。① 深入学习贯彻这些重要论述,让社会主义核心价值观在全社会落地生根,应着力处理好源与流、知与行、标与本的关系。"要强化社会主义核心价值观引领,加强爱国主义、集体主义、社会主义教育,发展公共文化事业,完善公共文化服务体系,不断满足人民群众多样化、多层次、多方面的精神文化需求。"② "用好学校思政课这个渠道,推动党的历史更好进教材、进课堂、进头脑,发挥好党史立德树人的重要作用"。③

社会思想的多元性要求我们,一切要从实际出发,坚持把先进性要求同广泛性、层次性要求相结合,构建高校思政工作体系。社会主义核心价值观具有广泛的适用性与包容性,它是全民族奋发向上的精神力量,是团结和睦的精神纽带。社会主义核心价值观为构建高校思政工作体系指明了方向,其指导思想、理想信念、精神追求、行为规范是高校思政工作协同的核心原则。

第一,社会主义核心价值观对高校思想政治工作性质和方向具有决定作

---

① 习近平:《论党的宣传思想工作》,中央文献出版社 2020 年版,第 11—12 页。
② 《习近平谈治国理政》第四卷,外文出版社 2022 年版,第 146 页。
③ 《习近平谈治国理政》第四卷,外文出版社 2022 年版,第 33 页。

用。社会主义的先进性体现在核心价值观占有核心地位和发挥关键作用,是当前意识形态的根本价值体系,这就决定了高校思想政治工作的性质和发展方向。思想政治教育属于上层建筑,思政工作体系就是一个价值观的结构体系,这都是由社会主义核心价值观的性质所决定的。

第二,社会主义核心价值观为高校思想政治工作设立了不同的方向和内容。高校往往忽视了学生的多元化特征,对学生思想品德教育目标要求过高,这会严重影响高校思想政治工作的针对性和有效性。高校的思政工作的主要目标是培养能尽快适应社会和社会公德意识较强的人,社会主义核心价值观给学生指出了应该遵守的行为规范与准则,引导学生注重养成良好的学习、生活、行为习惯,这也是校园文化建设的核心内容。高校思想政治工作的目标就是要培养学生的职业精神和工匠精神,提高学生的职业素养,其最高目标就是培养学生成为具有马克思主义信仰和共产主义理想的新时代青年。

第三,将社会主义核心价值观融入高校思想政治工作的始终。一是要积极构建适应高校大学生特点的思想政治工作内容体系,把这个体系运用到课程建设和教学过程中去,发挥思想政治教育的主渠道作用,推进社会主义核心价值观进教材进课堂进头脑;二是积极开展社会实践活动,使学生在社会实践活动中践行社会主义核心价值观,实现"知行合一",从而促进学生道德情操和核心价值观的培养;三是打造和谐健康的校园文化,发挥校园网络的优势,开展丰富多彩的主题活动,使学生内化于心而外化于行,自觉认同并践行社会主义核心价值观,进而培育学生的爱国情操和创新精神。

(二)坚持满足经济社会发展的人才需求

高校的人才培养目标要符合当前时代要求,适时调整教育教学和人才培养的教育目标。因此,"培养什么样的人,怎样培养人"成为高校持续研究和解决的重要课题,也为高校思政工作目标体系的构建提供原则性指导。

伴随着科学技术的进步创新和产业结构的升级转型,我国社会主义现代化建设事业急需大量的能够适应生产、建设、管理、服务一线,具有高新技术、职业素养、创新精神的高素质技能型人才。一方面,学校应该主动适应社会需求,自我改革;另一方面,学校不能被企业"牵着鼻子"走,办学的目标和宗旨要坚守,方得始终。

当前,高等教育的发展呈现出大众化、市场化、多元化和终身化的鲜明特征。高校的教育办学理念和人才的主要培养目标应该顺应社会和市场经济发展的需求。高校正处在内涵发展和转型升级的新发展阶段,要发展就必须突破局限,立足办学根本,革故鼎新。高校不仅要关注社会对人才的需求趋势,深化产教融合,密切企业联系,同时,高校思想政治教育工作也要跟市场和企业发展相适应,融入大学生的学习和生活中,实现校企双赢,多方受益的局面。

(三)坚持整体性构建高校思想政治工作体系

高校思想政治工作协同体系的建设不是一蹴而就的,应兼顾整体性,关注学生的思想品德的全面发展,如认知、情感、意志、信仰、行动,遵循学生发展的身心特点、道德品质的形成规律和高等职业教育的规律,从整体上来构建高校思想政治工作体系。

高校思想政治工作体系的整体性建设,要求我们必须具备整体优化的意识,尤其是总揽全局,把高校思想政治工作体系和机制看作是统一的整体来把握,将发展目标、内容特点、途径指向、方法来源、管理方式及评价标准有机地结合在一起。高校思想政治工作目标需要和总体教育目标相结合,统一进行系统性制定,以确保在整个思想政治工作运行过程中培养目标与本身内容、运行途径与指导方法、管理体制与评价体系的统一性和连接性。在此基础上,针对高校大学生存在的不同年龄阶段产生出的本身特点与接受能力,将高校思想政治工作最终目标与教学内容贯穿和分解到整体高等教育过程中,保持整体平衡并确保各年级之间思政教育目标与层次需求相一致。思政教育内容的侧重点,思政教育途径与方法的整合及抉择,思政教育管理体制与评价方式的运用,要按照整体构建的原则,形成高校思想政治工作体系的有机统一。高校大学生要坚定理想信念,坚持正确的政治方向,追求科学正确的世界观、人生观与价值观,塑造高尚的道德品质和健康的心理素质,增强文明的社会行为习惯,培养规范的职业行为,这些鲜明的职业素养都是高校大学生在学习与成长过程中逐步养成的,呈现出明显的层次性、渐进性和过程性。

高等教育最终作为培养高素质专门人才的社会存在和实践活动,必然要以一定的人力、物力和财力等物质资源的高效整合为前提,坚持整体性原则,全员、全过程、全面地构建高校思想政治工作体制机制。全员主要指学校全体教职员工共同参与学生的教育工作;全程主要指学生在学习时间上的连续性,将思想政治教育贯穿于四个学年的每个阶段,从学生入学教育开始一直到学生就业,包括学生在企业顶岗实习和就业实习的整个过程;全面主要指学生学习生活中的各个场所都有育人功能,比如学校、家庭和企业,表现为教学育人、管理育人、服务育人、生产育人、环境育人"五育人"的思政目标和工作格局,构建科学合理的思想政治工作体系,完善思想政治工作协同机制,确保学生的思想品德符合现代企业要求和社会期待,保证了高校思想政治教育的完整性与连续性。

(四)坚持继承与创新相结合

传承和创新是我们开展学校思想政治工作和品德教育都离不开的要素,是两个非常重要的方面。学校在教育过程中,不仅要继承和发扬优良传统,而且要有创新精神,敢于创新并不断超越,既要吸收中华优秀传统文化作为思政教育资源,又要适应新时代需要,与时俱进,不断探索创新教学资源。以革故鼎新的精神品质,不断增强高校思想政治教育工作的针对性和感染力。高校思想政治教育资源要体现出新颖性,在进行思想政治理论教育时,课程内容和教学设计要具有时代性和前瞻性。因此,构建高校思想政治工作体系内容,必须牢牢把握社会主义先进文化的发展方向,及时回应时代声音,掌握国内外最新的思想政治教育信息,探究思想政治教育发展的前沿理论和学科发展趋势,不断进行中华优秀传统文化的创新性发展和变革性转化,使高校思想政治教育资源能够传承本来、汲取外来、展望未来,不断进行思想政治教育理论创新和实践探索创新,使思想政治教育具有民族性、时代性和先进性的特征,并将这些具有特色的教育资源融入高校的思想政治工作当中,为培育社会主义事业合格建设者提供精神动力和思想保证。

二、课程思政与思政课程的目标同向

高校要形成大思政格局,需要依靠"课程思政"的不断拓展和深化,促使高校思想政治教育各要素形成协同体系,发挥协同育人的效应,从而提高思想政治教育的实效性。新时代高校思想政治工作要以立德树人为根本任务,落实全国高校思想政治工作会议精神和《关于进一步加强高校思想政治工作的意见》文件精神,使所有课程共同发挥育人的效果。

(一)强化专业课程教学的基础

没有良好的专业课程建设,"课程思政"就达不到育人的效果,缺乏基础。因此,要根据课程建设的基本规律,加强课程管理,发挥课程在思想政治教育中的基础性作用。在课程建设的工作中,学校的管理部门要充分发挥作用,教学管理部门要不断发挥在课程建设的引领作用。高校在教育教学改革过程中要注重课程建设,课程的实施则是教学的基本工作。教学管理部门不管是在课程管理中还是在具体的实施过程中,都要注重价值取向的引导;把价值引领作为实施过程和质量效果评价的一个重要指标。这样才能从根源、目的和教学过程上都可以发挥所有课程育人的功能和作用,通过教学设计、具体运行和课程管理等环节使课程育人理念得到落实。具体而言,在培养目标、教学方案、教案备写等重要环节要仔细考虑"知识传授、技能提升和思想引导"共同提升的效果;在精品课程评选、重点课程建设的评选、评价和考核应设立"价值理念引领"或者"育人理念"的指标。

(二)在"课程思政"建设中发挥"思政"的引领作用

思想政治教育功能的良好发挥,为课程教学指明了方向,从而弥合课程教学在知识教育、能力提升和价值引导之间相互割裂的关系。然而,在实际的教学过程中常常存在一个认识上的偏见,认为"价值引领"仅仅是"思想政治理论课"的工作和职责,其余专业课程则负责好知识传输和技能培养。这是导致"思想政治理论课"与专业课程教学割裂甚至冲突,各门课程相互之间"同向同行、协同育人"的共同目标很难达成一个主要原因。"课程思政"的教育教学和课程改革主要是针对这一高校课程建设和教学过程中一直存在的"痛点",注重所有的教职人员都有教育和引导学生的职责,所有课程都具备培育学生的功能。不同课程在学生培养中发挥不同的作用,各专业之间以及各课程之间都存在自身建设的规则和基本要求,加强课程设计和教学改革的力度,正是在尊重课程自身建设规律的前提下,实现课程的知识传授、技能培养并凸显价值引领的育人功能目标。因此,高校开设的所有课程都应该坚持"课程思政"的理念,进行思考和总结:知识教授是否明晰,能力提升是否落实,育人功能是否实现。在不断反思和改进中,充分提炼课程的育人功能,不断改进课程体系建设。只有这样,才能使"各类课程与思政课同向同行、形成协同效应"的要求在共同努力中得到实现。

(三)在"课程思政"建设中发挥教师的主导作用

教授知识和培育人才是教师的基本职责,教师在课堂教学中发挥着重要作用。马克思说:"思想本身根本不能实现什么东西。思想要得到实现,就要有使用实践力量的人。"①"课程思政"构建需要老师去贯彻落实,主要在于教师的育德意识和育德能力。培养一支具有自觉德育意识和德育能力水平较强的教师队伍,是实现整个课程协同育人的基本保障。高校在发展规划过程中,应当加强思政教师队伍的培养,运用岗前培训、职业技能培训、课程教育和教学改革等各种措施,切实提高思政课教师自身的育人水平和育人能力,并发挥教师在课程教学中的主动性,加强思政课的教育功能。学校要帮助思政课教师建立工作室、建立团队等平台,整合学校教师资源,包括思政课教师、专业课程教师、辅导员和班主任队伍,组织和建设具有多种学科背景相互帮助、共同支持的课程教学团队,从而使教师之间为了协同育人的目标而不断努力,所有课程实现同向同行、协同效应的育人效果。应善于借助外力,邀请校外相关方面的专家、政府党政领导、知名企业家、社会具有影响力的先进代表到学校给学生讲授思政课。同时,加强学校与学校之间的合作,按照学校自身发展的实

---

① 《马克思恩格斯文集》第1卷,人民出版社2009年版,第320页。

际情况谋划政策,落实经费投入,建立学校特聘教师巡回讲课制度,为思政课系统建设和具体实施提供优秀的教师资源。

(四)构建校院二级"课程思政"建设体系

"课程思政"的教育教学建设,一方面要及时革新改变教育教学观念,另一方面要求革新教学内容,确保改革教育教学方法,而且要包括学校整个课程,并不是仅仅限制在所说的某几个特定的专业而已。因此,这对高校课程教学改革规划和教学活动实践的管理带来很多问题和非常严峻的挑战,需要我们构建起多层级贯通、多方面参与的运作机制。学校党委机构在教学和改革中担负着主体责任,党委书记不仅要发挥课程建设"同向同行、协同育人"运作机制的第一责任人的作用。校长、分管思想政治教育工作副书记、分管教学的副校长也要切实担起政治责任和行政领导责任,但仅仅具有学校领导层面的重视仍是不够的。随着高等教育的发展和教育规模的迅速扩大,许多高校不仅建立了校院(系)两级管理的体制,而且发挥二级学院(系)的办学主导作用,让二级学院(系)在人才培养、师资培训、教学管理和考核、教学质量改革等方面承担主体职责。由此,"课程思政"建设也相应成为各系部课程改革的重要内容,并承担办学水平和教学质量提升的具体职责,切实发挥其在人才培养和教学改革的重要作用。

(五)实现学生需要与课程建设目标的同向性

学校教育担负着人才培养的重要使命。因此,"课程思政"改革和发挥作用的效果怎样,最终以学生自身的获得感为主要的检测标准。其一,高校不仅要坚持"基于学生学习效果的教育"的理念,在人才培养方案中要明确思想政治教育的目标和素质培养的要求,并按照此标准制定课程教学标准和课程体系构建。例如,由于我国正式加入了《华盛顿协议》,因此,该协议规定学生离校毕业前必须要完成各项素质测试,并且都规定得相当详细。当前,我国许多高校正在推行该认证方案,从而达到提高人才培养的目标。这种由学生毕业标准倒推来制定教学方案和计划的"倒逼"机制,为我们正在进行的"课程思政"体系建设提供了很好的思路。其二,我们也必须加强对学生的学习习惯、认知特征和接受规律的研究。当前,高校教育对象是"00后"的大学生,他们成长在多元化的新时代,是伴随着新媒体和网络社交平台的发展成长起来的。因此,他们身上具有"互联网+"信息时代特征,他们的学习习惯、认知特点和规律都需要我们认真研究。其三,来自不同地区和不同层次的学生在思想观念上也存在很大的差异。在不同的高校,学校的实际发展情况不同,学生的思想道德水平也呈现出差异性。因此,各高校要根据自身办学规划、人才培养方案和学生的思想特征,灵活地调整和设计教学内容,选择教学方法、制定评价标准,从而实现"课程思政"建设目标,切实提升"课程思政"实施的效果。

三、构建高校思想政治工作目标体系

当今经济全球化、文化多元化、网络信息化的影响对高校思想政治工作提出了很多新课题。2016年,"中共中央、国务院关于加强和改进新形势下高校思想政治工作的意见"中明确指出:"要培养又红又专、德才兼备、全面发展的中国特色社会主义合格建设者和可靠接班人。"①这对高校的育人工作提出了新要求。高校需紧密贴合学生实际,确立工作目标,紧跟社会发展要求的变化,全方位构建思想政治工作的目标体系,明确高校思想政治工作的开展方向。因此,需要从总体目标、内容目标、方法目标和特色目标上尝试建构高校思想政治工作的目标体系。

(一)思想政治教育总体目标与分项目标的定位

第一,将高等教育普遍性与职业教育特殊性相结合,制定高校思想政治工作总体目标。新时代高校思想政治工作要高举中国特色社会主义伟大旗帜,以习近平新时代中国特色社会主义思想武装头脑、教书育人,引领高校思想政治工作的开展。高等教育必须以经济社会发展为主战场,还需适应经济社会对职业岗位培养的要求,这样才能符合高校大学生的特点。因此,高校大学生培养目标的制定也要充分体现出职业素质的养成教育,"要高度重视学生的

---

① 中共中央、国务院:《关于加强和改进新形势下高校思想政治工作的意见》,中发〔2016〕31号。

职业道德教育和法制教育,重点培养学生的诚信品质、敬业精神和责任意识、遵纪守法意识,培养出一批高素质的技能型人才"①。教育部关于提高高等教育质量的意见指出:"要针对高等职业院校学生的特点,培养高职学生的社会融入能力。培育学生树立起终身学习的理念,提高学生学习能力,学会在社会交往中进行交流沟通和团队里面的协作。真正提高学生沟通和实践水平、创造创新能力、就业能力,培养社会发展真正所需要的人才。"②可见,高校要把社会经济发展对人才的需求与学生健康成长紧密结合起来,突出高校思想政治教育的培养目标。同时,高校也要把普通高等教育与高等职业教育的特殊性结合起来,重新调整并定位好思想政治教育目标并贯彻高等教育的始终,伴随高校大学生成长、成才全过程,建立一个科学的、规范的、具有"职"的特色的思想政治教育目标体系。

第二,实现思想政治教育总体目标与内容分类目标的有机结合,制定高校思想政治工作分项目标。按照总体目标,制定政治教育、思想教育、道德教育、法纪教育与心理教育的目标,强化人文素质的目标要求,加强思想道德、人文素养教育和技术技能培养,全面提高人才培养质量。高校要把理想信念教育放在首位,培育和践行社会主义核心价值观,弘扬中华优秀传统文化和革命文化,进一步办好思想政治理论课。因此,高校需扎实学生的理论知识和专业素养,注重学生的职业理想、职业道德、职业精神的培养,使学生拥有满足社会主义现代建设事业所必需的职业技能,胸怀强烈的报国热情,爱岗敬业、敢于奉献、勇于拼搏,成为有理想、有情怀、有担当、有创新精神的新时代人才。

第三,结合发展实际制定高校思政工作的特色目标。一是社会实践育人探索。高校结合自身发展实际,组织开展大学生讲思政课活动、大学生暑期社会实践等,努力探索适合学校特点的实践育人形式。同时,通过校团委、学生会、社团、思政课等各种平台和载体来创新社会实践方式,扎实推进社会实践

① 　中共中央、国务院:《关于进一步加强和改进大学生思想政治教育的意见》,《人民日报》2004 年 10 月 15 日。

② 　教育部:《关于全面提高高等职业教育教学质量的若干意见》,高教[2006]16 号。

活动,真正把思想政治工作做活,让理论的魅力焕发出实践的生机。二是先进典型育人。树立各行各业的先进典型,塑造大学生坚定的理想信念、忠诚的政治品格、甘于奉献的高贵品质和勇于担当的时代精神。如卫国戍边英雄陈红军,共和国勋章获得者袁隆平、屠呦呦等。三是红色资源育人。系统阐释中国共产党精神谱系的内涵,弘扬中国共产党在革命、建设、改革和新时代伟大实践的光荣传统、优良作风,把红色基因融入高校思想政治工作中,培养青年大学生的思想认同、理论认同、情感认同和文化认同。

(二)各年级思想政治教育目标的分解

高校要掌握学生的学习特点和思想品德形成、发展的规律,将思想政治教育的总体目标、分项目标贯穿于各个年级的教育教学目标中去,作为思想政治工作的根本遵循。思想政治教育目标是宏观的、抽象的,只有分解到每个教学阶段才能具体实施。高校可按年级分成四个阶段的目标:一年级目标是"明确发展方向,提高综合素养",学生处于从中学生向大学生转变的"成长期",注重学生的"导向教育";二年级目标是"加强技能训练,培养专业能力",注重职业素养的培育,这是以学生成才为目标的全面发展阶段,着眼于学生的"定向培育";三年级目标是"实现角色转换,强化职业能力",学生处于从准职业人向社会人、职业人发展的"成人期",是以培养学生符合职业岗位标准为目标,注重学生的"素质养成"。四年级是"坚定理想信念,塑造理想人格",以习近平新时代中国特色社会主义思想为引领,坚定中国特色社会主义理想和共产主义理想,锻造成为社会主义服务的新时代"四有新人"。各个年级学生教育层次不同,其心智模式和认知水平也存在差异,使得青年大学生具有自身的特点,年级目标要体现出教育的层次性,要分层次进行学生思想政治教育,循序渐进地落实思想政治教育目标。除此之外,每个学生的个性特征、家庭背景、兴趣爱好、能力水平、专业方向都存在着较大的差异,这就要求思想政治教育工作者要对学生开展个性化教育,切实提升思想政治教育工作的针对性和实效性。

（三）思想政治教育的入口与出口目标畅通

高校要结合人才培养模式和学制设置，充分把握学生组成成分的多元化特征，高度认识高校思想政治教育工作的复杂性和艰巨性。在开展学生思想政治教育过程中，要因势利导，因材施教，实现思想政治教育"入口"目标与"出口"目标的畅通有序，既可以保证思想政治工作体系的整体性和完整性，又可以增强思想政治工作的针对性和实效性。首先，高校思想政治教育的"入口"目标，注重学生由中学生到大学生的角色转变。在"入口"期，我们要充分了解学生的生源状况，有效衔接中学阶段思想政治教育目标。目前，青年学生生源教育水平层次明显，特征鲜明。因此，大学一年级目标要充分考虑中学阶段的思想政治教育目标体系，因势利导、因材施教，做好入学教育目标体系设置，帮助学生转换角色，尽快适应并融入高校的学习与生活，为思想政治教育目标的梯次性开展奠定实践基础。其次，高校思想政治教育的"出口"目标，关注学生由准职业人到职业人、社会人的角色转换。在"出口"期，学生的地位与身份发生较大变化，角色转变的跨度也很大。因此，大学三年级的教育目标就要充分考虑企业与社会对人才职业素养的需求，因材施教，因专施教，设计好社会实践阶段的教育目标体系，以岗位职业道德规范和职业素质标准要求来强化学生的教育培训，提高学生的职业能力与职业素质，养成良好的职业道德和职业素养，更好地帮助学生实现向职业人与社会人的角色转变，成为符合社会主义现代化建设事业需求的高素质技能型人才。第三，高等教育还具有很明显的时代特征。因此，高校思想政治教育要从科学技术迅速发展、知识经济时代逐步到来的客观态势出发，培养学生具有较好的科学精神、团队协作精神和创新创造精神，具有较强的就业创业能力。

高校要坚持"立足地方、辐射周边、面向基层、服务民生"的办学定位，构建"政府主导、学校主体、行业指导、企业参与、境外合作"的"政校行企外"五方联动的合作办学协同体制机制，才能形成"出口畅、入口旺、中间质量有保障"的良好发展态势。

第三章　高校思想政治工作的主体协同

　　"思想政治教育主体是思想政治教育的承担者、发动者、组织者和实施者……只有真正履行了承担、发动、组织、实施思想政治教育职能者,才可以称之为思想政治教育主体。"①若从狭义上理解,承担了思想政治教育职能的人是思想政治教育的主体,而从广义上延伸,思想政治教育实践活动本身也可以发挥思想政治教育职能,所以也可以理解为作为"物"的思想政治教育主体。"思想政治教育的主体性是由思想政治教育者的主体性、受教育者的主体性和思想政治教育活动的主体性有机构成的复杂整体。"②本章研究涉及的高校思想政治工作协同主体仅指思想政治工作主体。在思想政治工作过程中,思想政治工作对象和思想政治工作活动也呈现出主体性,成为思想政治工作的主体,这两大类主体将在后面章节内论述。通过对思想政治工作协同主体的内涵、意义和构成的分析,阐述了思想政治工作协同主体的三维互动,明确了思想政治工作协同主体的利益形式,从而使思想政治工作协同主体的利益得以实现,关系得以优化。

第一节　高校思想政治工作主体协同概况

　　主体协同是系统中许多主体协调、合作或同步的联合行动和集体行动。

---

① 骆郁廷:《思想政治教育原理与方法》,高等教育出版社 2010 年版,第 79 页。
② 张耀灿主编:《现代思想政治教育学》,人民出版社 2006 年版,第 271 页。

它是系统完整性和相关性的内在表现。高校思想政治工作系统是一个复杂的、动态的、自组织的多主体系统,它通过功能、环节、信息和技术上的主体协调,产生协同效应。这样,工作系统在宏观层面和整体上具有特定的结构或功能。思想政治工作体系中的多主体协调是指思想政治工作体系中教管服主体、社会企业主体和行业协会主体之间的合作、协调和同步。思想政治工作的有效运行必须依靠思想政治工作体系中的多主体协调,才能使思想政治工作体系的整体效率和经济效益最大化。

高校思想政治工作的协同是一种由参与主体合作完成的教育实践。这种教育实践本身具有潜在的统一力量。为了更好地实现教育目标,教育实践本身需要在规划中采取一致行动。同时,当许多参与主体需要形成合力的时候,就需要所有环节的有机协调。在这些合作行为中,每个参与主体之间的清晰界限变得模糊,但个人潜力和创造力在更大程度上得到发挥。①

一、思想政治工作主体的概念

高校思想政治工作协同主体专指作为"人"的思想政治工作主体(教育者),在界定协同主体构成的基础上,理解并把握主体协同的内涵与意义。

(一)思想政治工作主体的界定

中共中央、国务院《关于进一步加强和改进大学生思想政治教育的意见》对思想政治教育工作主体这样进行了界定:"大学生思想政治教育工作队伍主体是学校党政干部和共青团干部,思想政治理论课和哲学社会科学课教师,辅导员和班主任。学校党政干部和共青团干部负责学生思想政治教育的组织、协调、实施;思想政治理论和哲学社会科学课教师根据学科和课程的内容、

---

① 主体性教育理论强调:教育要重视参与主体的主动性和创造性;主体性教育理念的推进实施需要一系列诸如组织形式、教育方式、管理方略、制度调整、培养体系的深刻变革;主体性教育所倡导的自我意识、学习意识、问题意识、参与意识、合作意识应贯穿于育人的整个过程中;主体性教育要整合与利用优势的教育资源以搭建协同创新的信息化育人平台。高校思想政治工作协同创新主体的有效联动,除了需要重视主体性教育外,还应重视主体间的对话交流、实践中的合作对接、发展中的生态有序。

特点,负责对学生进行思想理论教育、思想品德教育和人文素质教育;辅导员、班主任是大学生思想政治教育的骨干力量,辅导员按照党委的部署有针对性地开展思想政治教育活动,班主任负有在思想、学习和生活等方面指导学生的职责"。① 就其外延而言,心理咨询教师和专业课教师也是高校思想政治工作的主体。

高校思想政治工作的教育管理主体是开展思想政治教育的主导因素,它是指通过行使组织、规划、发动、实施和控制的管理职能,协调各系统及部门,开展思想政治教育活动,达到育人目标的人员组成。教育管理主体对思想政治工作的教育对象和教育活动具有一定的主导和引领作用,三者是一种基于实践交往的平等性互动关系。在思想政治教育过程中,主体因素具有不同的生态位,发挥不同的作用。在此基础上,有必要深入理解各要素的主体功能,以开展思想政治教育管理主体的协同工作。在这里,我们将高校思想政治工作的主体按类别进行界定,共分为4类主体。

1. 以高校党委为代表的领导责任主体

习近平总书记强调指出:"办好我国高等教育,必须坚持党的领导,牢牢掌握党对高校工作的领导权,使高校成为坚持党的领导的坚强阵地。党委要保证高校正确的办学方向,掌握高校思想政治工作主导权,保证高校始终成为培养社会主义事业建设者和接班人的坚强阵地。"②因此,高校党委是高校大学生思想政治教育管理的领导主体,肩负着确保社会主义办学方向,确保高校大学生思想政治教育顺利开展的职责。同时,高校党委在"培养什么人、怎样培养人、为谁培养人"上有着把握方向的使命,在高校大学生思想政治教育管理中负有组织领导、政治领导、战略领导和统筹管理的主体责任,具有"把方向、管大局、作决策、保落实"全面领导的职责。高校党委必须围绕"立德树人"的中心环节和"德育为先"的教育方针,积极行动,全面规划,把"德育为

① 中共中央、国务院:《关于进一步加强和改进大学生思想政治教育的意见》,《人民日报》2004 年 10 月 15 日。
② 《习近平谈治国理政》第二卷,外文出版社 2017 年版,第 379 页。

先"作为教育方针,以习近平新时代中国特色社会主义思想为指导,对思想政治教育的战略目标、理念指导、团队建设等方面进行顶层设计,以此明确高校职能部门、院系基层党组织以及思政工作队伍的具体责任,进而落实考核评价机制、检查监督机制和奖惩机制,从而采取有效措施协同推进高校思想政治工作,提供组织基础和保障。

2. 以个体施教者和群体施教者为代表的执行主体

高校思想政治工作教育管理主体是由个体施教者和群体施教者组成的,它是指高校思想政治教育的组织者、承担者、发起者和实施者。高校思想政治工作的个体施教主体:其一,高校党政工团干部。他们是对大学生开展思想政治教育活动的主体,负责高校思想政治教育工作的领导管理、统筹规划、协调发展和监管;其二,辅导员和班主任。他们是大学生日常思想政治教育的指导者,围绕思想政治教育工作目标,指导大学生的学习、生活和实践活动;其三,心理健康教育工作教师队伍。他们负责学生心理问题的疏导,帮助大学生培养良好心理品质;其四,后勤管理服务人员,他们主要是为学生学习生活提供便利服务,同样有着育人的功能和作用。团干部在高校中占有重要的作用,团学组织在思想政治教育工作中具有较大功能。

高校思想政治工作的群体施教主体是负责高校思想政治教育工作的相关组织和群体,主要包括管理职能部门、团体机构、校企合作单位等。高校思想政治工作群体主体包括正式组织和非正式组织两类,主要包括高校党委、各系部党总支及党支部,宣传部、学工部、工会、共青团、关工委等各级各类组织。这里所讲的思想政治工作正式群体,是指经过一定的组织程序正式批准成立,具有严密组织结构和明确职能目标的机构、组织和团体。所谓非正式的思想政治工作组织,是指自愿将兴趣、爱好、情感等因素结合起来,在一定程度上履行思想政治教育职能的群体性组织,如学生会、兴趣小组等非正式群体。思想政治工作的正式团体与非正式团体在实践中相互作用、相互补充、相互联系。正式团体占主导地位,具有权威性,而非正式团体则更具多样性和情感性。

高校思想政治工作的实施更多重视正式群体组织,但非正式群体作用也不能小觑。高校思想政治个体主体和群体主体紧密联系,相辅相成,有助于工作目标的实现。因此,二者在教育教学过程中对于学生的教育培养均起着重要作用,但两者各有侧重。个体是构成思想政治教育群体的基本单位。在进行自我教育过程中,思想政治教育个体拥有一定的自主性、独立性,而群体主体更倾向于通过集体智慧的力量和思想的实践来完成教育教学工作。基于此,高校思想政治教育个体主体发挥着重要作用,但同时也要注重发挥群体主体的作用。①

3. 以思想政治理论课哲学社会科学课教师为代表的学术引领主体

高校思想政治理论课和哲学社会科学课程教师负责具体实施大学生思想政治引导和思想品德教育活动,在大学生教育培养工作中发挥着主导作用。高校哲学社会科学教师队伍没有受到足够的重视,多是由思政课教师或行政人员代替,总体呈现偏弱的状态。专业课教师在思想政治教育过程中也具有培育大学生职业精神、职业道德和职业素养的工作职责。思想政治理论课和哲学社会科学课教师,一方面要深入了解并具体掌握青年学生的思想政治状况和特点的基础,指引学生将思想政治理论知识和价值判断运用于社会实践当中去,并在此过程中不断提升其思想政治素质和道德品质;另一方面要与辅导员班主任互动交流,相互配合,以发挥思想政治教育的主渠道和主阵地协同育人的功能,实现高校思想政治工作育人目标。同时,专业课教师与思政哲学课教师、学工队伍协同工作,"三维一体"协同发挥课堂教育的作用,同时三方协同开展思想政治理论研究,探索思想政治工作的生活化规律,应对网络新媒体对大学生所带来的思想影响,发挥主体协同育人的作用。

4. 以家庭力量和行业企业力量为代表的外部环境主体

高校思想政治工作教育管理的主体不仅包括学校教育主体,还包括影响思想政治教育的外部环境主体。它主要包括家庭、行业企业力量及其他社会

---

① 一般而言,高校思想政治教育多指具体的思想政治教育实践活动,高校思想政治教育主体更多是指思想政治教育的个体主体,我们常常会用"教育者"或"思想政治教育者"来指称个体主体。

力量。父母和家庭成员的思想品德、言行、工作习惯影响着学生思想品德形成,对大学生思想道德素质和行为习惯起着重要作用。因此,家庭的教育功能无法被学校教育和社会教育所替代。行业企业对青年学生思想道德品质的形成和发展具有独特的影响。高校大学生应尽快接受社会的洗礼,他们在企业实践中不断学习新知识和新技术,聆听公司的生产管理理念和企业文化,在生产和教育的生产实践中培养其革命意志,培养良好的职业精神和创新精神。因此,校企协同育人是高等教育的独特教育功能,发挥行业企业的技术优势,培养德智体美劳全面发展的社会主义事业合格建设者。

(二)思想政治工作主体的功能

高校思想政治工作主体在思想政治教育过程中发挥主导作用,在教育教学工作中承担着教育、管理、协调及研究功能,控制和引导思想政治教育过程朝向思想政治教育目标发展。

1. 高校思想政治工作主体具有教育功能

教育功能是指按照相关的教育目标和学生的思想状况和政治意识进行思想政治教育工作,通过科学的教育方法,引导和激发学生的思想状态变化,提高学生的道德素养。按照"立德树人"目标,根据社会需要,结合高校学生思想道德状况和身心发展规律,制定出高校教育发展规划。依据教育计划,结合青年学生的性格特点,因材施教,分层教育;在马克思主义理论、形势政策和个人道德修养课程教学中宣传马克思主义思想,引导学生坚定理想信念,自觉践行社会主义核心价值;针对高校大学生自卑心理和自信心不足等情况,适时开展心理分析和心理咨询,帮助学生消除自卑,重拾信心,树立快乐学习、健康成长信念,成就非凡人生。总之,教育功能作为思想政治教育主体最基本的功能,在实现教育目标中起着决定性的作用。

2. 高校思想政治工作主体具有管理功能

在教学目标的基础上,根据青年学生的思想道德状况,按照一定的方式、计划、制度和管理方法,教育管理的主体对大学生的专业素质进行培养,塑造其思想品格,提高其思想道德水平。高校思想政治工作的管理功能主要包括目标管理、组织管理和系统管理。一是目标管理,它是高校思想政治教育工作,在充分掌握学生思想道德状况和身心发展的基础上,制定阶段性和整体性教育目标,促进高校思想政治教育工作各方之间形成协同合力;二是组织管理,它是按照高校思想政治教育管理主体的教育目标,通过各种组织形式进行思想政治教育管理的实践;三是系统管理,它是高校思想政治教育管理的主体通过各项规章制度的制定、实施、检验和反馈,规范学生的各种行为,形成良好的行为习惯。

3. 高校思想政治工作主体具有协调功能

高校思想政治工作的主体通过各种方式协调学校各级党委、行政管理、二级部门、中等职能部门等各种教育要素之间的关系,以及协调政府、社会、行会、企业、家庭等教育力量的关系。通过思想和行动的协调,整合教育资源,提高教学质量。高校思想政治工作的协调作用可以通过以下三个方面实现:一是学校教育与社会教育的协调,社会影响力和学校教育的方向保持一致;二是协调家庭教育和学校教育,发挥家庭教育在思想政治工作中的重要作用,确保家庭教育和学校教育的方向一致;三是协调学校内的各种教育资源,确保学校内的各种教学资源能够保持教学方向的一致性。通过各方的协调,共同促进教育工作的完成和教育目标的实现。

4. 高校思想政治工作主体具有研究功能

高校的教育主体开展思想政治教育工作的调查研究,以便于更有效指导实际教育。高校思想政治工作主体的研究功能:一是理论研究,即对思想政治教育的本质和规律进行深入研究,整体推进思想政治教育工作体系的科学化和现代化;二是应用研究,即高校思想政治教育的主体,抓住思想政治工作的规律,运用综合教育方法,对深刻的社会问题持续进行广泛而深刻的探索,攻坚克难,形成思想政治工作创新格局。

总之,在高校思想政治教育实践活动过程中,主体的教育、管理、协调和研究功能必须密切联系、相互配合、互为补充,才能保证思想政治教育目标的实现,才能保持思想政治工作体系的平衡。

（三）思想政治工作主体的特性

高校思想政治工作主体中的教育工作者,他们是培养大学生成为高素质应用型人才的关键性因素,在高校教育教学工作和学生技术技能培训等方面发挥着不可或缺的作用。由于高等职业院校教育目标的特殊性,高校教育者与普通高等院校不同而具有诸多的特殊性。①

第一,功能定位多重化。高校教育者与普通高校相比,在功能定位上具有双重性:首先是具备一般性,即高校教育者与普通高校教育者所发挥的功能一致;而且具有特殊性,即教师的"双师型"②身份,这里主要是突出高校对专业教师实践能力的特殊要求。有鉴于高等教育的职业性和实践性特征,高校教育者所选取的教育内容要具有层次性,采用的方法要更具有现实针对性。

普通高校注重培养学生的综合性,理论性和研究性,高校突出专业实践教学目标。因此,两者之间存在很大差异。首先,无论是相关理论知识的研究还是相关技术能力的掌握,高校的教育工作者都需要负责组织和实施相关的教学工作。这种定位要求高校教育工作者必须具备"双师型"所要求的技能和素质,具有较高的教育教学水平和专业实践能力。其次,高校的教育工作者在选拔过程中也有特殊要求,具有一线企业工作经验的高级技术人员已成为高校竞争的高层次人才,充分体现了高校与企业直接对接的特殊性。同时,具有企业工作经验的高级技术人员可以为学生提供更准确的就业信息甚至就业渠道,使学生在短时间内完成从"学校人"到"社会人"的平稳过渡。最后,在教育教学过程中,高校的教育工作者遵循就业导向,经常深入市场进行调查研究,并有更多机会直接或引导学生参与企业的生产实践,使他们可以根据市场需求不断调整教学安排,不断提高学生的动手能力,解决学生的就业问题。

----

① 参见许力双:《中国高职院校大学生思想政治教育路径研究》,吉林大学 2016 年博士学位论文,第 77—82 页。

② "双师型"教师是指同时具备教师资格和职业资格,从事职业教育工作的教师。"双师型"教师是教育教学能力和专业实践经验兼备的复合型人才,对提高职业教育教学水平具有重要意义。

第二,结构组成多样化。高校教育管理者的结构具有多样性,可以从两个维度进行解释。从学校的角度来看,高校教育管理的主体是"学校党政干部和共青团干部,思想政治理论课教师和哲学社会科学课程,辅导员和班主任"①,同时包括专业课教学和心理咨询教师。专业课程教师是决定学生专业素养能力的关键,他们直接负责培养大学生的专业技能。高等职业院校旨在提高学生的职业技能和专业素养,从专业设置到人才培养目标。职业技能培养是高等职业院校教育工作者与普通高校教育工作者不同的重要标志。与普通高校的教育人员相比,高等职业院校的师资队伍不仅要具备优秀的理论知识,还要具备较强的专业技术能力。他们必须将专业精神、职业素养和职业道德融入专业理论教学中,成为高校思想政治教育实践的必要力量。

从学校外部看,家庭教育和行业企业教育也是高校教学力量的重要补充。家庭氛围、家庭成员价值观、思想道德水平决定了学生思想政治素质的水平。在学校和企业合作育人过程中,企业的生产和教育系统协同运作,工业企业的生产管理和技术专家纷纷走进课堂,弥补了课堂实践教学的不足,提升了高校教学实力与专业化水平。他们具有丰富的企业实践经验,不仅可以将尖端的应用技术带到课堂上,而且可以利用自己的优势直接在公司的生产车间或实验室中设置课堂,较好地解决了理论与实践脱节的难题,现代学徒制度得到有效执行。在教学过程中,行业企业的技术指导员和研究人员强大的职业精神、工匠精神和创新精神已经渗透其中,这不仅提高了学生的职业技能水平,而且提高了学生的职业素养。

第三,专业素养多元化。高校重视教师队伍建设,尤其是思想政治理论课教师队伍建设。2022年4月25日,习近平总书记在中国人民大学考察时强调:"培养社会主义建设者和接班人,迫切需要我们的教师既精通专业知识、

---

① 中共中央国务院:《关于进一步加强和改进大学生思想政治教育的意见》,中发〔2004〕16号文。

做好'经师',又涵养德行、成为'人师'."①建设教育强国,高校必须要打造一支政治素质过硬、业务能力精湛和育人水平高超的优秀教师队伍。教师的专业素养包括教育教学素养,专业理论素养和专业实践素养。教育教学素养是教师的先决条件,专业理论素养是教师的核心能力。他们对高校人才培养目标的实现和质量水平的提升有着重要的影响。专业实践素养是关键因素,与高校人才培养能力,满足企业相应岗位要求有关。一般来说,专业实践素养包括教学能力、动手能力、科研能力等,是高校教师的基本能力。高校应注重培养职业技能和职业素养的目标,从供给侧结构性改革出发,应该贴近学生的需求和行业的需求,提高学生的专业技术水平。这对高校教师综合素质提出了更高的要求。

二、思想政治工作主体协同的概念

高校思想政治工作主体协同就是要发挥主体协同效应,形成思想政治工作的合力。高校要认真贯彻习近平总书记系列重要讲话精神,按照"全员、全程、全方位育人"的理念,努力构建思想政治工作的"协同体",齐抓共管、协同发力,共同提高思想政治工作整体效能,把思想政治工作优势转化为高校发展优势,为我国高端装备制造产业发展打下坚实的人才基础。

(一)思想政治工作主体协同的含义

"大学生思想政治教育,再不是过去单一的理论内容、现实途径与课堂方式,而是理论与实践、现实与虚拟、社会与学校、课堂与课外等各个生活层面高度综合化、社会化的体系."②思想政治教育载体的多样化趋势,客观上形成了思想政治教育的各种主体之间的相互联系、相互作用、相互影响。因此,依据协同理论的观点,高校思想政治工作主体协同系统是包括管理育人主体、教书育人主体、服务育人主体、生产育人主体等多个要素在内的有机结构,他们之

---

①　习近平:《坚持党的领导传承红色基因扎根中国大地　走出一条建设中国特色世界一流大学新路》,《人民日报》2022 年 4 月 26 日。

②　郑永廷:《思想政治教育学科研究重点与难点辨析》,《思想教育研究》2007 年第 5 期。

间存在着协同作用,即合作、同步、协调、互补。管理育人主体指党政机关干部和学工教师;教书育人主体指包含思想政治理论课教师在内的专业教师;服务育人主体指教辅及后勤工作者。对思想政治教育者的认识在不断探索和深化,经历了从单一主体向多元主体的转变,客观转变决定了不同思想政治教育主体的协同共生不仅是可能的,也是必要的。

(二)思想政治工作主体协同的结构

高校思想政治工作主体协同系统是多维、动态、互动的立体结构,不同主体间只有工作方式或者工作内容的差别,不能割裂彼此的教育责任,各个主体间不仅依靠自身发展机制纵向贯通,而且与其他主体间存在密切的横向联系。高校思想政治工作主体协同共生系统各组成要素之间相互联系、相互作用,不同思想政治工作者呈现"跨界融合"的态势。在实践育人工作中,辅导员经常同时兼任着学生就业指导教师、心理辅导老师等角色。高校思想政治工作主体之间在职责体现出差异性的同时,呈现出了更多的同一性。

1. 工作目标的一致性

中共中央宣传部、教育部在《进一步加强和改进高等学校思想政治理论课的意见》中明确指出:"高等学校思想政治理论课承担着对大学生进行系统的马克思主义理论教育的任务,是对大学生进行思想政治教育的主渠道。"《普通高等学校辅导员队伍建设规定》需要辅导员肩负"帮助高校学生树立正确的世界观、人生观、价值观、思想政治工作主体协同系统的定位价值观,确立在中国共产党领导下走中国特色社会主义道路、实现中华民族伟大复兴的共同理想和坚定信念"的历史重任。中央文件明确要求各高校要建设一支专兼结合、功能互补、信念坚定、业务精湛的德育工作队伍,其中特别之处是要采取切实措施调动全体教师的积极性与责任感,鼓励教师担任班主任。① 在高校思想政治工作过程中,思想政治工作者的定位不同,工作内容与职责、所采

---

① 参见全国普通高校"两课"教育教学调研工作领导小组编:《中共中央关于进一步加强和改进学校德育工作的若干意见》,《普通高校思想政治教育课程文献选编(1949—2003)》,中国人民大学出版社 2003 年版,第 153 页。

取工作方式也不同,他们将按照社会要求的政治立场、思想体系和道德规范,有目的、有计划、有组织地开展教育活动。国家政策的规范性要求以及各主体的协同关系在思政工作目标上具有一致性,共同服务于学生的成长成才需求,要根据高校大学生的身心发展特点和教育规律,培育学生职业精神、创新精神,激发高校大学生潜能,提高个性发展水平,促进德智体美劳全面发展。

2. 教育过程的贯通性

思想政治教育过程的因素主要有 4 个,即教育者(主体)、受教育者(客体)、思想政治教育的内容和方法(介体)、社会环境及其所提供的教育支撑条件(环体)。[①] 从思想政治教育过程来看,各主体之间相辅相成,相互贯通。思想政治理论课教师通过教学活动,向学生传授包括社会主义核心价值观等内容在内的思想观念、政治观点和道德规范。辅导员、班主任、就业指导教师和心理辅导教师面向学生生活的多个方面,以活动为主要形式和载体,引导学生实现知、情、意、行诸要素的矛盾运动和转化过程。学生就业指导教师不仅在日常各项教育活动中渗透就业观念教育,还特别在学生毕业阶段与学校就业工作部门密切配合,开展就业指导与服务工作。心理咨询工作通过团体和个体的辅导活动,帮助大学生培养良好的心理品质和自尊、自爱、自律、自强的优良品格,以科学的态度对待学习生活中的各种心理现象,同构心理调适增强克服困难、承受挫折的能力,为各项学生思想政治教育活动的顺利展开提供了前提条件。各主体在思想政治教育过程中的融会贯通还体现在他们相互配合、共同完成学生思想政治教育活动上,例如思想政治理论课教师通常会协助辅导员开展学生党团组织生活、学生理论社团建设以及学生社会实践,以实践活动为载体促进高校大学生思想政治教育。"高等学校专任思想政治理论课教师要通过兼任班主任、辅导员等工作,承担思想政治教育工作任务。专任思想政治工作干部和辅导员有条件的可承担一定的思想

---

① 参见邱伟光、张耀灿:《思想政治教育学原理》,高等教育出版社 1999 年版,第100页。

政治理论课教学任务"。①

3. 工作方法的借鉴性

思想政治教育方法是为了实现教育目标，传递教育内容，教育者对于受教育者采取的思想方法和工作方法。② 不同的思想政治教育者在各自的思想政治教育实践中，均摸索和形成了一定的教育方式和方法，服务于思想政治教育目标。他们坚持马克思主义基本原理，坚持理论与实际相结合，坚持解决实际问题与解决思想问题相结合。伴随高校大学生思想政治工作的深入开展，还不断产生出了一些具有鲜明特点和现实意义的基本原则与方法，例如：随着网络等新媒体手段的发展及其广泛运用，大学生思想政治教育随即拓展到了虚拟环境，微博、微信等现代手段正在学生思想政治教育过程中发挥着越来越多的作用。这就需要不同的思想政治教育者之间吸收借鉴不同的工作方法，积极探索新的思想政治教育实践。比如面谈技术是个体心理咨询常见的方法，辅导员在日常工作中与其类似，同样需要开展深度访谈活动，耐心倾听学生情况，采用晓之以理、动之以情的态度和方式，与学生建立彼此信任的关系，从而实现教育目标。

三、思想政治工作主体协同的意义

思想政治工作主体发挥着引领和导向作用，推进思想政治工作主体协同，更有利于发挥党委顶层设计的作用，搭建专业队伍与学工队伍协同发展平台，完善协同育人机制，形成育人共同体。

（一）有利于发挥高校党委的领导作用

高校党委把握办学方向、办学理念，做好顶层设计是推进思想政治工作的现实需要，也是新时代的要求。

---

① 教育部思想政治工作司：《中共中央国务院关于进一步加强和改进大学生思想政治教育的意见》，《加强和改进大学生思想政治教育重要文献选编（1978—2008）》，中国人民大学出版社 2008 年版，第 420 页。

② 参见郑永廷：《思想政治教育方法论》，高等教育出版社 1999 年版，第 54 页。

1.是坚持中国特色社会主义办学方向的必然选择

对于高校而言,思想政治工作更为关键和必要。习近平总书记指出:"我国高等教育发展方向要同我国发展的现实目标和未来方向紧密联系在一起,为人民服务,为中国共产党治国理政服务,为巩固和发展中国特色社会主义制度服务,为改革开放和社会主义现代化建设服务。"①因此,高校要坚定社会主义办学方向,为国家社会主义现代化建设培养合格人才。思想政治工作是一个系统工程,它包括目标系统、组织系统、内容系统,方法系统和环境系统,需要高校党委通过加强顶层设计更好地实现教育的目标。

2.是高校党委履行主体责任的需要

习近平总书记强调:"高校党委对学校工作实行全面领导,承担管党治党、办学治校主体责任,把方向、管大局、作决策、保落实。"②因此,学校党委要全面加强对学校一切工作的领导,尤其要加强思想政治工作的领导。顶层设计是高校落实高校党委的责任,加强思想政治工作的必要途径。

3.是加强和改进高校思想政治工作的需要

社会多元思潮激烈碰撞,敌对势力不断进行文化渗透,新媒体环境中各种错误观点和思想更易传播,互联网已经成为意识形态领域斗争的主战场,使得高校思想政治工作面临着巨大的挑战。受性格和心理素养的影响,高校大学生更多的体现"意志薄弱、自控力偏弱"的特点,更易受到各种外部不良环境的诱惑和影响。在习近平新时代中国特色社会主义思想指引下,高校党委应在加强意识形态工作领导权、管理权和话语权过程中,合理开发并有效利用新媒体,构建符合大学生认知习惯和思维方式的网络宣传教育体系,加强对校园新媒体传播内容的监管、引领和创新。③ 因此,高校要有信心迎接挑战,做好学生的引路人和"指明灯"。

---

① 《习近平谈治国理政》第二卷,外文出版社 2017 年版,第 376—377 页。
② 《习近平谈治国理政》第二卷,外文出版社 2017 年版,第 379 页。
③ 参见王宗礼、周方:《网络新媒体对高校意识形态安全的冲击及应对》,《思想教育研究》2018 年第 10 期。

（二）有利于促进专业教师队伍与学工队伍协同发展

专业教师的言行,思想观念都潜移默化地影响着学生的价值观。辅导员应和专业教师一道共同做好思想政治教育工作,发挥专业教育与德育教育协同育人的作用。高校思想政治工作中"全员、全过程、全方位"的育人理念为协同育工作的开展,为我们实现辅导员"日常思政教育"与专业课老师"课程思政"的协同育人打下了思想基础。专业教师在课堂教学活动中同样具有渗透着思政教育内容的功能,发挥着润人无声的育人作用。构建"课程思政"体系,使各类课程与思想政治理论课同向同行,发挥"课程育人"功能是新时代对高校教育提出的新要求,也是贯穿落实"立德树人"教育目标的时代责任。

1. 有助于弥补辅导员"日常思政"教育的不足

辅导员的核心任务是帮助高校大学生树立正确的世界观、人生观、价值观,确立在中国共产党领导下走中国特色社会主义道路、实现中华民族伟大复兴的共同理想和坚定信念。然而,他们的日常事务性工作颇多,因而对于学生思想政治工作难以有效开展。"现实中,辅导员的日常思想政治教育工作多以行政管理的形式出现,以处理各类事务性工作为主,虽然可以帮助学生解决不少学习生活上的困难和问题,但是否能够帮助学生解决思想上认识上的一些误区和疑惑,构建'意义世界',恐怕还值得怀疑。"[1]负责大学生课堂以外的一切活动似乎被公认为辅导员的职责范围。辅导员因忙于事务性工作,而没有充裕的时间及精力去开展学生思想政治教育工作,更不用说针对不同学生进行个性化指导了。[2] 由此可见,高校辅导员开展日常思想政治教育工作不得力,若专业教师能发挥"课程思政"的育人功能,与学工队伍育人互补,将会大大提高育人效果。

---

[1] 贺国元:《高校学风建设中辅导员和专职教师的责任差异》,《宁波大学学报》2015 年第 2 期。

[2] 参见陈恭鑫:《高校辅导员的职责研究》,《赤子》2015 年第 1 期。

2. 有助于解决高校思政课"课堂思政"的突出问题

目前,高校思想政治理论课主要是理论讲授,"压制了学生进行自主学习、主动探究、深入思考的热情和动力,久而久之,学生对思想政治理论课逐渐形成了依赖、麻木、厌倦的心理,不利于学生思想政治道德素质的培养和形成"①。其他突出问题还表现在"思想政治理论课教学缺乏对马克思主义理论的巧妙运用,缺乏对教材的活学活用"②。当前,高校存在着"传统思想政治教育教学中问题意识不足不仅体现在思政课学生不善于发问,课堂教学中缺少自己的思考和问题,更体现在对所学知识和内容缺乏科学的反思、批判和提出质疑的意识和能力。"③以上这些问题都导致思政课教学效果的下降,迫切需要专业课教师相配合完成教育任务。

3. 有助于"育人共同体"的形成

高校要打造"育人共同体",除了发掘辅导员、思政课教师以外的群体的教育功能,还要探索社会组织的教育功能,这已成为一种新的教育形式。要注重全员育人,不断提升教师育德意识和能力,深入推进"课程思政"的落实,引导辅导员把育人要求和岗位职责统一起来。

当前,专业课"课程思政"建设已迫在眉睫,是打造"育人共同体"的必由之路。"课程思政"搭建了教育主体合作交流的平台,实现了教育资源的共建共享,形成育人合力,有利于提高人才培养的质量。由此可见,发挥各类专业课的育人功能,构建专业课"课程思政"与辅导员"日常思政"、思政课教师"课堂思政"的三位一体互通模式,实现三者的"互融、互通、互补",构筑真正"育人共同体",相互和谐,相互补充,相得益彰。

（三）有利于促进校企协同育人机制的形成

高校重视"工学结合,知行合一"的育人实践。校企深度合作,推进产教

---

① 许建领:《大学参与性教学:理论探讨与系统构建》,中国海洋大学出版社 2006 年版,第93 页。

② 张雪飞:《高校思想政治理论课教学实效性研究》,辽宁师范大学 2011 年博士学位论文,第 78 页。

③ 顾海良、余双好:《高校思想政治理论课程教学改革研究》,武汉大学出版社 2006 年版,第 154—156 页。

融合,不仅加强了技能培训,而且促进了技术研发的协同创新,还加强对学生综合素质的培育。在产教融合的过程中,要充分发挥企业主体教育的作用,在生产育人的实践过程中,加强德育工作,培养工匠精神、敬业精神和新时代精神的大学生,形成新型的产教融合"共同体",从而促进校企形成协同育人的机制,促进双方协同发展。

第二节　高校思想政治工作主体分析

高校思想政治工作主体是纵横交错、有机统一的协同系统,在"大思政格局"工作体系中起着重要的作用。理解和把握高校思想政治工作协同系统中存在的非协同困境,有助于我们聚焦问题,抓住思想政治工作的中心环节,从而推动思想政治工作的全面协调和可持续发展。本书根据系统分析方法,以不同高校思想政治工作者作为研究工具,采用多种资料收集方法对高校全员育人现象进行整体性探究,使用归纳法分析资料和理论研究。同时,通过本人与研究对象的互动,逐步获得对高校思想政治工作主体协同问题的认知和理解。

一、创新高校党政工作管理部门格局

高校党委在学生思想政治工作中处于核心领导地位,整体负责思想政治工作的组织、规划、设计,是思想政治工作的核心主体。当前,高校思想政治工作的实施主要是校党委——学生工作部门——院系——班年级四级链条的管理模式。高校思想政治工作主要由学生工作处、校团委、宣传部、教务处、后勤服务处、产业处、心理咨询中心、马克思主义学院;学院党总支团支部;学生社团、学生会、班委等组织实施,这些部门在校党委的统一领导下,按照组织分工开展思想政治工作,他们作为高校思想政治工作系统的组成部分,又有各自隶属的子系统,部门与部门之间的关系状况对于整个思想政治工作系统功能的发挥起着重要作用。然而,在高校思想政治工作实践过程中,确实存在着党政非协同的现象。

首先,高校党政思想政治工作相互分离,形成"条块"格局。高校党委核心作用发挥不足,不同程度地存在党政分工又分家的情况,造成党委抓思想政治工作,行政抓教学科研工作,党委抓"立德",行政抓"树人"的孤立局面。党委成为"立德"和思想政治工作的主要承担者和实施者。然而党委要抓全局工作和党的组织工作,容易造成思想政治工作力度不足的问题,从而导致教育、教学和科研之间各行其是,相互分离甚至脱节的现象,虚化、弱化了思想政治工作。其次,高校三级党组织思想政治工作缺乏协同机制。高校党委、部门党组织和基层党支部三级组织关系尚未理顺,出现上下联动失序、行政指令传导不力、机制运转不畅的局面,使得党的思想政治工作越是到了基层就越是薄弱。再次,高校党建与思想政治工作关系失调。高校要正确认识和处理党建与大学生思想政治工作的关系,发挥党组织对大学生的思想引领作用。但实际工作中存在着抓党建时却忽视了大学生的思想政治教育,抓大学生的思想政治教育时忽视了党建,从而严重影响了思想政治工作的针对性和实效性。最后,高校要引导大学生处理好德与才的关系。高校思想政治工作的根本任务是立德树人,最终要实现大学生德智体美劳全面发展。它包括教育、管理和服务三个方面的工作,这里的教育,即思想政治教育,它是高校思想政治工作的核心,而在高校思想政治工作中,理想信念教育是核心内容,核心价值观教育是重点内容,它关系到大学生能否坚定正确的政治方向、价值取向和人生航向,能否全面发展和茁壮成长。高校思想政治工作不同程度地存在着重职业技能教育、轻职业素养教育,重日常事务性工作、轻思想政治教育,重教学服务管理、轻思想政治引导,重一般思想政治工作、轻理想信念教育,在铸魂工程上下功夫不够。

探究其原因:一是党政缺乏协同意识。在高校思想政治工作主体系统中,其不同主体具有不同的结构与功能,它们"各司其职""各负其责""各得其利"。二是党政协同思维的滞后。高校思想政治工作协同思维包括多个方面,我们应从系统、整体、平衡、动态的视角去认识和理解高校思想政治工作。

三是高校"校、院（系）、基层"三级党组织动力机制、组织机制、过程机制、保障机制协同不足，尚未形成合力。

二、加强高校思想政治工作队伍合作

在高校思想政治工作实践中，学校各职能部门之间责任不明确、任务不清楚，各部门独自为战，形成各自工作体系，相互间合作不高，缺乏有效的资源协同机制，导致各部门之间协同不畅，难以进行有效合作。主要表现在以下方面：

（一）高校思想政治工作队伍之间相互疏离

第一，思想政治理论课教师与辅导员队伍之间的疏离。目前，高校辅导员由于岗位职责或自身的原因，形成重日常性思想政治教育，轻思想政治理论教育的现象；思政课教师则更关注课堂教学的理论教育，而对于课后的日常性思想政治教育较少顾及，缺乏"解惑"的回应过程，从而使得两支队伍各自顾及自己的本职工作，缺乏必要的沟通与协作。

第二，专业课教师与思想政治教育工作者之间的疏离。首先，以系统的观点，从学校整体上来看，多数高校的职能部门、教学部门和思想政治教育工作者还停留在用传统的观点看待思想政治工作，缺乏对思想政治工作的深入理解和认识，相互之间还没有共同树立协同理念，甚至还没有理解思想政治工作协同机制的现实意义。其次，从专业教师角度看，很多专业教师的本位思维严重，即满足于教学计划规定内完成专业知识的教学任务和专业技能的实践训练，缺乏主动与他人进行学术与教学经验的交流和沟通，甚至认为大学生的德育问题是思政教师的事，而与专业课教师无关。他们在课堂教学中更缺乏对大学生进行思想引导，甚至有的教师在讲授内容中出现不当言论。最后，从思想政治教育工作者角度看，他们认为专业课堂不是思想政治教育的阵地，专业教师也不是思想政治工作人员，思想政治教育工作不需要其他部门和专业教师的帮助和协作。这造成了高校思想政治教育工作者与专业教师各自为营，在对协同育人的认识上没有形成统一的理念，难以形成合力。①

（二）高校思想政治工作主体权责重叠

从高校思想政治教育工作者来看，主体多元化发展，不仅涉及学校党团、辅导员、思政课教师等队伍，形成了十大育人体系，而且涉及家庭、用人单位、社区等若干主体。在高校思想政治工作实践过程中，确实存在着各个主体权责界定不明确，不同主体的职能重叠的问题，但他们又同时利用共同且有限的思想政治教育资源，形成了"各自为政、各行其是、自成体系"的局面，造成思想政治教育资源浪费。高校主体多元化的发展趋势，大思政的构建要求以及思想政治资源的公共属性，是造成主体权责重叠的原因。

（三）高校思想政治教育服务需求和主体服务能力的失衡

在高校思想政治工作协同系统中，教育主体在大学生思想政治教育活动中起着主导作用。但是，随着时代发展和社会进步，高校大学生呈现出价值观念多元化和个性特征的多样化，尤其是微信、微博等网络新媒体的兴起，社会思潮泛起，冲击着大学生的价值观，对高校思想政治工作提出了更高的要求和更大的挑战，高校思想政治工作主体服务能力已不能满足大学生的需要。当前，高校辅导员面临"00 后"新时代大学生的思想政治工作，他们的工作任务不仅涉及学生的衣、食、住、用、行，而且关联着学生的心理、法治、人格、就业等各个层面的教育，可以说涉及的范围非常广泛，所要教育的内容非常之多，但高校辅导员的现实状况是基本素质参差不齐，专业的理论素养教育不足，专业的训练较少，他们无论是理论素养还是业务能力都偏弱，难以完全胜任日益泛化的思想政治教育工作。

探究高校思想政治工作队伍各行其是的问题，其主要原因在于：其一，协同意识缺乏。在高校思想政治工作主体协同系统中，教育主体之间表现出各自为营又相互依赖的关系，存在"事不关己，高高挂起"的思想。然而，在实际工作中每个主体与其他主体都是紧密联系、相互配合才能完成系列任务，主体

---

① 参见蒋强军：《高等职业院校思想政治理论课困境与提升路径》，《沈阳农业大学学报》（社会科学版）2016 年第 4 期。

之间都是利益相关者,共同维护着高校主体协同系统的顺畅运行和可持续发展。因此,高校思想政治工作队伍没有协同理念的指导,缺乏协同思维和协同意识,往往会造成各自为政的局面,他们仅仅固守着自己的"阵地"而较少与其他主体学习交流,使得高校思想政治工作难以形成合力。二是主体行为的失范。从协同理论角度分析,高校要实现主体子系统的各要素相互制约、相互作用、相互牵制,尤其是主体之间的良性互动,这是保证高校思想政治工作协同系统正常运行的根本。高校思想政治工作主体非协同问题,根源于主体行为失范的诱因。迪尔凯姆将失范注释为:"一种准规范缺乏、含混或者社会规范变化多端,以致不能为社会成员提供指导的社会情境。"① 高校思想政治工作主体行为的失范,是指高校思想政治工作目标与行为方式之间的断裂、混乱或紧张的关系,这是由高校思想政治工作基本规范的缺失或不健全导致的。具体来讲,高校思想政治工作在主体协同过程中,基于"追求合作、团队、集体"的行为规范不断被"本位主义""个体主义"的行为方式所冲击。由此,教育主体的行为方式没能坚持整体论的观点,而是设身处地从自身出发,将个体与整体隔离出来,更没有从整体上考虑学校思想政治工作的协同系统。同时,高校思想政治工作主体行为方式、价值理念、道德规范的基本规约尚未建立或者是不成熟,不同主体在参与平等对话、合作互动、统筹协调思想政治工作过程中,其行为方式缺乏相应的制度规范和实施依据。因此,这就造成高校教育主体协同行为的失范,从而使得教育主体出现分散无序和封闭独立的状态,进一步影响了教育主体的协同发展。

三、搭建高校"政校行企"思想政治工作平台

高等教育的发展目标之一是培养高级专门人才,高校实现内涵建设和可持续发展,必须要解决好专业设置与人才培养的关系。教育行政主管部门为解决上述问题,专门规划了高校教师素质提高计划、中央财政支持高校提升专

---

① [美]杰克道格拉斯、弗兰西斯·C.瓦克斯勒:《越轨社会学》,河北人民出版社 1988 年版,第 53 页。

业服务产业发展能力项目、教学资源库建设等一系列项目,并取得了较好效果。当前,高等教育同样面临着改革发展的问题,其关键就是要理顺政府、行业、企业与学校四方关系,推动"政校行企"协同创新发展,从而解决教育与职业相分离的问题。伴随技术进步,社会发展,我国正在规划实施产业结构的转型升级,迫切需要高等教育进行教育教学改革。高校的教育改革需要从行业企业的需求出发,一要从整体上调整人才培养结构,大力提升技术人才的职业技能、职业素养和掌握新技术、新工艺的能力,满足战略性新兴产业对人才结构、规模和素养的新要求;二要调整现有专业结构,优化课程体系,提高现代产业体系发展需要的人才支撑力,满足产业企业和岗位信息化对人才信息素养的客观需求。由此,高等教育与产业发展不再仅仅是联系的关系,而是需要进行实际对接,高校与行业企业的关系也必须做相应的调整,以适应社会发展的需要。学校与企业在关系调整过程中,基于创新要求进行体制机制的创新,在学校与企业对接中需要搭建沟通交流的平台。当前,高校在校企合作育人、合作就业、合作办学方面取得了不错的成绩,但整体来讲,高校仍存在不少制约发展的问题:其一,学校与行业企业紧密合作,工学一体,产教融合需要搭建合作平台,构建合作的体制机制,现有的管理体制和运行机制也缺乏灵活性,缺少活力;其二,校企合作目前仍停留在浅层次的合作层面上,意向较好却无法落地,主要是缺乏制度保障和动力驱动,校企深层次合作仍任重道远;其三,校企合作中政府的缺位,政府关于校企合作没有相关配套政策或政策激励,缺乏对校企合作的有效指导、协调和监督,使得企业行动失去动力支撑,结果差强人意。出现上述问题的关键在于政府的扶持政策支持力度不够强大,满足不了企业的需要,没有搭建好校企合作交流平台,也没有构建校企合作创新的体制和机制。因此,政府要搭建政校行企协同创新平台,构建协同创新机制,让不同的创新主体在协同创新链条中发挥其应有的作用,推动政校行企的深度合作,这也是高校增强办学活力、提高人才培养质量的迫切需要。考察问题存在的原因,主要在于校企双方追求的目标不同,学校是教育场所,培养学生的技能和理想人格,向社会输送高素质技能型人才。而企业的根本目标则是追求效益的最大化,更关注学生的技能素质水平,趋向"工具理性"的价值体现。另外,企业受经济政策调控、发展水平、资源能力的影响,心有余而力不足。

综上所述,要创新高校党政工作管理部门一体化格局,加强高校思想政治工作队伍全方位合作,搭建"政校行企"思想政治工作平台,形成各方合力。

第三节　高校思想政治工作主体协同关系的优化

借鉴协同学理论,高校应从理念、组织、制度、队伍、环境五个维度入手,完善和提高子系统各要素组合的协同效应,以加强和改进高校思想政治工作的实效性。同时,高校要结合学生自身特点,构建思想政治工作协同平台,发挥主体协同作用,为不同主体共同参与思想政治工作提供平台,为共同做好大学生思政工作提供保障。

一、构建"校院(系)学"三级组织联动

依据协同理论,协同组织管理是实现组织目标,整合不同组织单位的责任和行为,形成系统、完整、一致的管理过程。在高校思想政治工作过程中,我们主要从组织机构协调和组织运行协调两个方面加强组织管理的协同作用。首先,是要建立起不同部门之间协同议事的组织或者平台,以加强跨部门之间的协调合作。举例来说,高校以联席会议的形式成立"专业人才培养委员会",协调教务处、学工处、招就处、校团委、各系部等部门,共同推进学校人才培养模式的构建,形成组织之间的协同。其次,是要在组织运作过程中形成协同效应,高校招生工作与新生入学是做好思想政治工作的关键阶段,也是奠定学生对学校认知和专业认知的阶段,这个阶段的思想政治工作尤为重要。高校在进行教育之前,相关部门联合召开说明会,明确任务分工与协调合作,相互配合、相互支持,从整体上协同完成新生入学教育。

目前高校思想政治工作队伍在人员配备上基本达到标准(1∶200)要求,但仍存在思想政治工作队伍不健全、结构不尽合理,思想政治工作机制不健全不完善,思想政治工作方法还不够创新等问题,这就需要我们从协同的视角来探索思想政治工作相关问题。首先,人员培养标准,必须将道德素质、科学素养和实践能力作为人才培养和考核机制的标准,着力增强党团干部的宏观统筹能力,提升思想政治理论课教师的实践影响力,推动辅导员队伍向职业化、专业化、专家化的方向发展。其次,健全思想政治工作队伍的内外部系统机制,完善相关规章制度,寻求队伍发展创新的驱动力,将理论教育与实践教育相结合,结合校内资源,吸引社会资源育人,用社会主义核心价值观和各项法律法规稳固思政系统。最后,协同优化实施路径,结合管理学、信息学、心理学理论,丰富思想政治教育方法理论,建立思想政治教育工作问题台账,各级队伍定期进行问题研讨和模式研究,改进思想政治教育实务。努力向“上通下达、多管齐下”方向发展,增强学生的自我教育能力,向研讨式教育方式转化,探索出一条思政队伍协同发展的新模式。

(一)构建三级思想政治教育工作机构

为适应高校思想政治工作发展,落实党委抓总要求,坚持以校党委为核心,构建“校、院(系)、基层”三级思想政治教育工作机构。

其一,要建立校级思想政治教育工作机构。成立党委领导下的思想政治教育工作委员会,主要由党委宣传部、院办、教务处、马克思主义学院、学工处、院团委等部门主要负责人组成。党委书记担任委员会主任;主管学生工作的党委副书记或副校长担任副主任;宣传部部长担任常务副主任;成员有学工部部长、团委书记、马克思主义学院院长、院办主任、教务处处长、招生就业处处长、心理咨询室主任、后勤处长、资产管理处处长、各系党总支(支部)书记、主管学生工作的副主任等。

其二,要建立院(系)级思想政治教育工作机构。成立各院(系)思想政治教育工作领导小组。成员由各学院党支部书记、主任及学生工作副院长、教学工作副院长、团支部书记、班主任、辅导员组成。各学院书记是第一责任人。

各学院思想政治教育工作领导小组是大学生思想政治教育工作的具体实施者,负责落实本院大学生思想政治教育工作计划,具体开展大学生日常思想政治教育工作。

其三,要建立学生级思想政治教育工作机构。成立高校学生会及各类社团组织。成员主要由校学生会负责人及各系学生会主席、副主席及各社团负责人组成。做好与辅导员和班主任工作的配合,做好学生思想政治教育工作。

(二)三级思想政治教育工作机构的职责

学校党委总体规划思想政治教育工作,制订思想政治教育工作的实施计划,同时定期或不定期开展学生思想政治状况和德育工作状况的分析,深度了解掌握高校大学生的思想状态和德育工作的效果,为进一步开展工作奠定基础,同时能够及时掌握学生的思想动态,及时处理相关问题。校党委要高度重视思想政治工作,列入党委的重要议事日程,纳入学院的发展总体规划,融入学校各项中心任务中去。校党委要定期召开专题工作会议,专门研究大学生思想政治教育工作,并作出总体部署和安排,明确工作重点,组织检查和评测。

落实学院"一把手"工程,学院院长必须协调好党务部门和行政部门、学生事务部门和教务部门的关系,协调推进思想政治工作的有效运行。院长要将思想政治工作放在首位,必须带头抓好学生工作,同时在年终院系工作考核中增加人才培养考核的比重。

校学生会、各院学生会及学生社团要在学工处和团委的直接领导下,充分发挥学生"自我管理、自我教育、自我服务"的功能,健全完善组织机构,选优配齐学生干部,做好学生机构的组织及管理工作。

(三)三级思想政治教育机构的运行

高校思想政治教育三级机构的运行,主要包括决策层的运行、执行层的运行以及监督反馈层的运行。

1.决策层的运行

高校思想政治教育工作委员会负责对大学生思想政治教育工作进行规划设计和指导,在事关大学生思想政治工作的重大问题上具有决策作用。委员会下设的常设机构——宣传部、学工处、马克思主义学院等,负责向决策层提供客观、科学的依据及建议,以保证决策的有力和有效。

2. 执行层的运行

系部是执行层,具体负责落实学校各项政策、计划,是整个大学生思想政治工作体系的关键环节。当前,教务处、后勤处、产业处等也承担着大学生思想政治教育工作,但他们属于思想政治工作的辅助部门。用这么多的部门来共同管理学生思想政治教育工作,往往会出现"相互推诿、相互扯皮"的局面。因此,执行层如何实施思想政治工作计划,具体开展思想政治工作,是对其进行考量的环节,决定着思想政治工作体系能否顺畅运转。

我们将分类管理的方法引入高校管理工作,将有关学生思想政治教育工作的部门分为教育、管理、服务三类,教育部门包括宣传部、教务处、马克思主义学院等;管理部门包括学生处、团委、招生就业处等;服务部门包括教务处、后勤处、产业处、心理咨询室等。高校思想政治工作要做到分工细致,各管理部门之间权责明确、互不重叠;分管领导实现管理的统一,上下一条线,主次分明,左右协调,各司其职。

3. 监督反馈层的运行

监督反馈贯穿于高校思想政治教育工作的全过程。学校督导室是监督反馈的具体执行部门,他们及时研究和分析执行过程中所出现的问题,查找问题产生的原因,然后及时反馈处理意见。若是问题出在决策层,应及时向党委反馈;若是执行出了问题,应及时向分管党委副书记或副校长进行反馈。反馈结束后,再由党委依据问题的性质进行纠偏处理,以确保整体系统的顺畅运行。如此循环往复,高校思想政治工作协同体系就能高效而有序地运行了。

(四)完善院系思想政治工作协同机制

高校思想政治工作协同机制,主要包括管理机制、沟通机制、激励机制、保障机制、督导机制和评价机制等。在这里,我们主要研究沟通机制、激励机制、保障机制和评价机制。

1. 沟通机制

思想政治工作沟通机制,分为内部沟通机制和外部沟通机制两个层面。

首先,内部沟通机制。高校的内部沟通是指三级思想政治工作机构之间的协调和沟通,具体是指教育、管理、服务等部门之间的沟通和协调。高校建立内部沟通机制有利于思想政治工作的纵向、横向部门之间的协调,沟通顺畅了,可以将出现的问题及时解决,从而避免更大问题的发生;另一方面,内部沟通机制有利于及时解决大学生思想政治工作中出现的问题,在萌芽状态有效解决问题,尽量减少问题的影响面,维护学校的社会影响,从而促进高校思想政治工作合力的形成。目前,学院内部沟通机制主要有三种方式:一是思想政治教育工作委员会例会制度。每月召开一次例会,要求委员会所有成员及督导室人员均参加,主要是通报决策执行情况。二是思想政治教育工作月评制度。测评主要在校园网上进行,每月开展一次,学生是测评的主体,教、管、服各类部门是测评的对象,通过测评来建立各类部门与学生之间的沟通渠道,及时反馈测评结果,以便相关部门改进工作。三是党委领导下基层调研制度。党委领导要深入院系基层进行调研,了解并掌握基层单位思想政治工作开展情况,现场解决突出问题,全面掌握学校思想政治工作运行状态。

其次,外部沟通机制。高校外部沟通机制,主要是指学校与家庭、行业企业之间的沟通和协调。高校的育人工作同样需要家庭、企业、社会的共同参与,但是,高校的思想政治教育工作与行业企业存在"天然"的联系,学校需要行业企业支持与配合,这是由高校人才培养的模式所决定的。因此,高校在与家庭、社会进行沟通的基础上,再开展与企业的沟通和交流,这对于高校大学生的成长成才具有非常重要的作用。第一,建立高校与大学生家庭的沟通机制。家庭教育在学生的成长过程中起着非常重要的作用,家庭成员的言行、处世方式、人际交往等都潜移默化地影响着学生行为方式。这就需要家庭协同做好学生的教育工作。学校与学生家庭之间的沟通与交流渠道可通过设立院长信箱、班级微信、QQ群、家长委员会(家校平台)等方式建立,增强家校协同理念的认同。第二,建立学校与社会沟通的机制。高校要积极拓展校外育人实训基地,提高学校思想政治教育工作在社会中的影响力;同时,学校要建立与地方各级党委和政府的沟通渠道,共同营造良好的社会德育氛围。通过这一系列渠道的建立,让大学生有更多亮相的机会,提高社会对于高校大学生思想政治工作的认可。第三,建立学校与行业企业的沟通机制。高校一要健全"校企结合,工学交替"人才培养模式,完善班主任辅导员下企业锻炼的制度,坚持做好学生顶岗实习的集中统一管理;二要健全毕业生跟踪系统,实时动态反馈学生思想状态;三要将学生党组织建立在企业的车间,党(团)支部书记由企业指派的指导师傅担任,学校派出的带队班主任、辅导员配合指导师傅做好对学生思想政治教育工作。

2. 保障机制

保障机制主要是指支持保证高校思想政治工作体系正常运行的一系列政策及制度。党和国家相继出台的一系列政策和措施,对于保证高校大学生思想政治教育工作的稳步有序开展提供了依据。本书从思想政治工作的主要主体出发,提出了建立保障机制的途径及内容。

(1)建立科学的思政课教师培养制度。高校要加强思想政治理论课教师队伍建设,推出人才引进和培养的办法,科学制定一系列支撑性制度,确保思政课教师队伍的稳定发展。高校要在专业建设上予以政策倾斜,不仅要将思政课教师列入学校专业带头人和骨干教师培养的计划,而且要加大培训力度。同时,还要提高思政课教师外派学习交流的机会。

(2)建立科学的班主任培养制度。高校班主任队伍多是专业课教师兼任,所以一定要加强班主任队伍的建设。在职务评聘方面:专任教师在评聘专业技术职务时,必须有四年班主任工作经历;院系主任任职必须有一届班主任工作经历;学校要完善津贴发放办法,进一步提高班主任津贴,提振班主任工作的信心;建设一支系统和规范的班主任队伍,必须从提升班主任队伍工作能力着手,因地制宜地制订班主任的培养和培训计划,保证班主任队伍建设的系统性和规范性。

(3)建立科学的辅导员培养制度。高校辅导员队伍缺乏稳定性,人员不足且多为外聘是其客观原因,待遇有别且偏低是其内在因素。学校应从队伍稳定和人才培养的角度出台相关政策和激励措施:一是提高辅导员收入待遇,无差别地实现同工同酬,改善其生活条件;二是提高辅导员的身份地位,考虑将辅导员列入学校事业编制计划,给予辅导员"合法"的身份;三是出台相关的鼓励政策,吸引部分教师从事辅导员工作;四是健全完善辅导员岗位培训和素质拓展制度,保障业务素质和工作能力的提高。

3. 激励机制

高校激励机制,主要是指高校为激发各主体在思想政治教育工作中的积极性、主动性、创造性所采取的一系列措施。一是坚定信念,以思想政治工作统领学校其他一切工作,站位要高、规划科学、措施有力,提振专任教师、专业教师及其他教职工的信心,改变学生、家长、社会、企业对思想政治工作的认知;二是激励措施,制定一系列的激励措施,提高教职工参与思想政治工作的积极性和主动性。不仅要从物质上还要从精神上鼓励思想政治工作者,让他们在工作中实现自我价值,有时精神激励会优于物质奖励。

4. 评价机制

高校应从系统内、外部评估建立思想政治工作评价机制,从而实现思想政治工作多维度和全方位的评价。

首先,高校思想政治工作内部评价分三个层面开展:其一,校领导对二级、三级机构的评价,主要从整体和具体两方面,评价其工作开展的情况及效果;其二,同行层面的评价,对从事思想政治工作的教师针对实际工作过程内容,互相进行评价;其三,学生层面的评价,是指大学生对思想政治工作的主体(教育者、管理者、服务者)进行评价,其评价的内容是要教育的实际效果、管理的效率、服务的满意度,评价内容主要是从学生的需求和要求出发进行设计。

其次,高校思想政治工作外部评价从三个层面来开展:一是建立学生家庭对学校的评价系统,让学生家庭参与学校思想政治工作的评价,主要体现家庭对于学生培养目标的期望,有利于进一步改善培养标准,提升思想政治工作水平;二是建立社会对高校的评价系统,主要是通过学生在服务企业、服务社会的过程中所表现出职业素养,期望得到社会的认可,获得社会较高的评价,有利于提高学校服务社会的能力,促进学校社会品牌的提升,同时也可获知社会对于大学生的期望;三是建立行业企业对高校的评价系统。产教融合是高等职业院校的人才培养模式,这是由高等职业教育的职业性和实践性特征决定的。高等职业教育的目标和教育理念体现重技术轻理论、重技能培养轻素质教育的特点,校企协同育人模式是其特色和亮点。行业企业参与高校思想政治工作的评价,可以增进双方的相互了解和互信,增强行业企业对于思想政治工作的认知,从而在进一步的合作中消除冲突和摩擦,提高共识,推动思想政治工作的协同共进。

综上,高校必须坚持"立德树人"的理念,树立"思想政治工作是学校一切工作的生命线"意识,把思想政治工作放在学校工作的首位,构建高校思想政治工作协同体系和机制,贯穿于学生成长成才的全过程,培养和造就更多的社会主义事业的合格建设者和可靠接班人。

二、优化思政课教师、专业课教师与学工队伍协同平台

高校要提高思想政治工作各支队伍的协同性,一是要通过统一目标,二是要落实目标责任。一方面,高校要建立起统一的目标管理体系,明确并细化目标、分解任务,构建三级机构与学校总体思想政治工作战略相匹配的目标,并将思想政治工作考核指标纳入办学目标管理体系;同时强调思想道德素质的重要性,通过统一目标实现三级机构之间由他组织向自组织协同。另一方面,高校要建立起全员育人的责任体系。从协同的视角,高校要准确定位各主体在思想政治工作中的责、权、利,促进各主体相互配合,协同共进,以最大限度地发挥主体的协同作用,实现思想政治工作队伍内部的纵向协同。

(一)强化思政课教师队伍和辅导员队伍工作协同

1.搭建思想政治理论课教师与辅导员工作的协同平台

思政课教师与辅导员虽然分属于不同的序列,但是在教育过程中他们却

需要密切配合。我们应从实际工作出发,实现二者高度融合,发挥二者协同育人的功能,真正将思想政治工作落实落细。

(1)搭建两支队伍信息交流与资源共享的平台。为推进思想政治工作的协同性,有必要在这两支队伍之间搭建信息交流渠道与资源共享平台。第一,工作例会制度。明确会议的主题,选定会议的主持人,确定参会人员的范围,并明确会议召开的目的、内容和流程,使每位教师提前做好发言准备,最后还应指定点评人对会议进行总结和点评。第二,举办专题研究讲座。学校要经常举行专题讨论,营造良好的学术气氛。尤其是作为思想政治工作核心部门要取得其他部门配合,经常性联合举办"道德大讲堂系列专题讲座"等活动,并使之成为一惯例。搭建两支队伍间资源共享平台应该从以下方面着手:两支队伍在思想政治教育工作过程中均可拟定专题研究,可以"大学生理想信念"为主题开展调研活动,这些调研的资料双方可以通过平台共享,召开专题会议进行研讨,共同探讨解决方案。例如,学生处每年针对大一新生开展的心理健康状况的调查,调查结果可通过资源共享平台分享给思政课教师,这样可以帮助专任教师及时掌握学生的思想状态、学习特点,还能够更好设计教学方案和安排授课计划,做到因材施教,因势利导。因此,资源共享不仅提高了思政课教学工作水平,而且提高了辅导员工作的专业化水平,形成两支队伍齐抓共管的良好的交流学习氛围。

(2)搭建两支队伍相互兼职的合作平台。"鼓励支持辅导员兼任思想政治理论课教师,鼓励支持思想政治理论课教师从事辅导员工作,推动两支队伍的有机融合"①,实现两支队伍的紧密配合。第一,思政课教师兼任辅导员工作,此举可以提高思政课教师对学生的日常生活情况、思想动态等的掌握和了解,更有利于开展有针对性的教学工作;第二,对于接受过思政教育专业培训背景辅导员,考虑让其参与并承担少量思政课教学任务,通过角色互换,可以增强辅导员对于理论知识的理解和运用,起到理论和实践的结合,以便掌握学

---

① 中央宣传部、教育部关于印发:《普通高校思想政治理论课建设体系创新计划的通知》,2015 年 7 月 27 日。

生课堂学习的动态,更有力有针对性地开展思想政治工作;第三,思想政治理论课教师与辅导员都是思想政治工作的相关者,他们的立足点不同,但两者均须从各自的角度,共同参与到大学生思想政治工作中来,适时组织内容丰富多彩的社会实践活动,同时又要对活动进行必要的指导,以提升活动的效果,提高学生参与的积极性。同时,也要考虑将优秀的实践教学成果运用到课堂教学中去,增强课堂教学的生动性、时代性,提高课堂教学的效果。

(3)搭建两支队伍运用网络媒体交流合作的平台。思想政治理论课教师与辅导员应借助于网络新媒体平台,及时掌握大学生思想、行为方面的情况,同时,也要发挥网络媒体的交互性、个性化、虚拟隐蔽性和开放性等属性特点,①发挥网络新媒体的功能作用,大力宣传和展示思想政治教育的成果。通过建立网络新媒体平台,加强与大学生交流与沟通,以微信、QQ 群、微博、论坛等网络形式,通过网络媒体平台及时有效解决大学生在学习、生活过程中所遇到的学术观点、情感或心理的困惑。

2. 构建思想政治理论课教师与辅导员工作协同保障机制

促进思政课教学与辅导员工作在协同平台上良性运行,高校应该建立协同保障机制,并重点做好考核、评价和激励制度的确立工作。

(1)建立思想政治理论课教学与辅导员工作协调机构。高校思想政治理论课教学与辅导员工作是紧密联系的有机整体。随着高校思想政治教育主渠道和主阵地建设的推进,同时也为了使二者能够更好地统筹、协调工作,保障工作的顺畅运行,我们必须紧紧围绕学校办学目标,规划、设计和调整组织机构,组建由院党委统一领导,马克思主义学院、学生处、宣传部、院团委、科研处等相关部门共同参与的协调机构。如设置"思政课教学与辅导员工作一体化协同小组"。该小组组长由分管马克思主义学院的校领导担任,对该项工作负主要责任;副组长由马克思主义学院院长与学生处处长担任;小组下设办公室负责具体工作的开展;组员由思想政治理论课教师与辅导员组成。

---

① 参见王宗礼、周方:《网络新媒体对高校意识形态安全的冲击及应对》,《思想教育研究》2018 年第 10 期。

（2）建立思想政治理论课教学与辅导员工作协同制度。为保障两者工作的协同运行,这就要求"协同小组"制定相关的规范和制度,积极探索思政课教学与辅导员工作相结合的方法和途径,并不断促进其专业化发展。思想政治理论课是思想政治教育的主渠道和主阵地,必须发挥好思政课教师的引领作用,而日常思想政治教育工作是由辅导员主导开展的,是课堂教学的延伸,这就需要一套规范和制度,加强两支队伍相互配合、协同运行,才能保证高校思想政治工作协同育人的效果。

（3）建立两支队伍协同工作的考核、评价和激励制度。为了保障协同平台的运行质量和效率,促进思想政治理论课教师与辅导员在平台上常态化地开展工作,我们不仅要求两支队伍教师具有高度的责任心和自觉性,而且需要建立一系列的考核、评价和激励制度,以促进两支队伍协同工作的良性运行。其一,痕迹化管理:每次工作例会,需要有备忘录;指导实践教学活动,需要有活动方案、流程与总结;答疑解惑,需要有案例并配有相关材料。其二,每学年结束,要撰写本学年工作总结,既是对工作的总结也是对下学年工作的进一步安排,并提交到平台上的,这是他们工作的部分内容,也是考核、评价他们工作效果的依据。因此,只有两者的协调配合,齐心合力开展思政工作,才能有效提升高校大学生思想政治工作的质量和水平。

（二）搭建专业课教师与辅导员的协同发展平台

高校辅导员与专业课教师在角色定位和职业目标方面均具有一致性,他们都服从和服务于提升大学生职业素质的培养质量,而且他们在工作方法上也具有互补性。两者在共同开展大学生思想政治工作方面具有互补关系,双方可以取长补短,优势互补,协同创新。专业课同样具有德育功能,我们要发挥专业课的"课程思政"功能。因此,为促进辅导员和专业课教师的互补功能,共同做好思想政治工作,我们应为其搭建沟通交流的协同平台。

1. 构建思想政治工作内容协同平台

其一,专业课教师主动学习马克思主义理论最新成果。学校不仅要加强对辅导员日常性培训和专题课程培训,而且要建设专业课教师的思想政治理论的培训体系,确保学院各类专业课以马克思主义理论最新成果为指导进行理论和实践创新。学校要在政治方向掌舵领航,建立专业课教师和辅导员政治方向问题的"一票否决制度",也就是说教师应该坚定政治方向,要有政治自觉,如若在课堂教学中妄议中央大政方针,讲述不当言论,应坚决将其清除出学院教师队伍。同时,学校要建立辅导员和专业课教师定期集体学习的制度,并形成常态化工作,这样可以统一专业课教师与辅导员的教育理念和工作思路,避免双方在进行德育教育时发生内容冲突的情况,从而实现党的理论、路线、方针、政策进课堂、进大学生头脑的目标。为更好地推动专业课教师提升马克思主义理论素养,我们应重新进行制度设计,要求在高校教师职业资格认定中,要进行马克思主义基本理论及其中国化的最新理论成果的考核,同时要逐步探索高校专业课教师职业资格注册制,每两年至三年,学校和教育主管部门要根据教师继续教育和师德评价情况对其给予教师资格认定。另外,学院要对专业教师开展马克思主义基本理论及其中国化的最新理论成果的专题培训,定期开展弘扬和践行社会主义核心价值观的专题培训。

其二,发挥辅导员和专业课教师协同育人功能。辅导员在工作过程中开展有针对性育人活动,主要包括社会主义核心价值观、理想信念、集体主义、爱国主义、社会责任感、心理健康等内容。高校辅导员存在层次参差不齐的状态,缺乏必要的政治理论素养和思想政治工作经验;而不少专业课教师专业素养和理论功底深厚,他们的言谈举止都可以对学生起到教育的作用。同时,专业课教师在进行实践教学的过程中,可以激发学生对中国传统文化的自信,增强学生的使命感和责任感,达到爱国主义的教育效果。因此,我们应发挥专业教师在"敬业教育""品德教育"方面的独特优势,加强两者的沟通和交流,形成协同育人的合力。

其三,形成辅导员与专业课教师德育内容的协同。高校辅导员要将习近平新时代中国特色社会主义思想融入日常管理和服务工作过程中。通过社会实践活动、单独沟通、心理咨询等方式与学生进行交流和沟通。为防止辅导员在日常工作中的缺位,专业课教师应主动融入大学生思想政治工作过程中来,弥补辅导员工作中的不足。专业教师在课堂上应理直气壮地回答学生提出的敏感问题,积极主动地对学生进行答疑解惑和思想疏导。因此,加强专业教师和辅导员德育内容的协同,能够巩固思想政治课教师已有的教育成果,营造协同共进的和谐局面。

2. 构建思想政治工作形式的互通平台

大学生在学校的大部分时间都用于专业知识的学习上,辅导员主要利用大学生课外及闲暇时间开展思政教育,因此辅导员与专业课教师一个是在课堂内育人,一个是在课堂外育人,两者之间的育人工作产生了时空上的隔离和各自为政的局面。因此,我们应充分发挥专业课教师在课堂教学方面的优势,搭建课上和课下的协同育人平台,达成高校思想政治教育的课堂内外形式的协同。为了破解专业课堂内外思政教育各自为政的孤立局面,高校着力构建辅导员和专业课教师的立体互通平台,协同规划辅导员课下育人与专业课教师课上育人的形式和内容,并做好实施和考核工作。因此,构建思想政治工作形式的互通平台,能够促进辅导员和专业课教师协同合作,共同提高思想政治工作效果。

3. 构建思想政治工作方法的互融平台

理论时效性弱,时代回应能力不足和解决社会实际问题的能力匮乏是当前高校思政工作面临的突出问题,正是这些问题严重影响了高校大学生思政教育的效果。实践性强、操作性突出是高校辅导员开展学生思想政治工作的特点,辅导员大多年轻有活力,他们经常与学生在一起,比较了解学生实际学习和生活情况,这将有助于辅导员采用有针对性的教育方式和教育途径,具体开展大学生思想政治工作。但是辅导员存在着理论素养参差不齐和实践经验的不足,因此,我们需要将辅导员的"实践"育人特点,与专业课教师的"理论"育人特点有机结合,形成辅导员的育人活动与任课教师课堂教学方法互融的格局,从而使二者的育人工作形成协同机制,更好地服务于实践育人与理论育人工作。

4.构建思想政治工作保障互享平台

构建高校专业课教师与辅导员的育人协同机制,学校要建章立制,做到有章可依;建立专门的组织机构,打破部门和序列所形成的条线分割的局限;搭建专业课教师与辅导员之间的协同平台,建立以专业课教师为主导、辅导员为主体的教学科研队伍,这样不仅可以使专业课教师能够了解学生学习、生活的实际,而且可以促进辅导员理论素养水平的提升;同时学校要确保经费和人员的落实,创造协同育人机制运行的良好条件。

高校辅导员在高校思想政治工作过程中发挥着重要作用,他们的身份较为特殊,但薪资待遇还没有得到根本性的提高。高校需要健全完善思想政治工作体系,做好学校思想政治工作,保证人才培养质量。建议高校健全完善辅导员队伍建设,将辅导员纳入高校教师序列,享受教师和行政人员的双重身份,享受双重晋升的待遇,以充分发挥辅导员在思想政治工作中的作用。在此基础上,构建全校育人共同体。我们可以考虑以下方案:发挥专业课教师的育人功能,建立专业课教师协同育人的考核评价体系,使部分优秀的"课程思政"负责人享受"双重待遇",树立典型标杆,起到模范带头作用,也可以专门为有效开展协同育人工作的专业课教师开辟晋升通道。同时给予辅导参与教学评比、课题申报、论文发表的机会以及各类教学科研培训机会。再有,对于开展思想政治工作扎实并取得明显实效的辅导员,给予他们教学先进的待遇,对于取得科研成果的辅导员,给予进一步的支持和奖励。以上这些共享平台的构建可以有效调动辅导员和专业课教师的育人积极性。

构建科学合理的高校辅导员与专业课教师育人协同机制。我们需要评估辅导员和专业课教师的协同育人过程、运行效果,及时矫正不合理的地方,保证思想政治工作的有效性。高校要避免出现二者育人协同机制的大而全、大而空现象。高校应和德育决策部门一道,尽量发挥二者在思想政治工作方面的互补性,同时要运用制度设计来提升二者育人的专业性,这样就可以为构筑高校育人共同体,提升全员育人的有效性提供制度性保障。

三、优化"政校行企"之间的协同机制

协同创新的视角是多方位的,形式也是多样化的。高等教育协同创新的关键是形成以学校、企业、政府、行业等多元主体协同互动的创新模式,积极探索"政校合作、校校合作、校企合作、行校合作"等合作途径,促进政校行企均达成一致共识,实现双赢的局面。[①] 学校与政府、行业企业之间的协同创新是加快生产与教育深度融合的有效途径。通过学校与政府、行业企业的协同创新,构建"多方协同,产学服用"的人才培养新模式,充分发挥各方优势,政府领导与市场引领相结合,打通体制机制障碍和壁垒。改变分散而重复交替的管理模式,全面实现各方人才、资源、成果和知识产权的共享。

高校与政府、科研机构和企业深入合作,积极推进协同创新,促进资源共享,是新时期高等教育发展的新突破,也为加强高校思想政治教育工作指明了方向。这种协同作用的建立,不仅有利于促进地方经济的快速发展,同时也有利于高校培养德智体美劳全面发展的高素质技能型人才,提高大学生职业技能和职业素养,促进大学生的创业就业。高校应围绕当地区域经济发展,与地方政府开展深入合作,建立战略联盟,实现协同创新。一方面,根据学校自身的条件和特点,与政府相关机构共同创建生产、学习、研究的平台,坚持科学发展观,研究行业和企业的需求,以科学研究促进教学研究。利用学校的人力物力资源开展应用研究,产品研发,培养当地区域经济发展所需的高技能应用型人才。另一方面,通过加强应用型和技能型人才的统计和需求预测,各级政府部门定期发布人才需求预测报告,为高校人才培养提供信息安全和咨询服务。同时,高校思想政治教育工作者可以与专业课程教师合作,开展各种社会实践活动,导引学生正向发展。

产业的转型升级对高校培育新时代"四有"人才提出更高要求。"政校行

---

① 参见贺定修等:《高职教育政校行企协同创新机制》,《教育与职业》2014 年第 17 期。

企"协同创新不仅可以培养学生的职业技能,而且有助于培育学生的职业素养,而"政校行企"协同创新的关键在于机制创新。在此,我们从管理协同机制、利益共享协同机制、人才共同协同机制、"学产服用"育人协同机制、"学生顶岗"协同制度、资源共享协理机制等方面分析了政校行企协同育人机制,助推"政校行企"协同育人的顺利运行。

(一)构建"科学管理"的协同机制

高校推进协同创新的首要任务是建立协同的创新机构。高等教育政校行企合作管理委员会、高教联盟和校企合作委员会可以分别在宏观、中观和微观三个层面建立组织架构,可以建立管理运作的协调机制。(如图 3-1 所示)。

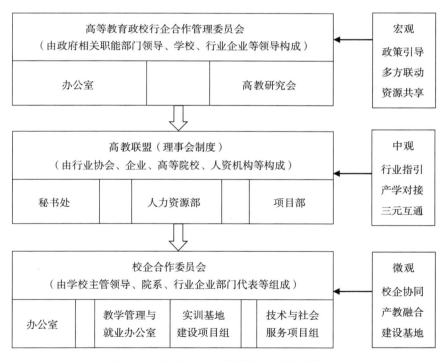

图 3-1　政校行企协同创新平台三层组织构架

基于政府、学校、企业协同创新平台合作的三层组织结构,在系统中确认每个成员的协作责任和利益,并以制度的形式确定下,同时在程序中合理化每个成员的协作过程,并在功能上建立各成员的对话机制和协作平台,形成了由政府主导,行业服务,学校和企业协调相长的科学管理和运行机制。通过定期联席会议制度和不定期举办工作研讨会,建立正常化的协调机制,及时协调和促进各环节的协同合作。

在宏观决策层面,充分发挥政府的主导作用,由政府相关职能部门组建,高校校长和行业会长共同组成政校行企合作管理委员会,旨在加强校企合作办学,协调解决校企合作过程中的困难和关键问题。

在中观指导层面,充分发挥行业企业指导作用,依托政府主动协调高等教育与行业主导职能的关系,由政府相关职能部门、学院主管领导,行业企业专家组成职教联盟,下设秘书处、人力资源部和项目合作部等职能部门,旨在提升专业水平,推动行业、企业、学校在人才培养和技术服务中的深层次发展,解决大学生关注的操作过程中的难题。

在微观运作层面,充分发挥学校主体作用和企业的关键作用,由企业代表,院系代表构成校企合作委员会,下设校企合作办公室,教学管理与就业办公室实训基地建设项目,技术与社会服务项目组等部门,旨在落实"行企校"协同育人工作,实训基地共建共享,就业和社会服务管理等长效机制和措施促进专业水平及服务社会的综合实力。

(二)构建"利益分享"的协同机制

其一,要建立校企双重目标导向体系。政校行企协同创新平台的运行,应以校企双方的发展目标为导向,双重目标需求导向将成为校企发展的内在协同动力。在校企协同平台运行过程中,我们要从整体上来解决专业建设、课程设计、师资队伍建设、实训基地建设等人才培养问题,同时也要解决招生就业、应用研究、社会服务、质量保障等一系列产业服务的问题,从而加强校企双主的密切合作,促进职业教育与产业发展的深度融合,为行业企业提供人才输送、技术应用以及研发服务。其二,要构建长效的利益共享、风险共控、利益共创的协同机制。校企双方应以合作项目为导引,紧紧围绕项目,双方在人才、技术等方面开展合作,同时双方通过协同平台的运行,在合作过程中不断提高互信,增强信任感;校企合作应树立人才共育的理念,并以此为根本和出发点,全面提升人才培养质量,促进双方合作的顺利运行,双方在协同运作过程中提高相互之间的依赖程度;校企双方共同建设实验室、研发中心、校中厂等实体,共享实验、生产、研发等资源,并以这些公共资源为纽带,密切双方的关系,提高校企双方协同运作的效果。校企双方协同平台的运行,可有效探索人才共育的"利益分享"机制、资源共享"风险共控"机制和项目合作"利益共创"机制(如图3-2所示)。

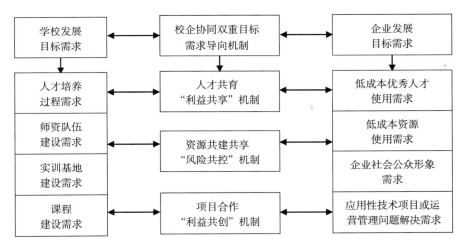

图3-2　校企双重目标需求导向利益协同机制

(三)构建"人才共用"的协同机制

首先,校企双方要建立"双向互聘"及"互聘共培"的人才培养机制。学校要设立兼职教师聘用和培训的专项基金,建立健全兼职教师动态调整的管理制度,畅通企业技术人才走进高校课堂,承担专业教学任务的渠道,同时学校还应加强对企业技术人员进行教学技能的培训,从而实现企业的技术能手和技术骨干被聘任到学校,向学生传授专业知识和前沿技术知识,推动了学校专业建设和教学资源库的建设工作。学校的科研技术人员也可以被聘任到企业,担任企业的技术指导或技术顾问,促进技术转化为生产力。"互聘共培"是指校企双方的优秀人才可以相互聘任,但校企双方互相聘任人才过程中,也要注重对专业技术人才的培养,形成优秀人才共同培养的有效工作机制;校企双方还应共同制定《校企技术专家双薪双向互聘管理办法》,通过制度的形式,将上述办法明确下来,做到有章可依。同时,学校也可以实施"弹性教学安排",采用"身份在高校,创业在地方"的人才管理办法,引导教授、博士、骨干教师走进企业承担项目合作任务,建立"双薪双向互聘"的人才引进机制,增强专业技术服务产业的能力。其次,建立行业企业优秀兼职教师的职称晋升机制。学校应积极争取教育主管部门的政策倾斜,顺畅兼职教师职称晋升的通道,为兼职教师提升学历和职称提供便利。同时,引入竞争机制,让学生能够自主选择兼职教师的课程和实训项目,并制定相应的评价制度来考核兼职教师的教学和育人效果。最后,实施学校专任教师下企业进行实践锻炼的制度,鼓励学校教师深入企业生产、管理、服务第一线,让教师蹲点企业,深入了解各技术岗位的职业技能要求,熟悉生产工序,掌握企业生产的新技术、新工艺,不断提高教师的实践教学能力。

(四)构建"学产服用"育人协同机制

高校的人才培养目标是为社会培养高素质技能型人才,但是这个目标仅靠学校的课堂教学是无法完成的,还需要走进企业进行实践操作训练。因此,政府、学校、行业、企业等共同参与人才培养,多元主体协同,齐抓共管,建设"学产服用"四位一体的育人协同机制。高校将人才培养贯穿于教学、生产、服务、应用四位一体的全过程,才能适应新时代经济转型升级对人才培养的新要求,实现高校教育的观念转变和教学自觉。

其一,建立联合研发项目机制。高校应坚持服务社会、服务区域经济的宗旨,充分利用学校的人才和技术资源,通过技术共同研究和项目的合作开发,与行业企业深度融合,提高企业技术创新能力,降低或减少企业新技术研发的成本、时间和风险。学校与企业协同创新,可以促进成果的转化,有效指导学生,不断探索研究新领域,提高创新水平和教学能力。其二,建立项目合作支持机制。企业应组织行业企业专家,定期公告企业技术升级研发项目需要,学校组织教师团队进行项目申报,学校应提供项目启动经费,企业应支持与高校开展项目合作,并制定《校企合作技术升级研发项目管理办法》,建立评价监测体系。其三,构建项目合作"风险共担、成果共享"的激励机制。项目立项源自合作企业的需求,学校应提供项目的启动资金,企业提供项目的市场化应用资金。其四,构建专业建设指导委员会运行机制。委员会由政府相关职能部门领导组建,包括行业企业专家、学校骨干教师等构成的专业建设指导委员会,并使之能常态化运行。

（五）构建"学生上岗"的协同机制

一是加强实训和顶岗实习的过程管理,健全完善顶岗实习机制,完善顶岗实习规章制度和评估标准,积极鼓励企业兼职教师参与到学生顶岗实习教学环节。采用顶岗实习与就业实习相结合,校企双方共同形成"专业结合,校企共管"的顶岗实习管理模式,建立"周检、月巡"的考核监控体系。二是建立政府、学校、行业、企业就业信息共享的协同机制,建立校企合作就业率指标体系、工作机制和激励措施。三是建立学生创业协同机制。依托高教联盟,整合社会资源,优化创新创业环境,建立灵活开放的教学体系,校企共同开发创新创业课程,协同培育创新创业人才。

（六）构建"资源共享"的协同机制

第一,建设目标共享、内容共通的协同机制。实现区域内高教资源共享,推进产业的转型升级与技术交流,共享合作信用。发挥高教联盟资源集约作用,构建政府、学校、行业、企业四方参与的"产学服用"协同共赢机制,融合区域产业发展及职业教育资源,统一放在协同平台上,形成共享资源。第二,建立知识产权保护与开放的协同应用及推广机制。资源共享,需要建立一套高效的共享资源管理及知识产权保护的制度体系,明确划分资源的所有权、使用权,确定共享资源开放并在网上共享使用的范围等。第三,建立项目化管理和动态更新机制。制定共享优质资源的评审鉴定办法,设置资源利用率、更新率等评估指标,采用使用对象评价和专家评审相结合的方法,同时要设立对优质资源的奖励奖项,推动共享资源的不断更新,以满足教学需求和服务社会的需要。高等教育构建政府、学校、行业、企业的协同创新机制,使产学研用协同有序,这是一项系统而复杂的工程,需要认真规划和设计,并兼顾各方的利益。因此政府、学校、行业、企业各方都应拿出合作的诚意来,采取积极有效的措施,制定一系列协同工作制度,确保协同工作的有序运用。政府要承担主管责任,出台相关的政策和资金配套计划,下发红头文件并有效协调各部门,学校、行业、企业成立专门的机构,专门负责项目管理工作,构建起政府、学校、行业、企业紧密合作的发展共同体与协同机制,并最终实现高校内涵建设与可持续发展。

高校通过构建科学管理、利益分享、人才共用、产学服用、资源共享的协同机制,有效的联结四方主体,打造"产学服用"共同体。企业的先进技术走进课堂,使得学生的不仅能掌握最前沿的技术,而且能大幅度提升职业技能,行业企业的先进文化引入校园,并与校园文化相融合,彰显高等教育"职"的特色,不仅能陶冶大学生的情操,而且可以坚定大学生创业报国的梦想。

第四章　高校思想政治工作主客体协同

探索高校思想政治工作主客体协同问题,首先要明确高校思想政治工作的主客体的内涵与范畴,其次要清楚了解主客体之间相互依存、相互转化的关系,从主体间性的视角来看待主客体关系,强调主体之间在交流互动中形成的共通性、一致性和统一性,运用主体间性思维方式,从主客体地位、功能以及师生关系,考察主客体关系失衡现象。最终从思维模式、平等对话机制、课堂育人、资源平台,整体构建主客体主体间性思想政治工作模式。

第一节　思想政治工作主客体

高校思想政治工作主体即教育者,包括个体主体和群体主体,主要是指高校思想政治教育的发起人和组织者、承担人和实施者。个体主体包括高校党政工团干部、思想政治理论课和哲学社会科学课程教师、学工队伍、专业课教师、心理咨询教师、后勤管理服务人员;群体主体主要包括团体机构、职能部门、校企合作单位等。客体主要指个体客体,即高校大学生,是思想政治教育的接受者和受动者,是思想政治教育主体的作用对象。教育主客体之间是双向互动、相互影响的关系,并在一定条件下能够相互转化,客体主体化是指在思想政治教育过程中,受教育者通过发挥其能动性和创造性,在接受教育和实践过程中进一步实现自我教育、自我管理、自我提升,最终实现主客一体化。

一、思想政治工作的主客体关系

（一）思想政治工作主体的内涵

思想政治工作协同主体中的教育主体即教育者，对教育对象和教育活动发挥着主导和引领作用。同时，教育者、教育对象以及教育活动的相互连接是通过一系列教育顶层设计指导下的交往实践，对于教育者和教育对象而言是一种具有平等性的互动关系，是在以尊重人格尊严和作为人的主观能动性的基础上的互动交往关系。基于此，高校思想政治工作主体即教育者，在主导和引领思想政治工作协同创新过程中更需要深刻理解自身的主体作用，重点体现在正确地认识自身和科学地理解世界。主体发挥主观能动性就要以正确认识自身为出发点，首先要具有开拓创新、与时俱进的能力。同时也需要在与教育对象的互动中重新认识自己，改造自己，提升自己，完善自己。

高校思想政治工作主体包括个体主体和群体主体，主要是指高校思想政治教育的发起人和组织者、承担人和实施者。个体主体包括高校党政工团干部，他们主要负责思想政治教育工作的规划、管理和协调；思想政治理论课和哲学社会科学课程教师，他们主要负责对大学生进行具体的思想政治引导和思想品德教育；学工队伍指高校辅导员和班主任，他们主要是在大学生的日常生活、学习以及社会实践中贯穿并实施思想政治教育目标；专业课教师担负着学生职业精神培养和职业素养提升的工作职责；心理咨询教师负责学生心理问题的疏导；后勤管理服务人员为学生提供生活学习便利服务。群体主体主要包括团体机构、职能部门、校企合作单位等。群体主体又可以分为正式组织和非正式组织两种。思想政治工作正式组织，是指按照规定程序批准成立，且具有指向性目标和相应组织结构的组织、机构和团体。高校思想政治工作正式组织主要包括高校党委、宣传部、学工部、共青团、关工委、工会等相关组织。高校思想政治工作非正式组织是发挥思想政治教育功能的自发性组织，如各类社团、兴趣小组、协会、联合会以及其他非正式群体等。思想政治工作的正式组织和非正式组织在思想政治教育中能够做到相辅相成、相互作用且环环相扣。一般情况下,正式组织在思想政治教育实践过程中往往处于主导性地位,并且具有一定的权威性;相对正式组织而言,非正式组织在思想政治教育中则往往形式多样,更为情感化。高校思想政治工作的个体主体和群体主体在思想政治教育实践中相辅相成、相互作用,有助于教育工作目标的顺利实现。因此,二者在思想政治教育过程中可以有所偏重却不可偏废。个体主体需要发挥主观能动性,不断进行自我教育,体现出一定的自主性、能动性和独立性。群体主体往往更倾向于运用集体智慧的力量,贯彻实施思想政治工作的教育管理服务。因此,在思想政治教育实践过程中,一定要充分发挥思想政治教育个体主体和群体主体的协同作用。①

(二)思想政治工作客体的内涵

思想政治工作客体,主要是"生活在一定社会关系中与思想政治教育主体构成工作关系的人,是思想政治教育的接受者和受动者,是思想政治教育主体的作用对象"。作为有思想、有情感、有意志的人,他们在接受教育时,不是完全被动式的,而是具有并且能够发挥主体能动性和创造性的。思想政治工作客体的主体能动性的产生、发展以及他们的功能、作用的发挥,与教育客体能动地自我建构的精神动力系统密切相关。在这个系统中,教育客体作为受教育者,他们的动力主体必然从自身需求出发,并出于对动力目标的追求,在动力动机的驱使下,充分运用动力目标内容作用于动力客体,再通过有效的动力保障机制,使之顺利发生、发展出能动的主体性。②

1. 客体的界定

在高校思想政治工作系统中,思想政治工作客体是与主体相对应的概念,二者常常同时出现,客体是其接受者和受动者。客体中有众多的类型,但主要有两种类型,即个体客体和群体客体。高校思想政治工作系统中的个体客体

---

① 一般而言,高校思想政治教育多指具体的思想政治教育实践活动,高校思想政治教育主体更多是指思想政治教育的个体主体,我们常常会用"教育者"或"思想政治教育者"来指称个体主体。

② 参见张耀灿、郑永廷主编:《现代思想政治教育学》,人民出版社2001年版,第198—200页。

是指高校大学生;而高校思想政治工作系统中群体客体主要是指高校的大学生群体,如年级集体、班级集体等。高校思想政治工作群体客体又可以分为正式群体和非正式群体两类。正式群体主要是指在校大学生共产党员群体和共青团群体等,非正式群体主要包括兴趣小组、学生社团、学生协会、联合会等;除此之外,还有服务群体客体和流动群体客体等。所以,学校在组织实施教育工作时,应当针对各类群体的实际情况,做到具体问题具体分析,结合实际制定合理有效且覆盖面广的思想政治教育教学措施,使教育客体的受教效果有效提升。在此需要明确的是,出于指称的确定性和表述的便利性以及本研究的指向性角度考虑,本书中高校思想政治工作客体主要指个体客体,即高校大学生;主体是"思想政治教育的承担者、发动者和实施者",以是否具有主体能动性作为主要界定标准。教育主客体之间是双向互动、相互影响的关系,并在一定条件下能够相互转化,在教育实践活动中"作为有思想、有情感、有理想的人,教育客体虽处于被动地位,但具有主动性,并且可以逐步获得和增强主体性,发展主体能力,发挥主体作用,从而由教育客体转变为教育主体,这也就是思想政治教育客体主体化"[1]。客体主体化是指在思想政治教育过程中,受教育者通过发挥其能动性和创造性,在接受教育和实践过程中进一步实现自我教育、自我管理、自我提升,最终实现主客一体化。马克思主义理论表明了"人的全面发展根本上或本质上是人的主体性的发展"[2],这与高校思想政治工作根本目的所指向的客体主体化的目的是相一致的。因此,要充分激发教育客体所具有的主动性、主体性,就必须从内部萌生和外部牵引同时发力。

思想政治教育客体不仅具有主动性,而且在一定条件下还具有主体性,这是探析思想政治教育客体时需要特别注意的问题。当然,这种主动性是接受教育的主动性,而不是教育的主动性,它依然是思想政治教育客体的客体性的特殊表现形式,不能因此而改变思想政治教育客体的客体地位。

---

[1]　骆郁廷、丁雪琴:《思想政治教育客体主体化探析》,《学校党建与思想教育》2002 年第 21 期。

[2]　张耀灿主编:《现代思想政治教育学》,人民出版社 2006 年版,第 284 页。

2.思想政治工作客体的作用

第一,具有能动作用。所谓高校思想政治工作客体的能动作用,是指在思想政治教育工作过程中,客体具有的主体性、主观能动性和创造性。虽然大学生是受教育的一方,但作为能动的客体这种接受并非消极被动,而是能够做到积极主动地自主选择和辨别。

第二,具有检验作用。高校思想政治教育工作的成果是否有效、目标是否合理,可以通过在校大学生的政治思想提升和日常行为规范表现出来,这就表明了大学生的精神面貌和日常行为是思想政治教育工作成效的最直观反映。

第三,具有促进作用。高校思想政治教育的主客体在关系上是相互的,在地位上是平等的。这在一定程度上助力了高校思想政治教育工作的有效开展,促进了思想政治教育工作的不断完善。这种推动作用主要表现在:一是教育客体能够在思想政治教育教学过程中,积极主动地配合教育主体,有效提高整体教学水平;二是表现在产生共情共鸣,做到互动有序互动有声,能够全力支持教育主体的工作。

3.思想政治工作客体的特征

高校思想政治工作客体,存在着"个性与归属同在、依附与独立并存、稳定与冲突相依"等群体特征。

第一,价值取向多元化。在当今市场经济大潮中,传统与现代、中国与西方、价值与伦理等一系列矛盾和冲突,直接影响着高校大学生的价值观念呈现出多元化的局面。当前,高校大学生的价值观包含学业导向价值观、政治导向价值观和功利导向价值观等种类。由于受功利导向价值观的影响,高校大学生往往表现出进取自强、吃苦耐劳、敢闯敢干,以及较强的务实性。他们比较看重经济利益和个人需要,往往忽视自己的精神需求。这种功利导向直接影响高校大学生的就业观,从而导致"就业导向"理念逐渐走向极端化,而且有风气日盛的迹象。功利导向及就业导向均不利于高等教育的健康发展,应引起相关教育主体的高度重视,并作出相应的研判对策。再者,随着我国市场经济的迅猛发展,开放程度不断加深拓宽,西方思潮和价值观的冲击碰撞,导致高校大学生表现出明显的"实用主义"倾向。

第二,职业能力多样化。高等教育肩负的历史使命是培养面向生产、建设和管理的高级人才。当前,企业、行业和社会对高校大学生的专业素养和专业技能的要求较高,高校大学生的综合能力主要体现在拥有超群的专业技能水准加上出色的专业理论知识。在学生的培养上,高校要注重培养学生的"职业性"能力,同时,也不能忽视学生"学术性"能力的提高。因此,高校在实际的教育教学过程中,既要格外重视培养学生创新能力和自学能力,也要注重学生思想政治素养培育;既要以技术技能培养为主线,也要重视形成理论扎实、学练结合、重在综合的特色模式,全方位的培养培育才能使高校人才在市场竞争中形成核心竞争力。

第三,学习途径多重化。"工学结合"的教学方式是学生获取并不断提升专业技能的主要实践形式。就类型而言,"工学结合"主要包括学校与企业的结合、工作与学习的结合、市场与教学的结合、社会与教育的结合;就方法和性质而言,工学结合是提升大学生动手动脑能力和社会实践能力的最佳方式,也是检验学生专业技能的试金石。"工学结合"中的"工",包含着市场、社会、企业等要素;"学",则含有着学生、学校、学习等内容。高等教育通过"工学结合"的教育教学模式,能够提升学生的市场意识、团结合作精神,也有利于学生秉承开放的态度,激发学生富有创新的意识。概而言之,"工学结合"的教育教学模式,强调学校与企业、产业、市场和行业之间的互通互融、相互促进及和谐共生的关系;保证学校、企业、社会能够发挥出各自主体优势;促使学生提升专业技术技能,突出学生真学实干的能力,助力其成人成长。总之,"工学结合"是促进高等教育不断发展的有利模式,也是高等教育良性发展、不断开拓的应然需求和实然选择。

(三)思想政治工作主客体的关系

张耀灿教授在思想政治教育的定义中,指出思想政治教育活动是"交互主体"的现代理念的体现。"交互主体"是指在思想政治教育工作中,教育者和受教育者呈现出的是一种彼此交流、相互作用、相互影响的良性互动方式。①积极指导引导受教育者,同时也要强有力地促进受教育者综合素养的提升和思想政治水平的提高,才能更好地发挥思想政治教育育人的功能和作用。陈万柏教授定义思想政治教育主客体关系,"思想政治教育者与教育对象之间的关系是教育者和教育对象之间基于某种需要而建立起来的一种工作关系,他通过双方的互动,帮助教育对象解决他们发展过程中的问题,以提高教育对象的思想道德素质"②。两位教授观点的相似之处在于,他们都认为在思想政治教育过程中主体和客体之间要进行良性且有效的互动,才能顺利推进思想政治教育工作的进行。在思想政治教育系统中,主客体的地位并不是固定不变的,简言之,教育者和受教育者同样都具备主体的属性,也同样作为教育客体,以主体或客体的形式穿梭于对方的视域之中,并且二者是对立统一的辩证关系:相互制约、相互依赖,同时在一定条件下相互转化。

1. 思想政治工作主客体之间相互依赖

教育者主体与受教育者客体总是以彼此存在而互为前提,两者地位具有不对等性。同时,在思想政治教育过程中,教育主体对教育客体的改造也必然以教育客体自身的规律和特征为前提。现代高校的思想政治教育已经明确意识到了受教育者在教育过程中的主体地位,明确认识到了主客体双方都可以是"主体",也都能够将对方作为"客体",尤其是作为教育者更要尊重受教育者的主体性存在。因此,教育者和受教育者之间只有存在主客体双方双向互动的相互依存关系,才能够成为自身。在思想政治教育过程中,教育者只有参与到教育活动中,与受教育者发生影响与被影响、指导与被指导的关系,才能够称之为教育者;而作为受教育者也只有积极主动融入教育活动中,将教育者的教育内容与目标要求有机结合起来成为学习对象,才能称为受教育者。

2. 思想政治工作主客体之间相互制约

马克思曾指出:"只能像我的本质力量作为一种主体能力自为地存在着

---

① 参见张耀灿主编:《现代思想政治教育学》,人民大学出版社 2006 年版,第 286 页。
② 陈万柏:《思想政治教育学原理》,人民大学出版社 2013 年版,第 235 页。

那样才对我而存在,因为任何一个对象对我的意义(它只是对那个与它相适应的感觉说来才有意义)恰好都以我的感觉所及的程度为限。"①作为参与者的教育者和受教育者,都必须将对方作为自己认识和改造的教育对象,并且主客体双方认知和改造的方式是彼此影响的。因此,当教育者主体制定思想政治教育计划时,作为客体的受教育者所具有的认知水平和知识结构就成了制约的重要因素。同时在贯彻实施教育阶段,教育者和受教育者都是作为教育的主要参与者,二者之间互为主客体,在教育过程中需经过主客体双方彼此的认识和尊重、积极交流、良性互动、共同探讨,才能推动教育效果最优化。否则,教育者和受教育作为教育过程的主要参与者如果各行其是,不进行有效的交流和沟通,那么思想政治教育工作就无法有效推进,教育目标就有可能变为空中楼阁而不能如期实现。

3.思想政治教育过程中主客体之间相互转化

在教育过程中,教育者与受教育者的主客体的地位与身份是随着教育的进程不断地发展变化,教育者在教育过程的某一时间是主体,在另外的某个阶段则可能成为客体。通适性教育的主要目的是提高人的智力,所以在教育过程中,运用互动式教育模式,使得教育者(主体)和受教育者(客体)都可以同等地占有教育资源。但是思想政治教育有其自身的独特性,教育者是以国家意识形态宣传工作者的身份开展思想政治教育工作的,他所传递的更多是关于道德观念、价值体系、国家认同等具有意识形态色彩的精神资源。而上述精神资源并不可能被教育参与者平等地占有。因此,在思想政治教育的重要阶段,教育者会是绝对的主体。但是在整个教育过程中,二者的主客体地位与身份并不是完全固定的,而是相互转化的,任何一方都有可能作为主体来主导思想政治教育工作,同样也可能以客体的身份成为主体认识和改造的对象。思想政治教育过程中主客体二者之间对立统一的辩证关系表明:在思想政治教育过程中,教育者和受教育者不能将自己固定为某一个特定角色,而是都应该

---

① 《马克思恩格斯文集》第1卷,人民出版社2009年版,第191页。

以积极、主动和创造的精神状态参与到教育活动中来。正确认识教育者与受教育者的互动关系,对于优化我国思想政治教育体系具有重要意义。

二、思想政治工作主体的主体间性转换

(一)主体间性理论的科学内涵

主体间性是指主体和主体之间,在互利共生和尊重理解的前提下,以对话和沟通等交互模式来构建思想认知的"同频共振"和实践行为的"和谐一致"①。主体间性思想政治教育从本质上规定了建立在平等交互关系上的思想政治教育双方的"主体—主体"关系和以教育双方共同主体与教育客体之间的"主体—客体"关系的双重模式,体现了主体间性哲学的内在规定性与思想政治教育的特定需求性②。主体间性是 20 世纪西方哲学的重要范畴之一,主体间性"交互主体"关系模式为我们的思想政治教育带来了新的启迪。西方学者哈贝马斯从交往行动理论的角度阐释了主体间性理论的本质属性,强调了主体之间在沟通交流交往互动中形成的共通性、一致性和统一性。事实上,教育实践活动本身所具有的特征属性就要求师生之间要对话、沟通和交流以求彼此理解。从这个层面来讲,思想政治教育活动过程的主体间性,主要强调的是教育参与者的双方主体在共在性的视角下,对思想政治教育活动过程中的认知与实践以及涉及的主客体诸要素的交互关系作出的规定性。因此,主体间性就是教育者与受教育者双方在思想政治教育过程中建立起和谐共生、互促共进的主体关系,并共同作用于教育目标、教育活动、教育环境等教育客体,通过思想政治教育的实践交往构建起思想政治教育主体间的关系属性。③

---

① 苏令银:《主体间性视域的思想政治教育主客体关系研究》,华东师范大学博士学位论文 2013 年,第 154—159 页。

② 参见金飞:《高校主体间性思想政治教育实践模式探索》,《教育与职业》2016 年第 10 期。

③ 参见祝青山:《承继与超越——高校思想政治教育的马克思主义人学照观》,《浙江万里学院学报》2011 年第 1 期。

（二）主体间性理论引入高校思想政治工作的可行性、必要性

1. 主体间性理论引入高校思想政治工作的可行性

（1）主体间性理论改善高校思政课的教学关系。按照主体间性理论，教育者和受教育者双方同为思想政治教育工作的主体，并在思想政治理论课的教育教学实践中协调合作，具有主体能动性的功能。从受教育者角度出发，其更倾向于教育信息的取舍和内化，内心诉求的尊重与共鸣；从教育者角度出发，主要侧重于教育信息和内容的甄别与更新，教育目标和要求的设置与谋划，教育内容和思想的传授与呈现，教育方式和手段的创新与应用等。"教"与"学"的互动过程是教育参与者双方在心灵层面同频共振的过程。在教育教学过程中教育者固然扮演着传道解惑的重要角色，有利于拉近其与受教育者的心理距离，进而改善二者的关系。因此，在教育教学过程中，教育者主体应该意识到，不应该仅仅把受教育者看作教育客体，而应认识到受教育者的主体性身份和地位。

（2）主体间性理论重构高校思政课的教学内容。主体间性理论引入高校思想政治理论课教育教学，使高校思政课的教学内容呈现出人文性、实践性和科学性的特征，思想政治教育教学资源的应用更具社会价值。一方面，主体间性所蕴含的主体存在的共在性和实践方式的交互性理念，让教育者在组织和实施教育教学内容时更加具有民主性和可操作性。因而在教育教学过程中教育者除却理论灌输，结合更为先进的教学理念和教学方法吸引受教育者积极主动参与，并在此过程中各抒己见以便产生情感共鸣，高效实现教育教学目标；另一方面，主体间性肯定了教育者与受教育者双方的主体地位，同时规定了双方在教育教学过程中的交互关系，也明确了教育者与受教育者只有共同发力于教学资源才能实现平等有效的沟通与交流。这就要求教育者在进行相关教学资源和内容的选择时，必须把受教育者的心理诉求、实际需要和个性特征纳入教育教学设计中。同时，教育者要紧跟时代发展的要求，及时更新教学资源和内容，注重教育信息的时代性和科学性。

（3）主体间性理论优化高校思政课的教学环境。从主体间性理论从发，在思想政治教育过程中,既要肯定教育者的主体地位,也要正视受教育者的成人成才之道,将两者置于和谐共生的教育教学环境之中。首先,主体间性要求高校教育者通过思政课,注重对受教育者人文精神和人文素质的培育和培养,以实现人的自由而全面的发展。其次,高校教育者要发挥"教学相长"的教育教学理念,改革传统教学中"此消彼长"的教育教学模式。主体间性理论指导我们不能再把教育参与者视为对立的矛盾关系,而是要形成两者之间良性互动、有效沟通与理性交往的关系。最后,高校主体间性思想政治教育教学目标要以过程为导向,重视教育者与受教育者双方在教育教学互动过程中所培育的世界观、人生观与价值观的统一性,让教育者与受教育者在实践过程中找寻观念的认同与共振,并把社会实践作为检验两者共通性的标准,以此来营造一种合作共赢的教育教学环境。

2. 主体间性理论引入高校思政课教学的必要性

(1)主体间性理论使高校教师角色由"指挥官"向"辅导员"转变。主体间性理论引入高校思政课教学中,可促使高校思想政治理论课教师由"指挥官"的角色向"辅导员"的角色转变。首先,主体间性理论明确了受教育者在教育教学过程中也处于主体地位。在思想政治教育教学过程中,受教育者可以充分发挥主体性,不仅可以随时随地提出自己的疑惑,而且可以有针对性地发表自己的观点,做到有效互动,达到教育者与受教育者双方的共情共鸣。其次,主体间性理论促使高校教育者的角色定位实现质的飞跃。高校的教育者要积极主动去实现由"指挥官"向"辅导员"的角色转变,思想政治教育者不再是单纯的知识传授者,从而转变为传道授业解惑者的合体。最后,主体间性理论强调教育者与受教育者双方交互主体性与教学要素客体构成了"主—客—主"的教学关系和教学模式,这就要求教育者们在备课和教学设计中不能再仅仅着眼于理论知识归纳,而应更加注重双主体之间的有效互动,教学资源俨然成为主体之间进行"对话沟通"的工具。

(2)主体间性理论使教学方法由"样板型"向"研究型"转变。主体间性理论所蕴含的教育主体认识方式的交互性和主体交往交流的实践性为解决传统教学弊端提供了可行性方案。首先,教育主体双方认识方式的交互性在课堂上带来的是"我的"视界与"他(她)的"视界的"契合",是主体双方心灵层面的互动与共振共鸣。这就促使高校思政教育者必须改变传统样板式教学模式和演讲式授课方式,这样才能达到与受教育者在思想认识上的共鸣共情。其次,教育主体双方交往交流的实践性促使高校思政教育者更加注重研究型实践教学模式,在交互关系中彰显受教育者的主体性地位。比如教学内容中要设计一些探究式的主题活动,来调动受教育者积极参与主动讨论的积极性,最终实现教育者与受教育者双方交互主体在课堂教学中的情感共鸣。

(3)主体间性理论使教学理念由"灌输式"向"民主式"转变。第一,考评机制上,在主体间性理念指导下打破了以成绩为导向的考评机制,更加注重对受教育者综合能力素质的培养,考评机制在一定程度上体现了交互主体间的平等性;第二,课程设置方面,小班制授课有利于拉近教育者与受教育者之间的心理距离,更有利于共振共鸣,受教育者的主体性能够得到保障,教育者的主体引导也能得到加强,这就为两者彼此间的交流提供可能性;第三,价值追求方面,主体间性理论凸显了以人为本的价值理念,彰显了追求真善美的本质,注重的是人的全面发展。高校教育者除了把培养受教育者的世界观、人生观、价值观、道德观、政治观和法制观作为教育目标外,也更加注重受教育者实现全面自由发展,达到人才培养的科学化、民主化和人性化。

(三)高校主体间性思想政治教育的路径转向

高校主体间性思想政治教育是在主体交互关系性思维指导下进行的教育活动,这种教育模式改变了"主—客"体二分的思维方式,教育的焦点问题转向关注"我们",倡导的是主体双方间的共同性,强调的是主体双方间的整体性与和谐性的交互共存。高校主体间性思想政治教育中的教育者与受教育者双方都具有独立人格,提倡主体双方在平等对话中达到共振共鸣,在民主和谐交往中实现双向良性互动,实现主体双方精神与实践世界的构建。主体间性思想政治教育的提出,就在于改变和超越传统单子式的思想政治教育,旨在实现高校思想政治教育方式从传统的重"规范"的灌输教育转向主体间交互以

"人"为本的教育;实现从单向对象化活动转向主体间交往交流沟通活动,从单一主体性转向主体间性。

1. 从重"规范"灌输转向以"人"为本

高校传统的单子式思想政治教育注重的是"传授"和"接受",在思想政治教育实施过程中重视的是理论知识、价值观念、行为方式的灌输,教育者们也是一厢情愿地认为受教育者接受了这些思想理论、道德规范、价值观点就能达到理论与实践的统一,就能够变成一个政治强、思维新、视野广、情怀深、自律严和人格正的人。其实,正确的理论知识和道德规范并不能必然保证正确的行为方式,因为思想品德的形成来源于主体间的实践活动中。[1] 传统的单向式思想政治教育弱化了情感和意志在学生的思想道德形成以及成长发展过程中的重要作用,只是把受教育者当作了灌输和盛装理论知识和行为规范的器皿,是一种"物化"了的思想政治教育。而大学生思想政治教育本质上是一种培育人的实践活动,是提升人的灵魂厚度的实践活动,不能够仅仅作为理论知识的堆砌。因此,高校主体间性思想政治教育活动,就是为了提倡以"人"为本的教育理念。对于教育者和受教育者来说都是独特的生命存在,教育者和受教育者都应该受到尊重,都应该得到重视和获得关爱。高校思想政治教育活动,是让受教育者掌握正确理论知识、道德规范和价值观点的过程,是人的全面发展成长成才的过程,能够使受教育者的个体生命潜能得到全方位的彰显与激发。在高校主体间性思想政治教育中,教育者和受教育者作为交互主体和完整的人而相遇,双方之间不应该只是"授与受"的关系,更应该是思想与心灵的碰撞与共振共鸣。总而言之,高校主体间性思想政治教育活动,是从传统的重"规范"的灌输教育转向主体间交互以"人"为本的教育,是让受教育者不仅在思想道德方面提升,还要在专业素养和实践能力等方面获得拓展,这样的教育方式才有助于学生成长为完整的人,成长为自由而全面发展的人。

2. 从对象化活动到主体间交往活动

高校传统的单子式思想政治教育活动是单向性的对象化活动,教育者是

---

① 参见张耀灿、郑永廷主编:《现代思想政治教育学》,人民出版社 2006 年版,第 270 页。

主体,受教育者是客体,教育者和受教育者都生活在"它"之世界。高校教育者在传统的思想政治教育活动中,把社会主流价值规范、把理论知识灌输给受教育者,受教育者只能被动接受。在这种传统的教育模式下,他们认为教育者的任务就是要用社会的主流价值对受教育者进行个性改造,学生的独特性发展被限制。这样的教育模式充斥着枯燥与乏味的说教和灌输,教育者和受教育者形成了一种控制与服从的关系。主体间性思想政治教育是倡导教育者和受教育者双方处于平等互动关系的教育方式,双方都是教育的主体,都有着完整人格的生命。诚如马克思所说的"一个人的发展取决于和他直接或间接进行交往的其他一切人的发展"①,自由全面发展应该都是在同他人的交流交往互动中实现的。高校主体间性思想政治教育就是要用教育主体间交互交往活动来代替对象化活动。主体间性是人存在发展的基本方式,人利用主体间互动交往才能做到更好地生活、学习和工作。高校思想政治教育过程就是教育者与受教育者双方交流交往、相互影响的过程,二者只有在教育主体间主体存在,最终实现彼此双方相互承认、接受、理解和尊重,教育主体双方彼此间才能转向平等对话和教学相长的关系,也才能使教育双方从分离状态逐步走向和谐统一。同时,只有在教育主体间交互交往中,教育主体双方才能走进彼此的精神世界,达到共情共鸣,受教育者才能在高校思想政治教育的助力下实现成人成才的目标。

3. 从单一主体性到主体间性

主体间性之教育者和受教育者双方都是思想政治教育的主体。高校思想政治教育引入主体间性,就应充分发挥教育者的主体性,发挥教育者的价值引导作用,同时也要尊重并积极发挥受教育者即学生的主体性,重视受教育者的诉求呼吁和自主建构。高校主体间性思想政治教育还应当重视培养和引导受教育者主体性人格向主体间性人格的转变与提升。对主体间性而言,其基本特征就是开放性和共生性,具备主体间性人格特质的人的外在表象是开放、包

---

① 《马克思恩格斯全集》第3卷,人民出版社1960年版,第515页。

容和共生。教育者与受教育者双方能够实现相互开放、包容沟通,从而双方形成一个不可分割且和谐共生的共同体,同时主体间性人格的开放包容性也能够延伸至生活场域中的其他人。因而,拥有主体间性人格特质的人,懂得尊重他人的生命主体,主动追求与他人友好相处和真诚合作。同时有着主体间性人格特质的人,会把自己仅仅作为自然界的一分子,他们热爱与尊重自然界的一切生命,与自然界融为一体和谐共处,找寻着自然界之美,具有主体间性人格特征的人崇尚冯友兰先生所讲的"天地境界"。高校要积极运用主体间性思想政治教育,改变传统的思想政治教育的理念、目标、内容和方法。高校引入主体间性思想政治教育,体现了主体性与"主体间性"的表征和统一,主体间性为高校思政教育主体性实现了完整的价值意义;高校引入主体间性思想政治教育,为高校思政教育搭建起通向现实生活世界的桥梁,也使得高校思政教育具备了生活与实践的双重意义;高校主体间性思政教育是其变革的方法之一,使高校思政教育具备了方法论的价值意义。总之,高校把主体间性理论运用到思想政治教育实践中,体现了高校思想政治教育与时俱进、改革创新的时代特征,进一步完善思想政治教育学科建设体系,推进思想政治教育学的科学化进程,推进社会主义精神文明建设,培育和践行社会主义核心价值观,实现中华民族伟大复兴的中国梦。

三、主体间性视域的高校思想政治工作的意义

(一)有利于体现高校大学生内生主体性

思想政治教育不仅要把握大学生的"兴奋点",更要抓住学生的"聚焦点",萌生源动力和内生主体性。实现高校大学生在思想政治教育活动中的主体性充分表达,教师就必须具有让学生在教育活动中"沉浸进去"并"感化出来"的理念支撑,进而积极主动地参与其中,产生信息吸引和情感的共鸣,获得作为主体的存在感。

1.关注学生学习的聚焦点

高校思想政治工作要勇于面对由于社会文化变迁所带来的挑战,首先调

动学生参与思想政治教育活动的积极性,展现丰富而又有意义的教育活动,充分展现出人的主体精神、主体能力和主体意识的有机统一。因而,教育者要充分发挥自己在教育活动中的引领作用,强化阵地意识,弘扬主旋律,强调在思想政治教育的活动中释放出美感、情感,让受教育者在参与过程中增强自身主体性意识,逐渐由"要我学"提升为"我要学""我想学"的理想状态。

2. 增强学生主体性的牵引力

高校大学生积极追求真善美,塑造理想人格。教育者必须从人本主义角度出发,高度重视大学生的实践体验,注重提升大学生主体化的牵引力。首先是寓教于美。高校思想政治教育的内在美就是能够展现其科学性与价值性,达到合规律与合目的统一,最终引人至善的部分,是人的思想、品德、情操、性格、气质等内在涵养的具体体现。外在美就是通过具有美感的德育活动和德育形象将价值理念凸显出来,达到欣赏性与价值性的统一。寓教于美就是为了使受教育者被教育者所展现出的美所吸引,从而自觉自愿地接受教育影响,从美育实现向善。① 其次是寓教于情。教育者需要在教育过程中真情流露,传递能让大学生意志可坚定、情感能共鸣的教育内容,让教育充满亲和力,以便让大学生在获得情感认同的基础上再接受教育感召力。最后是寓教于乐。贺拉斯在《诗艺》中首次提出"寓教于乐,既劝谕读者,又使他喜爱,才能符合众望"②。寓教于乐就是从学生精神需要层面出发,在教育美感和情感共鸣的基础上,用喜闻乐见的方式展现高校思想政治教育的亲和力,增强思想政治教育的艺术性。

3. 增强大学生主体化的吸引力

"思想政治教育可能存在'工艺'比较粗糙、'配方'比较陈旧和'包装'不怎么时尚的现实问题"③,高校思想政治教育要想更具亲和力、牵引力和吸引

---

① 参见陈科、张林:《客体主体化:思想政治教育有效性的实现——基于对网络游戏玩家"反客为主"意识的剖析》,《思想教育研究》2018 年第 2 期。

② [古罗马]奥维德·贺拉斯:《变形记·诗艺》,杨周翰译,上海人民出版社 2016 年版。

③ 参见十二届全国人大五次会议举行记者会:《陈宝生就"教育改革发展"答记者》,《中国教育报》2017 年 3 月 13 日。

力就必须实现教育方法的现代性。首先是"工艺"要更加精致。优化教育理念,细化高校思想政治教育的整个活动过程,关切大学生的生存发展需求,关怀大学生的自由价值目标。其次是"配方"要更加新颖。这就要求创新高校教育话语表达体系,增强话语时代魅力元素,坚持"三贴近"原则,增强教育针对性,找寻高校新时代大学生关切的现实问题,利用新媒体技术敏锐捕捉符合青年个性的话语体系。最后是"包装"要更加时尚。这就要求教育者必须探索教育新方法,融合教育新元素,使高校思想政治教育更加富于时代感。要达到这样的教育水准,必须融合新媒体技术打造内容丰富、形式新颖的高校思想政治教育实践,并要始终坚持政治方向的正确性。

(二)有利于激发高校大学生的内生动力

马克思指出:"'思想'一旦离开'利益',就一定会使自己出丑。"①高校思想政治教育一旦脱离自身教育对象的实际,将会弱化教育的吸引力、感染力和影响力。正视、尊重和理解学生成长成才发展需求,是激发思想政治教育活动内生动力的重要因素。

1.弥合高校大学生存在的知行分离、表里不一的分裂人格

高校思想政治理论教学呈现出知识性、灌输性、考试性的传统特点,成为单纯的理论知识传授和学生被动学习过程,远离学生生活和学习的实际情况,缺少实践体验的知识与指导,容易造成知行分离的问题。

2.扭转高校大学生存在的消极、被动接受知识的状态

教育者与受教育者之间缺少有效的交流,使得受教育者的主观能动性难以充分发挥,不能够真正参与到思想政治教育教学实践活动中,学生难以形成由知、情、意、信、行等因素所构成的内在自律体系,这是高校大学生对思想政治理论课教学处于消极、被动接受的学习状态的主要因素之一。

3.健全完善高校思想政治理论课实践性教学的保障机制、管理机制和育人机制

实践性教学课时不足,实践教学基地匮乏,学生不能积极地参与到实践教

---

① 《马克思恩格斯文集》第1卷,人民出版社2009年版,第286页。

学中来,所以兴趣不高。因为实践教学效果评价体系不健全而导致学生兴趣未能激发,高校大学生参与实践教学的主动性、积极性和自觉性未能调动。由于高校大学生的主体性意识缺乏,导致思想政治理论课的价值旨趣不能满足大学生的内生需要,未能激发学生学习动机,难以点燃学生精神意识的"兴奋点"。高校思想政治教育客体主体化主要是"思想意识的改变",而要实现这样的改变,就要从新时代高校大学生的价值出发,结合其内生需求,尽力唤起他们内在的"兴奋点",从而将教育者主体的价值要求内化为受教育者客体的价值追求。

(三)有利于内化高校大学生思想价值认同

在高校思想政治教育客体主体化的过程中,教育客体是通过自觉自为地接受教育影响,并转化为自律自教的实践行动进而增强自身主体性。要促使受教育者外化思维行为,那么首先受教育者必须认同教育者传授的思想价值。简言之,只有受教育者首先产生价值共鸣,并主动内化为自身思想意识体系时,思想政治教育的理性认知才能产生。思想政治素质的内化过程"就是个人真正接受社会发展所要求的思想、观念、规范,并将其纳入自己的态度体系,变为自己意识体系的有机组成部分,成为支配、控制自己思想、情感、行为的内在力量的过程。"这种内化首先要使高校大学生内心真正接受思想政治教育传达的思想、观念和规范,此种接受不是全盘的,而是大学生经过甄选和扬弃后的结果,并成为支配自己思想行为的内生力量。重视其内生需要进而充分展现思想政治教育的魅力。注重把教育理念渗透到大学生的价值诉求中,把思想政治教育目标同大学生的发展规划结合起来,展现更加多元融合的思想价值。

第二节 高校思想政治工作主客体关系的考察

正确组织与实施思想政治教育活动是思想政治教育工作有效开展的基础,而思想政治教育活动本身构建在教育主体间互动实践活动之上。因此,构建主体间性视域的高校思想政治教育主客体关系,既有理论上的可能性,也有时代境遇变化发展所带来的客观必要性。

一、思想政治教育主客体关系的本质

思想政治教育主客体关系是对教育主体、客体及其属性的不同理解产生的。在这里,我们以思想政治教育的工具性和目的性本质为着力点和突破口:既坚持主体的主导作用,又强调客体的主体性,从而实现思想政治教育主客体关系的动态融合发展。

(一)从思想政治教育的工具性本质把握思想政治教育主客体关系

思想政治教育是"统治阶级意识形态得以推行和强化的重要手段和途径",①这种工具性决定了思想政治教育主体、客体的特殊性、层次性、现实性。"主体是过程中的根本要素或决定过程产生、发展和本质、规律的要素",②高校作为思想政治教育活动的发起者、教育政策的设计者、教育组织实施的控制者、价值导向的引导者,在思想政治教育过程中起主导作用,占据主体地位,具体表现为"思想政治教育主体的主动性、主导性、创造性、前瞻性等属性,即主体能动性。主动性,是指能积极、主动地进行思想政治教育;主导性,是指在思想政治教育过程中始终起主导和支配作用;创造性,是指在思想政治教育中勇于探索、开拓创新,具有创新精神和创新能力"③。而思想政治教育客体在思想、政治、道德、行为等方面与社会发展要求之间表现出的不成熟和不适应等差异性,决定了高校大学生在思想政治教育过程中的对象性、被动性、被支配性和受控性,以及在教育过程中的"参与作用、制约作用、反馈作用、检验作用、促进作用",④从整个高校发展的高度来讲,大学生由于本身所具有的先天性不足,决定了不管在何种形式、何种目的、何种视角下的受教育者主体说,从

① 胡士平、张光辉:《思想政治教育与意识形态整合》,《理论与改革》2005 年第 4 期。
② 赫文武:《教育哲学》,人民教育出版社 2007 年版,第 100 页。
③ 骆郁廷:《论思想政治教育主体、客体及其相互关系》,《思想理论教育导刊》2002 年第 4 期。
④ 罗洪铁:《思想政治教育专题研究》,中央文献出版社 2007 年版,第 93—94 页。

意识形态传播、维护的角度看,只会导致思想政治教育价值导向的偏离。此外,从意识形态视角以及认识论的角度看,思想政治教育主客体关系往往表现为一个主体对另一个主体,一个群体对另一个群体,一个阶级对另外阶级的"教育视野"和"政治视野"①中的严格的思想、道德控制。因此,宏观层面上思想政治教育主体的主导作用、主体地位在获得意识形态领导权的前提下是绝对的,不存在"互为主客体"的可能。

对于具有主导性、权威性和系统性的高校,必须坚持社会主义办学方向,必然是社会主流文化和价值的载体、统治阶级统治合理性、正义性的维护者和宣扬者,必然是思想政治教育政策的贯彻执行者、具体指令的发出者、方法的选择者、进程的控制者和管理者,方向的引领者、成果的评估者、下一轮教育活动的改进者。不仅如此,"只有具备了一定实践技能、经验和科学文化知识,并实际地从事思想政治教育实践和活动的人,才算是真正的主体"②。高校大学生虽具有主体性,但只是表明其摆脱了"物性",对于成为具有人性的对象性存在以及转化为思想政治教育主体,还有潜在可能性。而对于高校的领导和教师、家长和社区的办事员、企事业单位领导干部和工作人员,"在思想政治教育过程中,教育者是思想政治教育的主体,处于主导地位,受教育者则是教育的对象,是客体,两者的界限是明确的。然而,两者的界限又是相对的,不存在绝对的教育者和受教育者。教育者既是主体又是客体。一方面,教育者必先受教育,只有很好地学习领会社会发展的要求,并率先身体力行,才能充分发挥其主导作用;另一方面,现代社会信息双向交流的特点,决定教育者在施教的同时亦要向教育对象学习,从而不断充实、完善自己,更有效地开展思想政治教育。受教育者既是客体又是主体。受教育者从施教过程看是客体;但教育影响只有通过受教育者主动积极地接受、消化,通过其自身内在的思想矛盾运动,才能起作用。因而,在受教育过程中,自我

---

① 冯建军:《人的道德主体性与主体道德教育》,《南京师范大学学报》(社会科学版)2002年第 2 期。

② 苏振芳:《思想政治教育学原理》,厦门大学出版社 2002 年版,第 125 页。

教育起着决定性作用"①。"单一主体说""双主体说""主体间性说"等主客体关系的论述实际上都是围绕着这一层面展开的,存在偏颇之处也是在所难免。

（二）从思想政治教育的目的性本质把握思想政治教育主客体关系

马克思说:"任何一种解放都是把人的世界和人的关系还给自己。"②思想政治教育的目的性本质与此相契合,"从哲学层面上看,思想政治教育的目的性本质是与全面提升人性的层次、建设人本身、探问人的存在价值和追求人生终极意义密切相关的"③。这就决定了高校思想政治教育必须要以生为本,实现由"异化"主体、"自觉"主体向"自由"主体的超越。"人的主体性是相对于过去的依赖性、被动性、模仿性而言的,它表现了在现代社会条件下教育对象鲜明的自主、自立、自我负责的独立意识和能动、创新精神。"④坚持高校思想政治教育"以生为本"的理念,必须在改变忽视或漠视大学生这个客体的存在、对自我及他人的冷漠性和虚幻性的同时,尊重大学生作为人的价值、尊严和权利,使大学生以积极、主动的姿态参与思想政治教育活动,从社会经济地位、受教育程度等,选择、反思和内化、反馈相关内容,建立一种超越自我的、自觉的、人格化的主体形态。我们要摒弃绝对化、极端化的自我主体,扭转承认客体主体性就可取代主体地位的观点,发挥思想政治教育的精神追求与道德昭示的价值,明确其指向性。同时,我们也要防止以目的性为借口、否定思想政治教育阶级性、意识形态性倾向的蔓延,以增强思想政治教育的凝聚力、亲和力、向心力和领导力。最终通过充分调动人的主体性,对人、对己实现价值的引导和建构,"从自然状态引领到应然状态,从应然状态引领到实然状态,实现人的道德的自我完善、心灵的自我督导、人格的自我提升、境界的自我超

---

① 张耀灿、陈万柏:《思想政治教育学原理》,高等教育出版社 2001 年版,第 9 页。

② 《马克思恩格斯全集》第 1 卷,人民出版社 1956 年版,第 443 页。

③ 樊淑玲:《论自我教育在思想政治教育中的地位和作用》,《渭南师专学报》1996 年第 2 期。

④ 石书臣:《现代思想政治教育主导性研究》,学林出版社 2004 年版,第 122 页。

越。通过牵引'人之生成',达到'人之引出'最后回归'人之目的'这个元点上,生成全面、完善、自由的人"①。实现由"依从""认同"到"内化"的过程,是从"本我""自我"向"超我"转化的过程。

总之,思想政治教育主客体关系是一个历史性的、动态的、开放的发展过程。对于思想政治教育主体来说,是坚持思想政治教育工具性的前提下逐渐认识、不断审视客体的发展阶段,放弃绝对权威、以灌输转化为对话交流的发展过程,是以"我"为中心的能动性、占有性转化为自主性、自立性、相互能动作用的转化过程;对于思想政治教育客体来说,是坚持人本理念下客体不断扬弃自身依赖性、被动性、模仿性的过程,自主、自觉意识不断得到培养、自主能力不断发展、创新观念等不断呈现的过程,是思想政治教育目的性渐进性实现的过程。要从思想政治教育工具性与目的性结合的角度,动态、融合的视角,对思想政治教育主客体关系进行具体分析和总体把握,以实现两者在政治视野、目的和手段方面的和谐发展。

二、新媒体的兴起对思想政治教育的新要求

随着经济全球化和推动构建人类命运共同体,社会信息与资源的流动共享成为可能,人的潜能在最大范围内得到激发。而现代市场经济的竞争机制又极大地提升了人的主体性,使人在某种程度上摆脱了"物的依赖性",增强了个体的独立性意识。市场经济发展的内生动力就在于个体主体性的不断增强。在市场经济条件下,人的独立性和主体性大大增强,"市场经济的不断完善,社会物质交换的更加便利和自由,给人的独立性发挥搭建了平台,也给人发挥积极性提供原动力"②。经济全球化时代,彼此间相互对话、沟通和交流成为人与人之间交往的主旋律,主体之间通过对话、交流和互动,实现彼此间理解,最终达成共识。随着网络化和信息化社会的不断深入发展,人类的知识

---

① 宋莹:《思想政治教育的人学建构》,《西南政法大学学报》2005 年第 9 期。
② 孙正聿:《塑造和引导新的时代精神——面向新千年的马克思哲学》,《中国社会科学》2001 年第 5 期。

范围极大丰富,人们交往的空间范围极大地拓展,人们的生活方式也日趋开放化与社会化,个体主体性在社会组织结构中,尤其是网络信息化社会中的作用日渐凸显。主体间性视域的思想政治教育主客体关系,顺应了经济全球化的时代脉搏,给予了教育者与受教育者公平的待遇和对等的地位,与新形势下的新要求达成了同频共振。

第一,网络信息化促进了教育与受教育者地位的变化。传统的思想政治教育主客体关系与新时代主客体关系之间存在着明显的区别,作为教育核心的知识,知识信息的不对称性加剧了二者的不平等地位,知识信息的数量差、时间差和位势差也使传统的思想政治教育主客体关系一直无法改变。但网络新媒体的兴起,彻底改变了信息传播的途径,打破了教育者对知识信息的长期垄断地位。网络新媒体为个人自由选择信息提供了广阔的空间和形式,高校大学生借助于多样化的手段获取需求信息,逐渐构成了知识信息获取的新途径、新模式,使得教育者的信息"霸权"地位大大削弱。这样,在网络信息化条件下,教育者已经不能再控制和左右思想政治教育的信息源及其传输路径,其信息的权威地位将逐渐丧失,高校大学生将改变被动和受动的地位,与教育者之间形成了日趋扁平化的地位和关系。

第二,网络信息化严重解构和挑战了传统教育的权威性和统一性。在网络信息化时代,分享和共享成为信息交流的基本规则。网络社会空间最大的特点就是平等化和"去权威化""去中心化"。因此,传统的权威性价值规范遭遇了严重困境和前所未有的挑战,原有的教育教学模式也发生了深刻变化,受教育者接受教育信息的主动性和选择性大大增强,从而使得教育者的真理权威形象和价值主导地位逐渐开始动摇。作为权威化身和真理代言人的教育者的地位受到了一定程度的挑战。网络虚拟社会中充斥的多元化、多样化的道德规范、价值观念对传统封闭式的思想政治教育主客体关系形成了强烈冲击,极大地挑战了社会价值规范和意识形态的统一性。

第三,网络信息化的发展推动人类交往实践方式的深刻变革。网络极大地拓宽了人们交往的空间,改变了传统的交往实践范式。在网络社会中,人们之间呈现的是超越时空界限的共在共生关系,人与人之间的关系变得越来越扁平化,这与传统社会空间中人与人之间的分层化社会组织关系大为不同。网络信息化社会中,人类交往方式呈现了新的特征,例如:多元化、自由化交往主体产生,超时空的交往维度,数字信息互联的交往手段。可见,网络信息化解构了传统的思想政治教育的"合法性"基础,又为思想政治教育主客体关系走向主体间性提供了合理性依据,从而推动了思想政治教育主客体关系的深刻变革。正是基于这一认识,我们认为现代思想政治教育的重要使命,就是要培养既有鲜明主体性意识,又有互助团结协作意识的现代人。习近平新时代中国特色社会主义思想是新时代思想政治教育的指导思想,因此,新时代的思想政治教育活动应做到以人为本,帮助大学生树立自我成长以及帮助他人成长的双重观念。联合国教科文组织关于《教育——财富蕴藏其中》的研究报告,提出将"学会合作"作为现代教育发展的重要目标之一,指出"教育的使命是让学生懂得人类的多样性,同时还要让他们认识到所有人之间是相互依存的"。可见,在网络信息化飞速发展的今天,传统教育者的信息优势地位将丧失,受教育者的被动地位得到改善,这迫切需要重构教育者与受教育者之间的关系,把单向"灌输—接受"关系变为"互动—共享"关系。网络信息化使得人与人之间在虚拟空间中都是以"网民"的身份存在,在这样的虚拟空间中,个体摆脱了现实社会空间的社会规范和社会秩序的约束,从而使得主体间走向了真正意义上的地位平等。"现代性的降临,通过对'缺场'的各种其他要素的孕育,日益把空间从地点分离了出来,从位置上看,远离了任何给定的面对面的互动情势。相反,在前现代社会,空间和地点总是一致的,因为对大多数人来说,在大多数情况下,社会生活的空间维度都是受'在场'的支配,即地域性活动支配。"因此,虚拟空间造就了一种民主、自由、平等的教育模式,这就使得教育者与受教育者之间必须转变传统的对象性、灌输式的教育主客体关系模式。

第三节　高校思想政治工作主客体协同关系重构

当今时代的发展变化和社会的不断进步对思想政治教育主客体关系发展建构提出了全新的挑战,努力寻求反映时代精神之精华的哲学思想作为其理论指导,促进思想政治教育主客体关系之间的和谐发展与深度互动成为时代的新要求。思想政治教育主客体关系的建构,只有在与时代精神相契合的哲学理论指导下才能最终得以实现。进入新时代,人们需要重新审视社会发展的价值取向,逐步调整思维方式和发展观念。同样,面对当今时代的深刻变化与发展,面对思想政治教育本身的现实困境与难题,思想政治教育的思维方式也需要作出相应的转换与调整。因此,思想政治教育主客体关系发展要适应新时代发展的客观要求,革新思想政治教育的思维方式,在遵循"思想政治工作规律、教书育人规律和学生成长规律"的基础上,构建思想政治教育主客体协同模式,更好地实现高校大学生自由全面发展。

一、构建思想政治工作主客体协同模式

在思政工作主客体协同模式中,教育主体运用丰富的内容和多样的形式,充分调动大学生的兴趣,培育其形成符合社会主义核心价值观的思想观念。教育主体主要包括思政课教师、专业课教师、辅导员班主任及其他教职员工。高校思想政治工作要在教育教学过程、理论实践过程、科研过程、服务过程中,构建主客体协同模式,这样会有助于实现高校思想政治教育全员育人。

第一,独特的研究范式。"教育模式是一种独特的研究范式,它力图从知识形态上解决理论与实践的连接问题。"①在高校思想政治工作主客体互动模式中,大学生在教育实践活动中的主观能动性被教育者和教育活动本身逐步调动起来,他们在理解和内化教育思想时会自主选择活动,表现出高度的主

---

① 张耀灿、郑永廷主编:《现代思想政治教育学》,人民出版社 2006 年版,第 287 页。

体性。

第二,主体间性思维模式。主客体协同模式是教育理论和教育实践活动联系的中介,它强调教育主客体间的平等对话和有效沟通,又注重教育主体的主导性,还充分肯定了大学生的主观能动性。高校思政工作主客体协同模式不仅包括教育者与受教育者之间的协同,而且包括受教育者彼此之间的协同。教育者与受教育者之间的协同,主要是指二者在进行平等交流和有效对话的教育实践中,实现理论知识、思想观念和情感等的传递过程,培育和践行社会主义核心价值观,并帮助受教育者由明道而信道、由内化而外化,达成知行合一。受教育者之间的协同指"生生协同",是大学生在逐步接受思想政治教育过程中,随着自己的思想观念的日益成熟与提升,在无意识中转变成教育者的角色,以自身的影响力与引导力来作用身边其他受教育者。随着思想政治教育的不断深入,受教育者之间的协同作用也会日渐明显。

因此,构建主客体协同模式有助于推进高校思想政治工作的协同创新,有助于提升高校思想政治工作的质量和效果。

二、思想政治工作主客体协同模式的构建原则

(一)遵循学生成长规律的原则

其一,思想政治教育者要深入研究高校大学生思想政治实际状况,把握大学生成长成才的规律;其二,思想政治工作者一定要正确利用学生成长规律,唯有掌握规律并按规律办事,积极主动与大学生进行平等互动,助力大学生提升思想道德水平,以便实现思想政治教育工作目标。思想政治工作者要加强自身政治理论的学习,苦练内功、扎实基础、提升素养,深入研究高校大学生的性格特点、思想政治素质、心理健康状况、行为习惯等问题,切实把握高校大学生行为特征和心理需求,真正做到了解和掌握大学生成长成才规律。在高校思政工作主客体互动模式中,绝大多数学生都无法总结提炼出自身对于思想政治教育的内在需要和现实需求,更不能清楚认知思想政治教育的价值和意义所在。因此,教育者在开展教育实践活动时,了解并掌握高校大学生的需求

和特点,以便更准确把握大学生对于思想政治教育方面的需求和期待。总之,紧紧围绕"有何需要、为何需要、需要多少"这个中心,思想政治教育工作者才能准确定位大学生所需要的载体、方法和途径。

在高校思想政治工作主客体协同模式中,思想政治教育工作者要善于观察,要能敏锐洞察社会环境的变化,科学预测社会发展的形势,甄选出符合培养中国特色社会主义合格建设者,适应高校大学生的世界观、人生观、价值观的思想政治教育内容。高校思想政治教育者要正确、高效用好学生成长成才规律,发挥教育活动和教育情境对学生的引导、激励作用,积极主动与学生进行交流沟通,充分发挥学生的主体能动性,引导学生坚定中国特色社会主义方向。在高校,教育者要尊重大学生的个体价值,既要强调一切为了学生、关爱学生成长,又要注重依靠学生、发动学生,从而能够有效调动学生的主观能动性,创造起师生双方互动的良好局面。高校大学生在思想政治教育活动中的反应与表现,直接关系到思想政治教育活动的有效开展、教育内容的传授和教育目标的实现等。把大学生安置于由思想政治教育者精心设置的、主流思想政治教育内容的熏陶下,更有利于大学生践行社会主义核心价值观。

高校学生成长规律是主客体理念的科学引导与受教育者自我发展的有机统一。为发挥高校思想政治工作的实效,教育者就必须坚持马克思主义理论的科学指导,发挥思想政治教育的功能,为高校大学生的成长、成人、成才提供全方位的、科学有效的服务与引导,这也是高校大学生思想政治教育工作的重要内容之一。但凡是大学生在政治思想上、学习生活上的合理需求,都应该成为教育主体服务和管理的工作内容。而服务与管理也同样需要方式方法的创新发展,这就需要既能解大学生的燃眉之急,又能帮其逐步树立长远的理想目标;既能急大学生成长之所需,又能给其以尊严。同时,做好高校大学生的思想政治教育工作,仅凭良好的愿望是不够的,还必须要把握和遵循大学生的成长规律,才能提高效率,取得成效①。准确把握高校大学生心理、性格、特点、

----

① 参见李辉:《新时期高校思想政治工作"三个规律"的内在逻辑》,《中国高校社会科学》2017 年第 3 期。

行为等特征,可以为高校规划教育方案、谋划教育方法、调用教育对策奠定良好的基础。因此,在高校思想政治教育过程中注重普遍要求和分类指导相结合,是提高思想政治教育工作的科学化、精细化水平的必然途径。

(二)遵循理论联系实际的原则

"理论联系实际内在地要求思想政治教育应结合发展的实践进行,面向实践,自觉实现向实践的转化,避免理论教育的抽象化、概念化和知识化,以增强教育的针对性与实效性,吸引力和感染力。"[①]高校思政工作所取得的成效,取决于思想政治教育活动方案的策划与实施,是否是在理论联系实际原则的指导下开展的。只有坚持理论联系实际,使思想政治教育方案与高校大学生的学习生活实际相适应,才能对大学生具有吸引力、感召力,进而使大学生产生感情共鸣、思想共振,最终实现思想政治教育工作的目标,实现大学生"德智体美劳"的全面发展。新时代高校做好思想政治教育工作,一定要把准大学生的思想脉搏,找准把准思想政治教育工作的切入点,才可能收到事半功倍的教育效果。在实际学习和成长的过程中,当代大学生往往会主动"屏蔽"他们认为"枯燥乏味"的思想政治理论,他们关注的焦点集中在理论的意义,更重视理论学习的实用性。因此,在高校思想政治工作主客体互动模式的指导下,教育者首先要做到理论与实践紧密结合,丰富课程内容,注意理论在实践中的应用,必将大大激发学生学习的热情和兴趣。

高校思想政治工作规律是主客体适应超越与转化递进的过程。主体在开展高校思想政治教育工作,要从大学生的实际情况出发,既要适应大学生思想政治品德现有水准及其发展的内在需求与合理要求,又要超越现有水准,使教育者的意图有所提高和发展,并形成主体客体的认同,将大学生逐步提高到社会要求的水准上来,使其通过自身思想内部的矛盾运动,形成符合社会要求的思想政治品德和社会主义核心价值观[②]。教育者如果只强调低水准的思想、

---

① 张耀灿、郑永廷主编:《现代思想政治教育学》,人民出版社 2006 年版,第 291 页。
② 参见周光迅、卢露:《大学生思想政治教育规律的若干哲学思考》,《杭州电子科技大学学报》(社会科学版)2008 年第 4 期。

道德和精神,那么社会主流导向提倡的那些思想、道德和精神就失去了应有的作用和现实意义。正是因为全国道德模范精神境界高于社会一般人的思想境界,所以我们才会树立道德模范的典型,提倡道德精神。高校大学生在接受一定程度的思想政治教育和培养之后,对教育者所传达的教育意图基本上没有排斥和拒受的态势,或传递出赞同或默认,这就意味着教育者的教育意图已初步为大学生所接受。再进一步来讲,大学生把教育理论灵活运用并指导实践,则标志着教育主体客体认同的矛盾运动过程已经顺利实现。从某种程度上来说,高校思想政治工作的过程就是这种螺旋式上升的矛盾运动过程。

（三）遵循平等互动的原则

教育者与受教育者是平等的教育活动参与者,二者在思想政治教育活动中的良性互动将会对思想政治工作的有效开展产生积极的影响。其一,教育者要树立与大学生平等交流的意识,切实感悟大学生在教育互动过程中的价值。在教育者与受教育者不断进行平等互动交流沟通的过程中,大学生自主进行自我人格的建构,最终提升自己的职业素养和思想道德水平。其二,在教育者与受教育者之间平等有效互动的基础上,学生会感悟到自己的价值所在,这有利于激发学生主体对于平等有效互动的积极性和主动性,使学生在互动过程中更好地表达自己的真情实感。学生与教师进行精神层面的沟通,能够促进大学生自主培育和践行社会主义核心价值观。

三、构建高校主体间性思想政治工作模式

张耀灿教授指出,"主体间性思想政治教育是对主体性理论在思想政治教育范畴的抛弃、保留、发扬和提高,创造性地表述了教育参与双方在教学活动中的内在关系及相互影响"。① 因此,高校主体间性思想政治教育既是对传统思想政治教育的修正和超越,也是对现代思想政治教育现实困境作出的积极回应。从实践看,高校主体间性思想政治教育模式的构建,必将紧扣

---

① 张耀灿、郑永廷主编:《现代思想政治教育学》,人民出版社 2006 年版,第62—66 页。

主体间性理论内涵,注重思想政治教育效果反馈,坚持思想政治教育问题导向意识,着力打造教育思维、交往关系、教学组织、协同育人的"四位一体"组合模式。

(一)培植"双主体"理念,彰显主体间性教育思维模式

高校传统思想政治教育是"主客二分"的思维模式,把思想政治教育过程分为施教过程和受教过程,以此来定义各自教育主体和教育客体的身份与地位。虽然在受教过程中也会强调受教育者的主体地位,但这种"互为主客体模式"使得受教育者难以摆脱对教育者主体的依附性。而主体间性理论彰显"双主体"理念,即教育参与者都是高校思想政治教育的主体,使传统的"主—客"关系转化为"主—主"关系。① 那么,要构建高校主体间性思想政治教育,就需要摒弃"自我中心论",培植"双主体"理念,实现高校思想政治教育工作思维方式的改革创新,树立高校主体间性思想政治教育工作思维模式。第一,实现从封闭性思维向开放性思维转变。将高校思想政治教育融入开放性教育环境中,要做到因势而新、因时而进、因事而化。第二,实现由对象性思维向关系性思维的转变,即要改变教育主客体的非此即彼和"物化了"的思维方式,引用强调关系性思维方式。此种思维方式突出主体间的基于人的客观存在,进而构建彼此之间积极对话与有效互动。第三,实现线性思维向发散性思维的转变。必须从思想政治教育现实需要出发,实现单向性思维方式向多向性思维方式的转化,在教育过程中更强调以发散性、非线性、多维度思维来考量思想政治教育活动的全过程,以便有效提升高校思想政治教育工作的实际效果。简言之,思想政治教育"双主体"理念旨在让大学生真正发挥主体优势,成为教育真正的主体,以大学生的自主发展来促进育人效果。

(二)遵守平等对话机制,畅通主体间性关系交往模式

有效的交往互动是建构教育参与者双方主体关系的实然要求,也是主体间性理论的内在遵循。哈贝马斯认为,"主体间性就是人与人之间通过彼此

---

① 参见石书臣:《主体间性视域下思想政治教育主客体关系的新形态及其构建》,《学校党建与思想教育》2017 年第 3 期。

语言交往,使主体之间形成'相互理解、彼此信任、相互依存'的关系"①。主体间性关系交往模式是构建高校思想政治教育模式的重要指标,是在实践层面上检验主体间性思想政治教育活动成败的核心要素和关键指标。通过思想政治教育参与者平等有效对话机制的架构,能够有效促进师生关系和谐共生,更能改善高校思想政治教育的育人功能与效果。首先,要确立教育参与者双方平等地位。平等理念的确立,是高校主体间性思想政治教育得以开展的基本前提。在主体间性思想政治教育理论中,教育参与者之间不再是阶层化关系,而是建立在独立人格基础上的平等关系,强调主体与主体之间的合作共存。其次,要搭建进行"对话"交流平台。"对话"的本质是对"权威意识"的消解进而崇尚民主,把教育参与者之间的关系还原为一种平等有效的交往关系。通过教育参与者彼此之间的对话,实现教育参与者之间达成道德价值规范的一致与认同。在主体间性高校想政治教育工作中,"对话"既是教育参与者充分表达自我想法的过程,更是倾听的过程,是教育参与者双方共在、共同参与和共同进步的过程。再次,要完善共同话语体系。在高校思想政治教育工作过程中,必须从话语环境、话语内容和话语方式等层面对主体间性高校思想政治教育的话语体系进行消解与重构。话语体系是实现主体间性思想政治教育交往互动的载体和空间。就话语内容上而言,对不适应高校思想政治教育需求的话语内容进行果断删除,要树立协同创新理念,进而推动思想政治教育话语的内容变革与更新;就话语形式而言,要更多摒弃传统的思想政治教育的抽象性表达,由更具可读性、时代性和实践性的教育形式所替代。对高校思想政治教育进行教材选择和文本话语重构时,既要重视高校思想政治教育学科理论特质和大学生的信息反馈,也要对网络空间、心灵空间和社会舆论等方面从宏观和微观两个领域进行实践话语的重构。最后,要营建平等民主的教育环境,充分尊重大学生鲜明的个体特征,为个体化交流与互动提供更多的时

---

① [德]尤尔根·哈贝马斯:《交往与社会进化》,张博树译,重庆出版社 1989 年版,第3 页。

间和空间场域,进而有力提升思想政治教育双方话语表达的深度、广度和自由度,这有利于实现思想政治教育因人而异和因材施教。

(三)改进课堂育人效能,激活主体间性教学组织模式

思想政治理论课是对青年学生进行思想政治教育的主阵地[①]。在高校思想政治教育实践中,教与学是开展思想政治教育活动的重要环节和主渠道。因此,在主体间性理论指导下,立足课堂教学主阵地激活主体间性教学组织模式是高校最直接最有效的思想政治教育途径,也是高校开展思想政治教育的重要抓手和有效举措。传统高校思想政治教育实践呈现出单向性和灌输式的教育主客体关系,在这种关系中,思想政治教育者被赋予权威性,他们有时只片面关注教学任务和理论知识传授,往往忽视了教育参与者之间的思想与情感交流,导致高校在思想政治教学过程中教育参与者之间缺乏真实有效的情感交流及精神价值的追寻。所以,在主体间性价值理念和教育原则的指导下,高校思想政治教育要不断创新教学载体与方法,提升高校思想政治教育效果。从建构主义理论分析,他们认为思想政治教育教学过程实质上仍然是师生之间教与学的交流互动过程。高校思想政治教育者可以采用多种课堂方法进行教学,比如:课堂讨论、专题演讲、心理咨询、情景合作和问题探究等方式,这会极大地促进教育主客体间的沟通互动,有助于提升大学生的德性生成与完善;还可以应用情景模拟和角色扮演等实践体验式教学方式,使高校大学生在实践体验中感悟真知;同时,要充分发挥互联网与全媒体技术在大学生自主学习教学环节中的优势。这有利于引导高校大学生形成独立思考的习惯和自主实践的主体特征,从而有效促进高校大学生主体性的有效发挥与个性的健康发展,强化大学生主体意识的自主构建。同时,通过学生之间的"生生互动"弥合"师生互动"的不足,提升高校思想政治教育教学互动的质量。在课堂上,围绕生活实际和社会热点话题剖析马克思主义基本原理;通过组织主题辩论赛既活跃了课堂氛围又增强了学生明辨是非的能力;开展国情社情调研的社

---

① 参见张尚兵、余达淮:《新形势下创新高校思想政治教育工作的若干维度》,《江苏高教》2017年第7期。

会实践活动,帮助学生理解马克思主义基本理论和党的路线方针政策。因此,要让课堂变得既有深度又有温度,使学生学起来能入脑又入心。

(四)拓展教育资源平台,搭建主体间性协同育人模式

教育部党组《高校思想政治工作质量提升工程实施纲要》进一步提出了构建"十大"育人体系,打造"三全育人"共同体,形成学校、家庭和社会教育有机结合的协同育人机制①。因此,搭建高校思想政治教育主体间性协同育人模式,夯实高校思想政治教育综合育人平台是构建高校主体间性模式的"能量环"和"主抓手",是从过程塑造与控制层面对高校思想政治教育资源的重新定义和挖掘,更是促进高校大学生的德智体美劳全面发展,提升高校思政教育整体功能的必然选择。从主体间性理论出发,拓展现代高校思想政治教育资源和育人平台应从"四化"入手:

第一,打造高校思想政治工作教师队伍的职业化。高校思想政治工作教师队伍是思政教育工作的主力军,其自身的理想信念和价值取向是确保思想政治工作方向的首要条件。当前,主体间性理论对高校思想政治工作教师队伍的职业化素养和专业化能力提出了新的更高的要求和挑战。虽然主体间性思想政治教育理论突出呈现了主体间性教育模式,但并不是对高校思想政治教育者主体地位的弱化和抹杀,而实际上承认了教育参与者彼此之间的差异化。就事实而言,高校思想政治教育者是思政教育工作的发动者、组织者和实施者。主体间性思想政治教育的构建和高校思想政治教育"双主体"理念的贯彻,仍然依赖于高校坚守"以人为本"的理念和思想政治教育者思维模式的革新。

第二,突出教育内容的生活化。马克思主义经典论著、党建理论和哲学思想是高校思想政治教育工作的理论依据和政治遵循。在坚持和深入学习习近平新时代中国特色社会主义思想过程中,高校思想政治教育工作要充分考虑到大学生素养的实际情况,实行分层次分阶段设置思想政治教育理论课

---

① 参见教育部:《关于高校思想政治工作质量提升工程实施纲要》,教党[2017]62号。

程,实现因人而异、因材施教,从而尽可能地创设现实生活语境,将其与高校大学生的实践生活相融合,以便提高高校思想政治教育工作实践的针对性和有效性。

第三,构筑育人载体的立体化。在开放式的思维习惯和生活方式多元化的环境下,高校思想政治教育者要积极主动构建全方位的育人载体,这样高校思想政治教育者才能时刻把握思想政治教育的主阵地。高校思想政治教育活动要发挥课堂主渠道作用,大力增强课堂教学的吸引力,进而提升思想政治教育效果;要促进高校思想政治教育的共享性、协作性和公平性,必须建立大学生参与学校日常事务的民主参与机制,以便畅通高校师生交流互动平台;要提供立体式、多样化的思政教育活动载体,打造全员育人的思想政治教育实践育人氛围;要巩固党在意识形态领域的主导权,高校思想政治教育者就得主动占领微信、微博和 QQ 等新媒体的舆论高地;思想政治教育工作者要发挥对学生自媒体的规范运行导引作用,搭建学生自我育人平台。

第四,变"思政课程"为"课程思政",实现育人网络的全员化。首先,要重视高校思想政治理论课以外课堂的育人功能,变"思政课程"为"课程思政",将高校专业课教师纳入思想政治教育队伍中,在专业课教师传授科学知识的同时融入思想政治教育内容。思想政治教育队伍的扩大,主体间互动机会增多,有助于提升高校思想政治教育育人实效。其次,将思想政治教育活动延伸到高校课堂外的校园生活中,使高校大学生在校园生活中潜移默化地接受思想政治教育内容,努力实现全程育人、全方位育人、全员育人。

在高校思想政治教育课堂教学中,变"思政课程"为"课程思政"。教育者与受教育者之间情感与思想上的信息传递是双向性的。教育者对受教育者传授理论知识,实现知识共享;教育者对受教育者传递价值观念,达成价值共识;教育者对受教育者的传递与传授过程伴随着情感沟通互动,可以加深师生共情。将高校思政教育延伸至专业教学的课堂中,通过专业课教师自身的个人魅力和言传身教影响高校大学生的思想和价值观念。目前我国高校的专业课程较多,开课时间较长,因此很多专业课教师会频繁和学生见面,专业课教师与学生沟通交流互动的机会也增多,更有利于传递理想信念和价值观念。

在高校课余生活中,学生要经常与图书馆老师、食堂教工、宿管老师和教务老师等教职员工打交道,高校大学生与教职员工必要性沟通是不可避免的。比如大学生选择选修课程时会与教务老师沟通、借书时需要与图书管理员沟通等,这些沟通内容都是高校大学生的日常事务且不可避免。如果将这些高校教职员工也纳入高校思政教育者的队伍中,有利于推动形成协同育人模式,既拓宽了师生间互动范围,又能够在互动沟通中渗透思想政治教育思想。

第五,创新协同机制,保障主体间良性互动。高校思想政治教育需要创新协同机制,实施多种考核办法并举,完善思想政治教育指导机制和激励机制,让高校师生之间的互动成为常态,以大力促进教师与学生之间在生活和思想上进行良性互动。其一,高校思想政治教育现行考核办法中仅明确规定了辅导员与学生之间的沟通,对于其他教师并未作明确规定。其二,在高校辅导员考核办法中,虽然针对辅导员对所负责范围内的大学生进行深度辅导的频率都有明确规定,但是构建高校协同模式需构建长效机制。因此,现行的高校考核办法尚不能很好地满足创新协同机制的需求。这就对高校考核办法提出现实诉求,在主体间性协同育人模式的理念指导下,依据高校思想政治教育自身的实际情况对考核办法进行创新,构架高校教师与学生平等良性互动环境,进而逐步增进教育参与者之间的了解、理解和尊重。完善高校思想政治教育工作指导机制,让高校教师准确把握应如何实现潜移默化地影响学生,如何将理想信念、社会主义核心价值观高效愉悦地传递给受教育者。完善高校思想政治教育激励机制,提高教育参与者双方互动的积极性有效性,让双方互动成为常态,敞开心扉,倾听了解对方,诉说表达自己,在高校教师与学生的互动过程中捕捉到彼此较真实、有效的信息。

第五章　高校思想政治工作内容协同

　　党的十八大以来,我国高校紧紧围绕培养什么人、怎样培养人、为谁培养人这一根本问题,全面加强党对高校工作的领导,坚持立德树人,加强高校思想政治工作,推进高校教育改革,加快补齐高等教育短板,使我国的高等教育质量取得了比较大的提升。高校要高度重视思想政治工作,完善思想政治工作体系,不断创新思想政治工作内容和形式,教育引导大学生形成正确的世界观、人生观、价值观,增强中国特色社会主义道路、理论、制度和文化自信,确保大学生成为社会主义合格建设者和可靠接班人。高校思想政治工作内容既要注重理论和实践,又要注重形式和内容有机统一。

第一节　高校思想政治工作内容的原则与核心

　　习近平总书记指出:"宣传思想工作是做人的工作的,要把培养担当民族复兴大任的时代新人作为重要职责。重中之重是要以坚定的理想信念筑牢精神之基,坚定对马克思主义的信仰,对社会主义和共产主义的信念,对中国特色社会主义道路、理论、制度、文化的自信。要强化教育引导、实践养成、制度保障,把社会主义核心价值观融入社会发展各方面,引导全体人民自觉践行。……要大力弘扬时代新风,加强思想道德建设,深入实施公民道德建设工程,加强和改进思想政治工作,推进新时代文明实践中心建设,不断提升人民思想觉悟、道德水准、文明素养和全社会文明程度"。① 习近平总书记的讲话

---

　　① 习近平:《论党的宣传思想工作》,中央文献出版社 2020 年版,第 340—341 页。

充分表明了提升新时代思想政治工作实效的可能性、方向性和旗帜性,也为新时代思想政治工作的开展提供普遍意义上的有效引导。进入新时代,高校要以培养全面发展的人为己任,筑牢理想信念,引导青年大学生深刻领悟"两个确立"、自觉增强"四个意识"、坚定"四个自信"、做到"两个维护",培养堪当大任的时代新人。

一、思想政治工作内容的重要性

当前国际竞争空前激烈,对技能型人才的需求更加迫切。在全国教育大会上,习近平指出:"大力办好职业院校,坚持面向市场、服务发展、促进就业的办学方向,推进产教融合、校企合作,培养更多高技能人才。"[1]伴随着《中国制造2025》的实施和"十四五"规划的出台,高等教育的高质量发展,必将为全面建设小康社会提供新活力,而高级技术人才的培养则为推动全面建设社会主义现代化强国提供"质"的可能。

高校肩负着培养社会主义合格建设者和可靠接班人的任务。从培养过程来看,"产学研"模式、"订单型"模式和"复合锻造"模式等是高级技术人才培养的主要模式,这些模式是对传统人才教育培养模式的创新,有效提升了技术人才的实践能力,不仅突出了高校培养高级技术人才的作用,也为高校专业建设、课程设置以及教学内容和教育模式的改革提供了创新性思路和可行性路径。但这些新模式在实际运用过程中,由于过分注重学生实际技能的培养,而忽略了学生思想素质、道德素质和持续发展能力的培养,在某种程度上也弱化了高校的"立德树人"功能。习近平总书记指出:"要大力弘扬时代新风,加强思想道德建设,深入实施公民道德建设工程,加强和改进思想政治工作,推进新时代文明实践中心建设,不断提升人民思想觉悟、道德水准、文明素养和全社会文明程度。"[2]习近平总书记还强调:"我们的高校是党领导下的高校,是

---

① 习近平:《坚持中国特色社会主义教育发展道路 培养德智体美劳全面发展的社会主义建设者和接班人》,《人民日报》2018年9月11日。
② 习近平:《论党的宣传思想工作》,中央文献出版社2020年版,第341页。

中国特色社会主义高校。办好我们的高校,必须坚持以马克思主义为指导,全面贯彻党的教育方针。要坚持不懈传播马克思主义科学理论,抓好马克思主义理论教育,为学生一生成长奠定科学的思想基础。"①习近平总书记的这段讲话深刻表明了新时代高校思想政治工作的必然性,为新时代高校思想政治工作提供了必要的、有效的、针对性的策略导向和优化方向。因此,高校必须全面落实立德树人根本任务,既要注重大学生职业技能的教育,又要重视大学生人文素养培育,推进大学生"德智体美劳全面发展",为全面建成社会主义现代化强国培养合格人才。

总体而言,高校作为教育人培养人的场所,不仅是单一的就业型的培训机构,也不仅会培养单一化的重复劳动的"工具人",而更是塑造富有完整健康人格和稳定健康心理的符合社会主义现代化事业人才的重要阵地。因此,高校思想政治教育已成为高等教育的重要教育内容,是党的思想政治工作和社会主义精神文明建设的重要组成部分。

二、思想政治工作内容坚持的原则与要求

为了适应新时代高校思想政治工作的需要,高校思想政治工作内容必须遵循相关基本原则,响应"新时代"要求。

(一)思想政治工作内容坚持的原则

一是教育内容的思蕴性与知识性相统一。一方面,思想政治工作的本质是做人的工作,这就决定了思想政治工作必须坚持正确的思想性。高校思想政治教育工作必然为发挥高校的技能传授、技能应用以及知识物化职能而服务,为塑造实践应用与道德素养相融洽的全面发展的合格人才而服务。因此,高校思想政治教育必须依靠马克思主义科学思想来培养人、塑造人,把学习、贯彻、运用习近平新时代中国特色社会主义思想,作为目前以及将来高校思想政治教育工作的核心主题和关键目标。另一方面,有效把握知识科学性的真

---

① 习近平:《论党的宣传思想工作》,中央文献出版社 2020 年版,第 376 页。

正内涵是提高思想政治教育工作感染能力和战斗能力的重要前提。从目前来看,高校大学生的思想理念相对活跃,渴求知识的学习和积累,特别注重知识的逻辑性、学理性,因而在进行思想政治教育中必须坚持思想政治教育与技能知识教育相统一,必须与高校大学生的持续生涯发展计划和职业生涯计划相融合,有针对性地提高学生的知识技能水平和思想道德素质,从而有效增强高校大学生的综合素质。

二是内容的历史性与当代性相统一。长期以来,我们党在革命、建设、改革和新时代的伟大实践中非常重视思想政治教育工作,也积累了大量有价值的经验。高校的思想政治教育工作应该认真总结和继承蕴含在党的优良传统中的思想政治工作经验。与此同时,思想政治教育工作也要注重当代性,高校要紧抓时代脉搏,依据新形势、新情况不断增添思想政治教育工作新内容。

三是内容的学理性与实践性相统一。把握思想政治教育工作的学理性,即必须贴近高校学生思想政治教育和技能应用教育。而把握思想政治教育工作的实践性,则必须以符合现实、对接实践、融合实际为出发点,主动发挥高校思想政治教育工作的引领、引导、引聚功能,积极帮助高校学生消除学业和生活中的种种现实困难。

四是内容的普遍性与个体性相统一。从管理学的角度来讲,基于人本理念中的"人",一方面涵盖管理客体角色的"人",另一方面涵盖管理主体角色的"人",同时也涵盖个体的"人"、群体的"人"、组织的"人"甚至社会的"人"。基于该理论机理的分析,高校学生思想政治教育工作的目标体系,既应涵盖教职工群体,也应涵盖学生群体。所以,思想政治教育工作必须始终坚持一般教育与个别教育相统一,尤其是在个体性教育上采取针对性策略,始终因地制宜地、有系统地进行思想政治教育工作。

(二)思想政治工作内容协同要求

新中国成立以来,高校大学生思想政治教育的内容在体系优化过程中,不单单获得了突出的成果,也累积了一定的经验启示。正如邓小平所强调的:

"历史上成功的经验是宝贵财富,错误的经验、失败的经验也是宝贵财富。"①所以,长期以来获取的经验启示不单单有利于教育主体对思想政治教育相关内容和发展规律的认知,同时对教育内容不断优化和持续发展也存在强烈的现实导向和启示价值,这要求我们必须系统归纳和整体吸收。

1. 坚定方向是高校思想政治教育内容的根本立场

高举马克思主义伟大旗帜,坚定社会主义方向,是社会主义发展建设的根本性前提,这关系人才归属立场和人才基本定位的关键问题,关乎高校培育人才的路径选择问题。高校大学生思想政治教育所存在的教育内容相关问题,关乎社会主义办学方向,关乎社会主义事业的建设者和接班人的培育,关乎教育的根本立场和规范原则,这是高校思想政治教育主体必须明晰和认清的核心性问题。高校大学生思想政治教育内容的现实性实践,启示我们必须高举马克思主义的旗帜,明确坚定社会主义方向,突出体现社会主义的方向、道路和制度在高校思想政治教育内容中的地位,如果在教育内容中忽视了这一问题,新时代高校的功能和意义也将受到阻碍和迟滞。

新中国成立以来,高校学生思想政治教育内容的现实实践显示,高举旗帜,坚定方向,是高校大学生思想政治教育内容的首要前提。第一,高举马克思主义旗帜,构筑强化马克思主义在我国的指导地位。持续构筑强化马克思主义在高校学生思想政治教育中的指导地位,并把马克思主义不断落实于高校学生思想政治教育的教材体系、教学体系、课程体系、技能实践中去,发挥马克思主义在塑造人格、指导实践的现实引导作用。第二,坚定高校的社会主义发展方向,真正落实党的教育指导纲领,始终牢记高校大学生思想政治教育内容为社会主义建设而服务。坚定社会主义方向不动摇,做到对党的指导方针的根本落实,这是社会主义办学方向的重要前提,高校必须始终把坚持正确的政治方向作为工作重心和出发点。第三,党和国家始终高度重视高校思想政治教育内容的发展,不断强化内容上的引导和完善。新中国成立初期,党和政

① 《邓小平文选》第三卷,人民出版社1993年版,第234—235页。

府不断发展高校思想政治理论课的相关内容,主动进行"五爱"教育。社会主义过渡时期,在高校日常思想政治教育工作和周期性政治运动过程中,党和国家均主动给予了及时的指导。十一届三中全会以来,高校大学生思想政治教育的课程内容修订、教材内容体系规范更加科学化和针对化,教育内容也与时俱进。历史与实践表明,高举马克思主义旗帜,坚定社会主义这一办学方向,是高校思想政治教育内容不断发展的重要经验。

2. 创新发展是高校思想政治教育内容的理论要求

恩格斯曾指出:"我们的理论是发展着的理论,而不是必须背得烂熟并机械地加以重复的教条。"①这段话突出地表现出以历史条件为转移的重要性。受制于受众广泛、影响因素多元以及环境形势复杂等多重要素,高校学生思想政治教育内容的发展必须与时俱进。从现实角度讲,新中国成立以来,教育内容发展演化的历史现实告诉我们,由于国内外环境的变化,高校学生思想政治教育内容也随之发生对称性的变化。现实进程中的每一次教育内容的变化均说明马克思主义始终坚持以历史条件为转移,表露出其自身的动态性和价值性,而且在持续的进步和发展中不断提升其自身的说服力。所以,高校思想政治教育的内容也在不断进行调整,并伴随着环境的大变化不断动态性发展,这展现出其革故鼎新、创新发展的鲜明的理论要求。

高校大学生思想政治教育内容的创新发展深刻地体现在下述两方面:一方面,中国特色社会主义理论体系是高校学生思想政治教育内容的重要源泉和时代体现。顾海良认为:"发展的马克思主义是建立在马克思主义基本原理和当今时代相结合基础上的理论,是将马克思主义的科学原理与科学精神有机结合起来的理论。"②新中国成立以来,高校大学生思想政治教育的内容并非固定不变,而是处于连续动态的调整、发展、变化之中。高校大学生思想政治教育内容的不断变动与党在思想理论上的重大成果和发展保持关联,高校大学生思想政治教育内容的每一次完善均积极主动地学习、吸收和贯彻党

① 《马克思恩格斯文集》第 10 卷,人民出版社 2009 年版,第 562 页。
② 顾海良主编:《高校思想政治理论课程建设研究》,经济科学出版社 2009 年版,第 62 页。

的最新理论成果,体现了内容的动态性和科学性,彰显了革故鼎新的理论要求。另一方面,高校大学生思想政治教育内容自觉地顺应和紧随时代进步的总体态势。尽管在发展过程中遇到了一些问题和挫折,但从整体发展态势上来讲,高校大学生思想政治教育内容始终把握住了时代特征和时代走向,体现出了马克思主义的根本要求,表达出了立足于实际国情、世情的教育内容,并驱动了教育内容的创新进步以及教育内容的丰富创新。

3. 服务国家是高校思想政治教育内容的重要任务

新中国成立以来,高校大学生思想政治教育内容虽然一直处于丰富、调整与变化之中,但深究其内在逻辑和核心内核,我们发现,高校大学生思想政治教育内容虽然在阶段性上的聚焦点有所不同,但却在每个阶段都与党和国家主要任务保持了内在的对接性和一致性,始终为国家发展服务,满足国家发展的不同阶段性需要。

新中国成立伊始,党和国家的关键任务是新生政权的维持和社会秩序的稳定,不断促进国民经济平稳恢复、完成社会主义的五年计划以及社会主义改造。基于上述任务目标,高校大学生思想政治教育努力进行以"五爱"为主题的培育,改变高校传统的和历史的政治心理,消除错误性的政治观念,从心理层面增强对新生政权的认同感,并"提高学生的社会主义觉悟,培养学生的马克思主义世界观和共产主义道德品质"[1]。而在 1952 年末,党和国家提出了过渡时期的总路线,高校大学生思想政治教育的内容也随之从新民主主义教育向社会主义教育进行过渡和变化。

改革开放以来,高校大学生思想政治教育内容始终围绕"一个中心、两个基本点"的总路线在内容上进行转变与调整,主动服从和服务于党工作重心的转移。由于任务关注点和侧重点的转移,思想政治教育内容也需要为我国当时的经济建设进行理论阐释和服务,主动地承担理论解释、宣传基本路线等任务。之后,"思想政治教育内容的重点是坚持开展'四项基本原则'的教育,

---

① 　教育部社会科学司:《普通高校思政治理论课文献选编(1949—2006)》,中国人民大学出版社 2007 年版,第 20 页。

重新树立起人们对社会主义道路和中国共产党的信念,切实抵制资产阶级自由化的思潮"。① 新时代,我国进入高质量发展阶段,在政治、经济、文化、社会、生态文明各领域获得了突飞猛进的发展,取得了历史性成就和历史性变革,高校大学生思想政治教育内容也随之发生了变化。中共中央、国务院《关于新时代加强和改进思想政治工作的意见》(以下简称《意见》)立足第二个百年奋斗目标的新起点,科学规定了新时代思想政治教育内容,赋予思想政治教育内容新的时代内涵,给新时代思想政治教育提出了更高的要求。总体而言,新中国成立以来,我国社会发展的每一个历史阶段,党和国家的中心任务和工作重点都在发生着变化,而每一阶段的工作中心点的转变又主导着高校思想政治教育内容的转变和发展,这让教育内容在不同时期做出与时俱进的变化,即摒弃片面的、错误的内容,增添发展的、正确的内容,以服从和服务党的中心任务。质言之,党和国家不同时期目标侧重点的变化使高校大学生思想政治教育内容在任务和方向上发生转变。

4. 理论联系实际是高校思想政治教育内容的根本原则

"正确的理论必须结合具体情况并根据现存条件加以阐明和发挥。"②在高校思想政治教育过程中,一方面,教育内容所针对的对象是青年学生,由于学生的认识存在差异性,不同年级和专业的学生在学识水准、价值品格、心理健康程度等方面存在差异,所以思想政治教育内容也要结合学历、专业等的差异进行合理的课程设计和教育安排;另一方面,高校大学生思想政治教育内容立足于各项实践活动,在实践中明晰发展的目标和追求,达到理论指导、联系实践。因此,高校思想政治教育内容发展也必然体现理论联系实际这一规律。

第一,高校学生思想政治教育内容必须围绕社会实践的变化而不断变化,从而使教育内容能够主动适应社会发展的需要。新中国成立后,高校学生思想政治教育内容始终立足于国内外环境形势的动态变化,采取针对性策略增强思想政治教育内容的实效性。在新中国成立初期,由于敌对势力造成的政

① 孙其昂:《思想政治教育现代转型研究》,学习出版社 2015 年版,第 252 页。
② 《马克思恩格斯全集》第 47 卷,人民出版社 2004 年版,第 35 页。

治孤立与经济封锁和国内发展相对缓慢的现状,高校大学生思想政治教育始终围绕社会发展实际,进行了以马克思主义理论为中心内容的教育,旨在提升青年学生的马克思主义阶级理论素养以及为工农服务思想。在社会主义过渡时期,过渡时期的总路线成为当时高校大学生思想政治教育的基本内容,主要进行了对过渡时期总路线的宣传教育,并揭露资本主义思想的本质,有效增强了青年学生对社会主义的正确认知。随后,在改革开放时期,基于资产阶级腐朽文化和理念的侵蚀以及市场经济活动存在的局限性及其消极影响,高校大学生思想政治教育主动开展了以弘扬集体主义、社会主义为中心内容的主旋律教育等相关内容教育。新时代思想政治教育内容体系,既包括政治理论教育、理想信念教育、社会主义核心价值观教育,又包括"五史"和形势政策教育、社会主义法治教育、防范化解重大风险宣传教育,最根本的就是要用习近平新时代中国特色社会主义思想武装头脑、铸魂育人。

第二,切实立足于各项实践活动开展教育,以达到理论指导、联系实践,从而在实践中明晰发展的目标和追求。同时,坚持理论联系实际的原则,深刻体现我国思想政治教育内容的经验积累和教训总结。新中国成立之初,掣于当时国内外环境形势的影响,我国高校大学生思想政治教育内容的发展一度存有苏联模式的影子,甚至带有明显的苏联色彩。实践证明,这条以模仿、套用苏联模式的道路尽管在特定阶段内发挥了一定的教育功效,但最终因为国际环境的不确定性以及与当时国情的不适应性,而僵化迟滞了我国高校大学生思想政治教育内容的发展。我国高校大学生思想政治教育内容的发展,应依据经济、政治、文化、社会、生态文明五位一体的发展现状和受教育者的实际文化水准,合理安排教育内容。进入新时代,我们必须深入学习贯彻习近平新时代中国特色社会主义思想,将其作为我们思想政治教育的主要内容,推动理想信念教育常态化制度化,培育和践行社会主义核心价值观,加强党史、新中国史、改革开放史、社会主义发展史、中华民族发展史和形势政策教育,加强社会主义法治教育,广泛开展防范化解重大风险宣传教育。因此,高校大学生思想政治教育内容的发展,必须始终贯彻理论联系实际这一根本原则。

5.马克思主义理论是高校思想政治教育内容的核心统领

从高校思想政治教育内容的发展历程来看,马克思主义理论始终是高校学生思想政治教育内容的重要组成部分,虽然对马克思主义理论的学习在某些时期出现一定程度的偏差,但其作为教育内容的基础构成是应该被肯定的。在一定程度上讲,高校大学生思想政治教育内容是以马克思主义基本原理及其中国化时代化的创新理论为统领而进行内容设计,并在上述基础上构筑了系统性的教育内容。

第一,始终把马克思主义理论放在核心引领位置,使其成为教育内容的纲领和旗帜。通过正面的体系性理论灌输和日常思想政治教育等多种形式针对教育对象开展完整的马克思主义理论教育,使青年学生形成对这一理论的真正认知,把握理论的价值指向,提升青年学生的马克思主义理论素养,并以此为前提,助推青年学生明晰人类社会发展的基本规律等,坚定马克思主义信仰不动摇。

第二,中国化马克思主义是思想政治教育的时代性、价值性内容。基于对我国不同时期教育内容的回顾,我们可以看出,高校大学生思想政治教育内容变化与党在思想理论上的重大创新成果贯穿于教育内容之中,有侧重地对党的基本理论、路线和传统以及对党和国家重大方针政策和决策进行教育,有效引导青年学生认清国情世情,理解党和国家的基本政策,坚定坚持走中国特色社会主义道路的决心和信心。

第三,科学系统运用好马克思主义基本原理问题是高校大学生思想政治教育的重要内容。学习马克思主义理论,最终还要贯穿于实践过程中。高校大学生思想政治教育在内容上鲜明地体现了这一特点,并以此为中心开展有关教育工作。质言之,高校大学生思想政治教育始终坚持以马克思主义理论为指导,体现着马克思主义的神圣光芒。

三、思想政治工作的主体内容

(一)思想政治理论课教育

"高等学校思想政治理论课是大学生思想政治教育的主渠道。思想政治理论课是大学生的必修课,是帮助大学生树立正确世界观、人生观、价值观的重要途径,体现了社会主义大学的本质要求。"这一表述充分体现了思想政治理论课在高校思想政治工作中的主体性地位。在高校思想政治工作中,思想政治理论课对学生德、智、体、美、劳的全面发展具有重要作用。作为高校立德树人的重要教育形式,思想政治理论课承载着高校思想政治工作的主体内容。总的来说,思想政治理论课教育主要包括以下四个部分:

其一,思想教育。思想教育主要聚焦于高校大学生的价值理念和理想信念。具体来讲,思想教育涵盖两个维度,一是认识论教育,二是方法论教育。从认识论来讲,思想政治理论课的目标是要形成马克思主义视角对世界的科学认知;从方法论的角度来讲,运用辩证唯物主义和历史唯物主义,引导青年学生学会理论结合实践,从而培养具备正确的世界观和方法论的理论型人才、实践型人才,实现高校大学生的全面综合提升。

其二,政治教育。政治教育主要是指对高校大学生进行政治立场、政治态度、政治信仰等方面的教育传授,内容主要集中于毛泽东思想和中国特色社会主义体系概论课、思想道德与法治、形势与政策课与中国近现代史纲课等课程中。具体来讲,政治教育主要包括以下几个方面:一是党和国家的基本路线、方针、政策教育,目的在于引导青年学生坚定政治立场,树立正确的政治信仰;二是爱国主义教育,培育青年学生的民族情感和凝聚力;三是公民教育,增强青年学生学会主动行使和保护权利的能力,提高政治生活参与度;四是形势与政策教育,如对外政策、人类命运共同体、国际发展趋势等。

其三,理论教育。理论教育主要是指进行马克思主义理论及相关政治知识的传授。相较于高校日常思想政治教育,高校思想政治理论课教育主要是通过课堂教授、理论传授来进行的。而且,理论教育是高校思想政治理论课教育的核心内容,思想政治理论课上所传授的整体性的知识原理均为理论性教育内容。作为高校思想政治理论课教育的核心内容,理论教育有其自身的独特之处:一是支撑性,理论教育为思想教育、政治教育、道德教育、法律教育的开展提供基础性前提;二是引领性,理论教育为其他教育的开展提供统筹导向。

其四,道德教育和法律教育。道德教育主要是关于核心价值观念、思想品德规范等方面的教育,而法律教育,则致力于提升高校大学生的法治观念,学习且在实际生活中依法行事,并在个人权益受到侵害时学会主动运用法律维护个人的合法权益。总的来讲,上述二者的主要内容主要分布在思想道德与法治课程中。

(二)日常思想政治教育

1.日常思想政治教育的核心内容

日常思想政治教育的核心内容是最重要的基础性内容,旨在向学生传递社会所希望的价值理想、政治信仰、规范要求,加强日常思想政治教育核心内容的教育是任何历史时期的基本要求。

(1)以理想信念教育为核心的理念教育。邓小平曾指出:"为什么我们过去能在非常困难的情况下奋斗出来,战胜千难万险使革命胜利呢?就是因为我们有理想,有马克思主义信念,有共产主义信念。"①习近平总书记也多次强调理想信念教育的重要性。他指出:"广大青年要坚定理想信念,志存高远……在为人民利益的不懈奋斗中书写人生华章!"②以理想信念为核心的世界观、人生观和价值观教育是日常思想政治教育的主体内容之一,高校日常思想政治教育必须把其居于首要位置。高校开展学生思想政治教育,能有效增强对新时代发展的系统认知,认识到只有在中国共产党领导下才能实现"两个一百年"奋斗目标。而且,在党的领导下,高校要"关心和爱护青年,为他们实现人生出彩搭建舞台"③,从而为青年学生的理想信念教育构筑有力的现实支撑。

---

① 《邓小平文选》第三卷,人民出版社1993年版,第110页。
② 习近平:《决胜全面建成小康社会　夺取新时代中国特色社会主义伟大胜利——在中国共产党第十九次全国代表大会上的报告》,人民出版社2017年版,第70页。
③ 习近平:《决胜全面建成小康社会　夺取新时代中国特色社会主义伟大胜利——在中国共产党第十九次全国代表大会上的报告》,人民出版社2017年版,第70页。

（2）以爱国主义为重点的民族精神教育。习近平总书记在北京大学师生座谈会上强调："爱国，是人世间最深层、最持久的情感，是一个人立德之源、立功之本。……我们常讲，做人要有气节、要有人格。气节也好，人格也好，爱国是第一位的。我们是中华儿女，要了解中华民族历史，秉承中华文化基因，有民族自豪感和文化自信心。要时时想到国家，处处想到人民，做到'利于国者爱之，害于国者恶之'。爱国，不能停留在口号上，而是要把自己的理想同祖国的前途、把自己的人生同民族的命运紧密联系在一起，扎根人民，奉献国家。"①

在全球化发展过程中，由于国内外敌对势力的和平演变和思想渗透，部分青年对西方的所谓的"普世主义"和"民主价值"还存在一定的幻想，无法有效认清西方的意识形态渗透这一本质，对爱国主义、民主精神以及中国特色社会主义的认同和情感亟待加强。面对这一客观现实，习近平总书记强调，"要教育引导学生正确认识世界和中国发展大势，从我们党探索中国特色社会主义历史发展和伟大实践中，认识和把握人类社会发展的历史必然性，认识和把握中国特色社会主义的历史必然性，不断树立为共产主义远大理想和中国特色社会主义共同理想而奋斗的信念和信心；正确认识中国特色和国际比较，全面客观认识当代中国、看待外部世界"②。必须主动把爱国主义教育与马克思主义教育紧密结合，促使高校大学生投身于新时代中国特色社会主义的伟大实践中去，在国家和民族发展中不断提高和升华，培育富有爱国情怀和创新精神的高级人才，并持续发扬以爱国主义为核心的民族精神和以改革创新为核心的时代精神。

（3）以基本道德规范为基础的公民教育。从全球范围来看，公民教育具有普遍性，"在道德和宗教教育方面，国际理解教育的教学应该直截了当，清晰明确，并强调人类团结的道德基础。其目的在于培养一种对他人的道德情感和社会责任感，一种为共同利益而行动的愿望以及致力和平的决心。科学

---

① 习近平：《在北京大学师生座谈会上的讲话》，人民出版社2018年版，第11—12页。
② 《习近平谈治国理政》第二卷，外文出版社2017年版，第377—378页。

和哲学的教学应该有相同的目标"①。

　　高校大学生日常思想政治教育作为实践性、操作性较强的思想政治教育形式,应该在加强以基本道德规范为基础的公民教育这一层面作出贡献,也应将其作为自身的重要组成部分。从具体内容来讲,高校日常思想政治教育中的公民教育应包括以下几个方面:一是高校大学生的社会公德教育。要着重倡导以爱国、敬业、诚信、友善为主要内容的核心价值观,引导青年学生在接受教育过程中走向社会化、成熟化。二是高校大学生的职业道德教育。要引导青年学生做一名积极的国家建设者和社会贡献者,引导增强自身的社会责任感和使命感。三是高校大学生的家庭美德教育。要倡导中华民族优秀传统文化,引导青年学生增强对家庭的责任感。

　　(4)以高校大学生综合提升为旨向的素质教育。习近平指出:"'国势之强由于人,人才之成出于学。'培养社会主义建设者和接班人,是我们党的教育方针,是我国各级各类学校的共同使命。"②就高校而言,促进学生德、智、体、美、劳全面发展是高校日常思想政治理论的重要目标。因此,首先必须提升高校学生的基本人文素养,培育提升高校学生的思想政治理论素养,"培养社会发展、知识积累、文化传承、国家存续、制度运行所要求的人"③。其次,高校应加强技能应用和科学创新素质教育,重点挖掘高校的创新思维,培养敢于设想新方法、新思路的时代青年。通过举办竞争性的数据建模、科技实践等创造性活动,让高校大学生积极依靠物质技术及相关工具等载体,引导其创新理念思维方式的具体形式,提升实践创新能力。最后,关注高校大学生的身心素质教育。高校可以通过有针对性的辅导教育以及开展丰富多彩的实践活动对学生进行心理健康教育,并主动提升上述活动的实效性和可行性。

---

　　① 赵中建:《全球教育发展的历史轨迹——联合国教科文组织国际教育大会建议书专集》,教育科学出版社 2005 年版,第 2 页。
　　② 习近平:《在北京大学师生座谈会上的讲话》,人民出版社 2018 年版,第 5 页。
　　③ 习近平:《在北京大学师生座谈会上的讲话》,人民出版社 2018 年版,第 5 页。

2. 日常思想政治教育的实践性内容

高校日常思想政治教育的核心性内容在微观具体层面的进一步拓展,相对而言,较为侧重高校大学生的实际生活,带有鲜明的实践性特征。高校实践性日常思想政治教育的目的,是要提高广大青年学生在实际技能运用和学习生活中的创新创业能力。

(1)提高就业观和创业观教育。高校日常思想政治教育的关键目标在于引导高校大学生形成正确的世界观、价值观和人生观,而就业观、创业观则是前三者的在职业认知上的具体体现。目前就业市场上的高素质技能型毕业生的数量大幅度增加,就业问题已成为焦点问题。所以,高校日常思想政治教育应将就业观、创业观教育纳入其内容体系当中。

进行就业观教育,不仅要引导高校大学生做好职业生涯规划,转变就业观念,直面初次就业的失败感,有效解决就业压力,更要让青年学生看到就业的本质,实现能力角色与岗位需求之间的有效衔接,培养多元复合型人才。

进行创业观教育,关键在于使高校大学生深刻认知创业对于今后人生的意义,让其明白创业是其自我提升、自我满足的需要,是青年学生实现自我价值的最优选择,在这个过程中,要增强高校大学生对自主创业的风险、困难、成本和可行性的系统认识,强化个体进行创业所具备的坚强意志。

(2)提高心理健康教育。"教育的主要活动是在心理和心理—生理现象的领域内进行的。"[①]而对于高校来讲,日常思想政治教育就要关注学生个体在心理层面上的健康教育,把心理健康教育作为培养高素质人才的重要组成部分,引导高校大学生掌握健康的心理优化方法与策略,有效摆脱和消除心理亚健康以及心理异常等状况,形成自尊、自信、自爱等健康的心理品质。具体来讲,主要依靠以下三个方面:一是基于互动心理层面的教育,提高大学生正确处理复杂人际关系的水平,让学生懂得尊重人、关心人和信任人;二是基于学生个体心理的培育,让高校大学生正确认知自我,形成开放豁达、坦然自若

---

① 佘双好:《心理健康教育何以成为思想政治教育研究的领域》,《马克思主义研究》2007年第3期。

的、积极的生活态度;三是基于健康心理层面的培育,让青年学生学会心理调适,增强其心理适应能力。

(3)提高闲暇教育。马克思深刻指出,"时间实际上是人的积极存在,它不仅是人的生命的尺度,而且是人的发展空间"。近代社会发展过程中,一些发达国家能够认识到"闲暇"的重要性,尤其注重对"闲暇"的合理支配与"价值性"使用。

高校应着重从三个方面进行闲暇教育:一是侧重利用高校大学生的闲暇时间组织和开展形式多样的活动来培养其技能兴趣和道德素养;二是依靠闲暇时间组织青年学生进行知识和理论的学习和积累;三是引导高校大学生利用闲暇时间参加相关的有助于提高其能力和技巧的有益活动,以期增强高校大学生的闲暇生活质量。

3. 日常思想政治教育的时代性内容

高校时代性内容主要是基于历史条件变化为序所产生的新的内容,其内容目标在于把握和实践创新的教育内容,这些内容也是高校日常思想政治教育的重要内容之一。在实现第二个一百年伟大目标的鼓舞下,高校日常思想政治教育应该对青年学生侧重于生态道德教育、网络伦理教育、生命观教育等。

(1)生态道德教育。生态建设是我国五位一体建设的重要组成部分,生态道德一方面凸显了人和自然的伦理关系,另一方面折射出人与人之间的伦理关系。在高校开展生态道德建设及相关教育实践,有利于增强高校大学生生态道德观的有机性和系统性,关系到新时代广大青年的可持续发展,关系到"美丽中国"建设,更关系到中华民族伟大复兴中国梦的实现,是新时代我国社会道德建设的重要任务。

在高校日常思想政治教育中必须加强生态道德意识培育。首先,可以借助生态道德类慕课、思想政治类社团和志愿服务等活动形式,引导高校大学生形成关于生态文明方面的正确的自然观、道德观以及可持续发展观。其次,必须加大高校大学生生态道德教育力度,鼓励学生养成尊重自然、顺应自然、保护自然的理念。最后，要加大高校大学生关于生态道德的常识教育力度，强调生态道德层面的能力培养。

（2）网络伦理教育。互联网技术的迅速发展深刻影响和改变了当今人类社会的生活模式，互联网技术所衍生出来的网络及相关电子产品，已逐渐成为当代大学生社交的重要载体。网络新媒体在为高校大学生学习和生活提供大量便利的同时，也为其心理道德的培育增添了难度。在全球网络互联背景下，青年学生的思想道德观念参差不齐；人格观念扭曲变态趋向加重；对西方所谓的普遍价值观以及社会性道德行为规范等充满幻想……高校大学生思想政治教育过程中所出现的问题，也要求必须加强网络伦理教育。

网络伦理教育是思想政治教育的重要组成部分，高校日常思想政治教育将网络伦理教育纳入思想政治教育内容，要引导青年学生形成可认同的核心价值理念，有效提升网络道德层面的认知水准，构筑强大的网络互动辨识心理，培育学生们的网络道德自觉，以期摆脱网络杂糅信息的引诱，减除网络违法违规行为次数，从而使高校大学生养成对于网络的独立自主理念、自爱自觉精神，增强可辩可践的能力。

（3）生命观教育。高校要引导学生形成体系化的生命观：一方面，要引导青年学生认识到生命自身所拥有的不可替代性、不可糟践性和不可补救性，引导教育高校大学生真正认识到要尊重生命，不仅要引导教育学生们尊重个体自身的生命以及明晰个体自身的特殊性，构筑强大的心理素质防线，而且要引导教育学生注重其他个体的生命，引导学生们要做到尊重、理解和关心他人；另一方面，要引导学生们做到在人生中感悟生命本身的美好。不仅仅要引导学生们感悟生命的存在意义，还要引导他们感悟生命的独特意蕴，使学生自身拥有一双感悟生命价值意蕴的眼睛。与此同时，还要引导青年学生感悟生命的起伏，使学生能够积极面对人生中的挫折和起伏。

总体而言，高校日常思想政治教育的内容可分为核心性内容、实践性内容和时代性内容，这些教育内容在日常思想教育中的地位和作用也各不相同：核心性内容是普遍性、基础性的教育内容，在整个内容系统中处于纲领性地位，把握着实践性内容和时代性内容的品质和导向。实践性教育内容侧重于增强学生的创新创业能力、社交互动能力以及技能实践能力的培育,带有突出的实践性特征,而时代性教育内容则是强调日常教育与时代进步的衔接与同步。

第二节　高校思想政治工作内容协同实践反思

在高校思想政治工作实践过程中,其内容存在着诸多非协同的问题,比如:思想政治理论课讲授内容与教育目标不匹配,日常思想政治教育与学生发展需要相疏离,日常思想政治教育与思想政治理论课不协调等现象,必须引起我们的共同反思,以提高思想政治工作针对性、实效性。

一、思想政治工作内容协同现状分析

2021 年修订的《中华人民共和国教育法》第六条规定,"教育应当坚持立德树人,对受教育者加强社会主义核心价值观教育,增强受教育者的社会责任感、创新精神和实践能力。国家在受教育者中进行爱国主义、集体主义、中国特色社会主义的教育,进行理想、道德、纪律、法治、国防和民族团结的教育"。这些规定明确了我国高校大学生思想政治教育的基本内容。就当前而言,我国高校思想政治工作内容和效果与教育目标和要求仍存在一定的差距。思想政治教育内容不够完善,存在着理论与实践脱节的现象,针对性和实效性不强,思想政治理论课与日常思想教育活动不协调等现象。

(一)思想政治理论课传授内容与培育目标

高校思想政治教育重在提高青年学生的思想政治理论素养和核心价值理念认知水准,并且与专业技能学习相结合,使得高校的人才培养具有思想性、理论性、知识性、技能性、应用性等特点。

思想政治教育内容空泛枯燥,难以匹配青年学生的培育目标。当前,高校思想政治教育内容突出表现为大而全,但缺乏层次性,并不是循序渐进逐步深入的过程,而且存在理论与实际相脱节的问题。就目前大学思想政治教育内

容而言,过于强调政治理论教育,内容单一且枯燥。对于实践活动,过于注重时事政治教育,而忽视了情感培养和价值引导。

专业知识与思想政治教育融合存有难度。专业课的教与学由于各种公理以及定理的运用,逐渐掩盖了知识本身所蕴含的价值追求,人们逐渐淡忘了学习知识的初衷、价值和意义。专业知识的教学侧重于知识的"求真",而思想政治教育则要求"真善美"的统一。因此,知识领域的"真"如何融入"善与美",如何让社会主义核心价值观贯穿于专业课"求真"的全过程,这将成为课程思政所要面临的首要问题。

高校思想政治理论课教育教学内容体系,存在着育人系统化不强、延续性与突破性衔接不够、教材内容针对性不足等问题,在具体教育过程中,存在高校思想政治理论课教育内容与培育目标不对称、不匹配的现象,影响了高校大学生人文素养的培育效果。

(二)日常思想政治教育与学生发展需要

近年来,高校采取多种措施加强思想政治工作,也取得了一定的成绩,但仍存在着教育过程与学生的发展相脱节的现象。一方面,从教育过程自身来讲,高校在思想政治工作中往往过分注重思想政治理论课教育,而忽视日常思想政治教育这一重要活动形式,而且日常思想政治教育自身往往存在教育活动形式单一、死板、僵化等问题,与高校大学生的实际发展严重疏离,难以为高校大学生的全面发展提供有效动力;另一方面,从教育的层次上来讲,日常思想政治教育必须基于高校大学生的层次差异、专业差异、个体差异等方面有针对性地开展教育。然而在实际的教育过程中,日常思想政治教育缺乏对高校大学生进行个体化、层次化、差异化的培养,一定程度上弱化了日常思想政治教育的实效性和育人性。

(三)日常思想政治教育与思想政治理论课

目前,日常思想政治教育与思想政治理论课不协调的问题具体表现为以下两个方面。一方面,二者的教育队伍不协调。思想政治理论课教育的教师队伍往往是马克思主义学院的专职教师,而日常思想政治教育工作者则往往是党政干部、辅导员、班主任等,二者的隶属和管理部门不同,导致了重视思想政治理论课、忽视日常思想政治教育,重视学生知识性获得、忽视学生综合素质培养,重视专业技能学习、忽视立德树人效果等现象;另一方面,二者的教育目标不协调。思想政治理论课教育以课堂为主渠道对学生进行学理知识的传授,强调中国化时代化马克思主义知识的掌握,而日常思想政治教育则较为注重学生的日常生活状态,运用多样化的实践教育形式增强学生的思想政治理论素养,重点提升学生的凝聚力、团结力等,二者的教育目标也存在差异。由于二者在队伍和目标上的不协调,无法形成系统化的思想政治教育体系,从而出现了教育信息不流通、统筹协同机制不健全、教育内容不系统、教育效果不明显等问题,难以有效发挥日常思想政治教育与思想政治理论课教育的协同效应。

二、思想政治工作内容协同现状评估

我国高校思想政治教育内容之所以会出现传授内容与培育目标不匹配、日常思想政治教育与学生发展需要相疏离、日常思想政治教育与思想政治理论课教育不协调等现象,是因为思想政治教育内容的变化是一个复杂的过程,教育内容与教育目标存在错位性、教育内容缺乏整体协调性、外部环境的差异等都是其主要因素。

(一)高校思想政治教育内容变化

高校思想政治教育内容必须根据我国社会主义建设和改革开放的生动实践不断变动。新中国成立初期,鉴于复杂的国际、国内形势,我国高校思想政治教育内容带有明显的苏联色彩,模仿苏联模式在特定时期内对我国高校思想政治工作发挥了积极意义,但最终因国际环境的变化和我国国情变化而遭废弃。与此同时,这也给我国高校大学生思想政治教育内容的发展提供了经验教训,高校思想政治教育内容必须根据我国"政治、经济、文化、社会、生态文明"五位一体总体布局的战略要求,结合我国的实际国情而进行动态性的调整和完善。正如习近平总书记所强调:"我国有独特的历史、独特的文化、独特的国情,决定了我国必须走自己的高等教育发展道路,扎实办好中国特色社会主义高校。"①总体而言,我国高校思想政治教育内容能够根据我国的国情和实际需要而不断调整,但在探索过程中也表现了一定的复杂性和曲折性。

(二)高校思想政治教育内容定位

高校大学生思想政治教育内容必须与青年学生的个性特点、学习特点和成长特点相符合,反之则会影响教育效果。一方面,受国际局势和历史因素影响,我国高校思想政治教育内容存在错位性,导致高校思想政治教育内容与现实实践脱节,使学生形成对教育内容的抽象、晦涩的错误认知;另一方面,长期以来,片面重视理性、过分强调知识积累的教育观点在我国教育发展过程中一直存在,这容易使学生把高校大学生思想政治教育误解为知识教育,误解为了解和掌握马克思主义及其中国化时代化创新理论的学习、考核、评估过程,这一过程也在不断地考查和考试中得到了验证。总体而言,这种唯知识论让高校大学生思想政治教育脱离现实生活并逐渐空洞化,造成了教育内容契合度低、实效性差等现实问题,不利于思想政治理论工作及立德树人功能的发挥。

(三)高校思想政治教育内容结构

"工业文明的兴起和现代科技工具理性鼎盛导致了一个悖论出现:人们对事物的认识越来越精细的同时全然失去了对整体的认知和把握。"②随着科学技术的不断进步和知识体系的不断细化,人们对客观世界的认识更加精细化、封闭化和碎片化,高校学生专业的不断细化使得学生缺乏对事物的整体认知和把握。高校学生思想政治教育的内容在宏观视域下对整体认知的认识不足,是影响其立德树人效果的重要性因素。高校思想政治教育内容的整体设计难以在微观教育内容、单元教育内容、课程内容重点等方面形成恰当合理的兼容和关联,从而在一定程度上造成不同教育内容之间的孤立,难以形成有机黏合和联结,甚至影响思想政治教育的整体功能效果。因此,必须把高校思想政治教育内容视为一个内容整体,以马克思主义理论视角作为切入点,运用整

---

① 《习近平谈治国理政》第二卷,外文出版社 2017 年版,第 376 页。
② 侯勇:《论思想政治教育系统思维转型》,《思想教育研究》2012 年第 3 期。

体性思维深刻认识和把握教育内容的内在系统规律,从而提升高校大学生思想政治教育内容的实效性。

（四）外部环境中的差异性引致教育内容的变化

"世界多极化、经济全球化、社会信息化、文化多样化深入发展"[1],同时,"世界面临的不稳定性不确定性突出"[2]。对于高校思想政治教育内容的发展而言,也在一定程度上受到国际大潮流、大背景、大格局的影响,从而导致教育内容在稳步发展中的细微变化。从历时性来看,我国高校思想政治教育内容一直处于稳定发展的上升趋势,但不否认发展过程中的曲折和教训。在新的发展过程中,高校思想政治教育仍存在过分注重知识吸收而轻视实践应用的严重问题,思想政治教育的知识内容仍然固化与死板,与现实生活存在脱节现象。总体而言,基于我国社会发展阶段和发展目标的动态变化,高校思想政治教育内容在具体表现形式以及具体内容构成等方面均存在一定差异。

第三节　高校思想政治工作内容的一致与互补

习近平总书记指出:"要用好课堂教学这个主渠道,思想政治政论课要坚持在改进中加强,提升思想政治教育亲和力和针对性,满足学生成长发展需求和期待,其他各门课程都要守好一段渠、种好责任田,使各类课程与思想政治理论课同向同行,形成协同效应。"[3]对于高校而言,要想充分提高思想政治工作的有效性和针对性,必须充分发挥思想政治理论课、日常思想政治教育、社会资源等的协同效应,实现从渠道、课程、队伍三个层面的协同运行。

---

① 习近平:《决胜全面建成小康社会　夺取新时代中国特色社会主义伟大胜利——在中国共产党第十九次全国代表大会上的报告》,人民出版社 2017 年版,第 58 页。

② 习近平:《决胜全面建成小康社会　夺取新时代中国特色社会主义伟大胜利——在中国共产党第十九次全国代表大会上的报告》,人民出版社 2017 年版,第 58 页。

③ 《习近平谈治国理政》第二卷,外文出版社 2017 年版,第 378 页。

一、思想政治理论课与日常思想政治教育优势互补

思想政治理论课与日常思想政治教育是主渠道、主阵地,二者肩负着培养大学生职业素养和综合能力的责任。虽然二者的目标和功能相同,但二者的侧重点有所不同,前者侧重于理论层面,后者侧重于实践层面;前者侧重于知识梳理,后者侧重于活动育人。思想政治理论课和日常思想政治教育的有效协同对于增强高校大学生思想政治教育有着重要作用。

(一)思想政治理论课与日常思想政治教育的目标协同

高校学生思想政治教育的根本目标在于主动运用马克思主义理论武装大学生的头脑,构筑青年学生鲜明正确的政治态度、政治思想,提升思想政治综合素养,积极投身新时代中国特色社会主义现代化建设中去。思想政治理论课教学与日常思想政治教育的关系共性就是为实现这一根本性目标而实践,为提升高校学生思想政治素质和促进青年学生的均衡发展提供重要前提。思想政治理论课的专业性、理论性色彩突出,其自身的教育目标强调马克思主义理论内容的灌输,目的在于涵育高校大学生扎实的思想政治理论素养。而日常思想政治教育的活动形式的行政性、管理性色彩突出,具备强烈的实践性特征,教育目标的侧重点在于实际工作的成效。所以上述二者的教育目标的分化,对于高校学生思想政治理论素养的提升和巩固起到消极作用。尽管上述二者存在客观差异,但这一分化现状则可以通过人的主观能动性的付诸实践而改变,并进一步发挥二者的协同育人效应。所以,这就要求思想政治理论课与日常思想政治教育相互协同,实现学术理论性与实践深入性的衔接统一,从而提升高校大学生的思想政治理论素养。为此,必须充分对接思想政治理论课与日常思想政治教育的教育目标,把理论传授与实践深入紧密结合。第一,思想政治理论课与日常思想政治教育均应从理论指导和实践深入两个方面构建复合性教育目标。思想政治理论课在传授马克思主义理论这一知识的前提下,强化理论与实践的知行合一。而日常思想政治教育在强调思想政治工作的实践性前提下,更要丰富自身的理论深度。第二,二者的教育内容也必须实

现双向把握,将思想与实践两个维度问题的解决置换考量的针对性。从思想性来讲,高校思想政治理论课既要重视自身的思想性这一深度内涵,更要强化高校思想政治理论课教育的针对性,关注大学生的微观行为。日常思想政治教育要解决大学生对学习生活中相关问题的疑惑,更要把握教育过程中的学理深度,把高校思想政治工作的开展上升到理论层面,引导高校大学生把握自身的未来方向。

(二)思想政治理论课与日常思想政治教育的过程协同

高校通过马克思主义理论和中国特色社会主义理论武装大学生的头脑,构筑高校大学生鲜明的政治观点,使其成长为中国特色社会主义建设所需要的合格人才,思想政治理论课教学与日常思想政治教育都是为了实现这一根本目标。然而,由于各种原因造成了主渠道与主阵地在教育侧重点上出现差异的现象。具体而言,思想政治理论课的专业性、理论性色彩突出,其教育过程更加侧重于马克思主义理论的说教,在于使高校学生具备丰富扎实的思想政治理论素养。而日常思想政治教育具备强烈的实践性特征,教育过程更加侧重于实际工作的成效,二者在教育过程中的差异是造成立德树人效果差异的重要原因。因此,这就要求思想政治理论课与日常思想政治教育相互协同,实现学术理论性与实践深入性的有效衔接,从而提升高校学生的思想政治理论素养。为此,必须充分对接思想政治理论课与日常思想政治教育的教育过程,运用理论引导实践,基于实践构筑深度。第一,思想政治理论课与日常思想政治教育均应强化理论与实践的知行合一,引导高校学生在实际工作中解决现实问题。而日常思想政治教育在强调思想政治工作实践性的前提下,强化高校实践应用中的科学化。第二,二者的教育内容也必须实现双向把握,实现思想性和实践性的有机统一。高校思想政治理论课既要重视自身的思想性,更要强化高校思想政治理论课教育的针对性,关注高校大学生的微观行为。第三,日常思想政治教育不仅要关注教育活动中学生的亲身感受,回应高校大学生的现实困惑,更要把握教育过程中的学理深度,把高校思想政治工作的开展上升到理论层面,引导青年学生把握自身的未来发展。

(三)思想政治理论课与日常思想政治教育的方法协同

思想政治理论课以课堂讲授为主,以思政课教师为主体,以理论育人作为其突出优势,具有良好的理论知识,但缺乏实践活动。而日常思想政治教育以实践教学为主,教育主体是由具有丰富学生工作经历的党团干部、辅导员、班主任等组成,以实践育人作为其突出优势,但缺乏理论教学。二者教育方法的分离不利于增强高校思想政治教育的实际效果。一方面,以理论传授为主的课堂教学由于形式单一、内容枯燥、评价严格等特点影响了思想政治工作的实效性。尽管当前很多高校思想政治理论课正在不断创新教学方法和范式,但在实际的操作过程中还存在一定的不足。而日常思想政治教育侧重于实践操作层面,具备较为鲜明的亲和性和针对性,但其教育主体自身的理论水平和理论素养相对薄弱,也影响了育人效果。因此,思想政治理论课与日常思想政治教育要在方法上有效衔接,必须充分发挥课程教学与社会实践的协同。另一方面,思想政治理论课必须把实践教学作为课程教学的重要一环,并将其融入课程教学之中,实现理论传授的生活化、具体化和实践化。具体来讲,教育主体可以在课堂教学后开展课后实践调研、"三下乡"暑期社会实践、社团志愿服务等形式,更好地把理论运用到实际生活中去,并在实践学习中认识理论的科学性。再一方面,日常思想政治教育必须紧紧立足于思想政治教育的时代主题和价值目标,依靠思想政治理论课这一课程载体,通过开展高校学生喜闻乐见的活动形式,深入学生实际生活当中去。正如习近平总书记所讲的"要更加注重以文化人以文育人,广泛开展文明校园创建,开展形式多样、健康向上、格调高雅的校园文化活动,广泛开展各类社会实践"①。日常思想政治教育可为思想政治理论课提供丰富且有现实针对性的经验素材,能够有效提升思想政治理论课的育人实效性。

(四)思想政治理论课与日常思想政治教育的评测协同

高校思想政治工作实效性的提升还必须健全思想政治理论课与日常思想

---

① 《习近平谈治国理政》第二卷,外文出版社 2017 年版,第 378 页。

政治教育的评测机制。二者的评测方式有其自身的特殊性:思想政治理论课往往通过阶段性考试和综合性考察等手段进行评测,以此检验学生对思想理论的理解和掌握程度;而日常思想政治教育则往往通过量化学生的日常积极性以及行为表现来进行考察。前者聚焦于高校学生对思想理论知识的认知程度,而书面考试的形式又往往无法完成考查学生对理论知识的实践运用能力的评测。后者主要是对高校学生的实际行为进行量化考量,但缺乏对学生的理论素养的有效把握。因此,必须整合以上两种考核方式,实行理论与实践双层考核,从整体上评测高校学生的思想政治理论素养和实践运用能力。

实行理论与实践双层考核,要把学生日常行为规范的现状表现融入思想政治理论课的评测机制中去。具体来讲,在实际考核过程中,要将高校学生的学习态度、政治态度、实践能力、科研成绩等方面的具体表现状况按一定的比例分配融入评测机制中去,从而提升高校学生的现实实践能力,并在日常表现过程中将理论实践化。

实行理论与实践双层考核,课程考试也必须从价值理念认知和实践技能运用这两个维度对学生思想政治理论素养进行评测。具体来讲,考试内容一方面要关注到高校学生对基本思想政治理论知识的认知程度,更要关注到学生的理论实践化的能力。

二、各类课程与思想政治理论课同向同行

高校开设的哲学社会科学课程以及非社科类课程,也在一定程度上富有思想政治教育的价值属性,也必须承担起立德树人的功能。因此,必须促进思想政治理论课与各类课程同向同行,解决教书与育人相统一的问题,形成各类课程的同向同行。

(一)各类课程与思想政治理论课的目标协同

高校必须坚持马克思主义指导地位,坚持中国特色社会主义教育发展道路,坚持社会主义办学方向。"我国是中国共产党领导的社会主义国家,这就决定了我们的教育必须把培养社会主义建设者和接班人作为根本任务,培养

一代又一代拥护中国共产党领导和我国社会主义制度、立志为中国特色社会主义奋斗终生的有用人才……这是教育工作的根本任务,也是教育现代化的方向目标。"①新中国成立以来,我国高校一直坚持马克思主义这一政治方向不动摇。邓小平曾强调:"学校应该永远把坚定正确的政治方向放在第一位。"②习近平在全国高校思想政治工作会议上也指出:"我们的高校是党领导下的高校,是中国特色社会主义高校……高校思想政治工作关系高校培养什么样的人、如何培养人以及为谁培养人这个根本问题。"③他又提到:"办好我们的高校,必须坚持以马克思主义为指导,全面贯彻党的教育方针。要坚持不懈传播马克思主义科学理论,抓好马克思主义理论教育,为学生一生成长奠定科学的思想基础。要坚持不懈培育和弘扬社会主义核心价值观,引导广大师生做社会主义核心价值观的坚定信仰者、积极传播者、模范践行者。要坚持不懈促进高校和谐稳定,培育理性平和的健康心态,加强人文关怀和心理疏导,把高校建设成为安定团结的模范之地。要坚持不懈培育优良校风和学风,使高校发展做到治理有力、管理到位、风清气正。"④因此,思想政治理论课和各类课程在育人过程中,必须把马克思主义这一理论作为教育的根本引导方向,培养具备马克思主义理论素养的青年,这是高校课程体系及其各类具体课程所必须坚持的坚定的育人导向。

(二)各类课程与思想政治理论课的功能协同

习近平总书记指出,"其他各门课都要守好一段渠、种好责任田,使各类课程与思想政治理论课同向同行,形成协同效应"。⑤他在讲话中明确要求高校的各门课程都要发掘其立德树人的功能,与思想政治理论课一道培养德智体美劳全面发展的社会主义建设者和接班人。各类课程与思想政治理论课的功能协同关键在于立德树人功能的有效发挥,承担起立德树人的神

① 习近平:《论党的宣传思想工作》,中央文献出版社 2020 年版,第 344 页。
② 《邓小平文选》第二卷,人民出版社 1994 年版,第 104 页。
③ 《习近平谈治国理政》第二卷,外文出版社 2017 年版,第 376—378 页。
④ 《习近平谈治国理政》第二卷,外文出版社 2017 年版,第 378 页。
⑤ 《习近平谈治国理政》第二卷,外文出版社 2017 年版,第 378 页。

圣使命。

　　第一,高校思想政治理论课要发挥好主渠道作用。长期以来,我国思想政治理论课因事而化、因时而进、因势而新,坚持在实践中不断探索和创新,不断增强实效性和针对性,取得了比较好的效果。在中国特色社会主义新时代,思想政治理论课这一主渠道还必须"要坚持在改进中加强,提升思想政治教育亲和力和针对性,满足学生成长发展需求和期待"①。高校思政课这一主渠道必须依据主客观条件的变化而不断进行自我革新,勇于突破传统思想政治理论课的教学模式,在实践摸索中推动教育内容、教育形式的不断创新,不断增强思想政治理论课的立德树人功能。同时,还要不断提升高校思想政治理论课程的人文关怀,根据学生的学习状况、心理状况、生活状况、情感状况等方面的差异进行有针对性的课程内容调整和课程体系完善,从而使高校思想政治理论课这一主渠道更加具有说服力和可信性。

　　第二,各类课程要充分发挥好立德树人的主阵地作用。高校各类课程特别是哲学社会科学类课程都是内蕴丰富的思想政治教育资源,具备进行思想政治教育的功能。这些课程的有效利用,有助于引导高校学生站稳政治立场,提高自我辨识和认知能力。文件指出:"要深入发掘各类课程的思想政治教育资源,在传授专业知识过程中加强思想政治教育,使学生在学习科学文化知识过程中,自觉加强思想道德修养,提高政治觉悟。"②对此,其一,要充分挖掘各类课程所蕴含的丰富的思想政治教育素材和资源,拓宽思想政治教育的深度和广度,把各类课程的课程体系、教学体系和话语体系与理想信念、道德素养培育紧密结合起来,逐步使其成为开展思想政治教育的有效资源。其二,要针对各类课程的比较优势和突出特征,拓宽开展思想政治教育的思路。受传统思政教育的影响,高校思想政治教育往往局限于思想政治理论这一形式单一的课堂灌输过程中,为此,要有效地利用各类课程的比较优势,建立内容完

　　①　《习近平谈治国理政》第二卷,外文出版社2017年版,第378页。
　　②　中共中央国务院:《关于进一步加强和改进大学生思想政治教育的意见》,中发[2004]16号文。

备、体系完善、结构合理的课程思政体系,丰富思政教育的育人方式,增强课程思政的亲和力和针对性。

三、思政课教师与辅导员及专业课教师的协调合作

高校教师是坚守高校思想政治工作阵地、开展高校思想政治工作的责任队伍,承担着育人树人的神圣使命和任务。高校思想政治教育工作队伍往往因管理序列、专业背景、职能分工的现实差异等客观现状,造成思想政治理论课教师与其他各支队伍在实际开展工作过程中处于互不干涉、互相孤立的状态。这往往是思政教育各主体缺乏协同意识所导致的。渠道育人和课程育人的共性在于实施主体均为教师,并且实现二者的有效协同则必须通过教师队伍的协同来完成。所以,为真正发挥思想政治教育的协同效应,促进专职与专职、专职与兼职队伍之间的有效协同是根本。

(一)思想政治理论课教师与辅导员等队伍协调合作

习近平总书记在北京大学师生座谈会上指出:"在学生眼里,老师是'吐辞为经、举足为法',一言一行都给学生以极大影响。教师思想政治状况具有很强的示范性。要坚持教育者先受教育,让教师更好担当起学生健康成长指导者和引路人的责任。"[1]所以,高校育人队伍在做好本职工作时应更加严格要求自己,做好协调互补工作,发挥整体协同效应,以期发挥好高校思想政治教育作用。具体来讲,思政课教师是开展高校思想政治工作的专业宣讲、教学、科研队伍,是研究马克思主义理论的学术性队伍,所以其聚焦在自身课堂教学和专业科学研究上。这为系统、深入的理论教育的开展提供了可能,但同时也导致了对高校系统地开展思想政治工作了解不深,对高校学生的具体行为表现难以形成第一手的认知。同时,虽然高校负责日常教育的实际工作者,相对掌握学生的思想动态、学习状态和生活习惯,但是,由于时间精力和自身政治素养水平问题,高校大学生的思想政治素养与日常行为表现出不一致、不

---

① 习近平:《在北京大学师生座谈会上的讲话》,人民出版社 2018 年版,第 8—9 页。

对称、不统一的现象。因此,促进两支队伍的协调合作是解决上述问题的有效途径。

第一,建设富有广度和深度的高素质育人队伍。广度上,基于高校思想政治理论课教师与学生、专职辅导员与学生的国家规定性和科学比例要求,系统规划人才配置数额。深度上,优化育人队伍的整体水平,如学术水平、理论水平、科研水平、宣讲水平、行政水平等。

第二,两支队伍在开展思政工作时可以一定范围内对调角色。基于两支队伍的对话交流,鼓励思想政治理论课教师担任辅导员、学校行政干部等,从而能深度调研高校学生的实际现状,进而有针对性地进行思想政治理论课教学。而且,鼓励高校日常思想政治教育的实际工作者积极加入思政教学队伍中,开展一定量的思想政治理论课教学能够减轻思政课教师的教学重担,并不断提高自身的思想政治理论水平。思政课教师与辅导员等的对调协同,增强了思政课教师的实践能力,同时也为辅导员等学工工作者创造了自身理论素养的提升机会。

(二)思想政治理论课教师与其他课程教师协调合作

习近平总书记指出:"思想政治工作从根本上说是做人的工作……让学生成为德才兼备、全面发展的人才。"①深刻表明了要健全人才培养体系,涉及学科体系、教学体系、教材体系、管理体系等以及贯通其中的思想政治工作体系。所以,高校教育不单单要培育富有专业技能与应用能力的高水平人才,同时也要关注高校学生思想道德水准的实际状况。而现实中,各类课程尤其是开展专业技能、知识传授的教师存在认识不够甚至是认识偏差等问题,弱化甚至忽视思想政治教育的作用,过分关注专业课程本身的知识传授,缺乏立德树人的思想意识,而无法有效承担思政育人的任务。因此,解决上述问题的迫切性要求思想政治理论课教师与其他课程教师加强协调合作,形成育人合力。

---

① 《习近平谈治国理政》第二卷,外文出版社 2017 年版,第 377 页。

第一，思政课教师与其他课程教师均须树立协同育人的自觉意识。要切实完善教师自身的职业道德修养，明确认知教师自身的全面育人使命，统筹传授与培育两个教育维度；要构筑正确的核心价值理念，提升思想理论素养，"引导教师把教书育人和自我修养结合起来，做到以德立身、以德立学、以德施教"①。

第二，思政课教师与各类课程教师互换课堂角色。要积极鼓励专业课程教师投入思想政治理论的学习、宣讲。如思想政治理论课可紧密结合哲学、政治学、法学等内容，邀请不同学科门类的学者进行哲学视域、政治视域以及法治视域下的思政讲解，实现思政课教师与其他课程教师的协同教学；同时，必须引导高校思想政治理论课教师在一定范围内讲解专业性课程知识，提升其课程本身的价值引领性。

（三）完善保障制度推动队伍协调合作

有效实现思想政治理论课教师与辅导员等队伍、各类课程教师间的协调合作。不能仅从主观上入手，而且必须从客观上予以规范和推动，使不同队伍之间实现制度化的协调合作。因此，建立和完善相关的保障制度是实现该目标的关键。具体而言，一是要完善管理机制。完善的管理机制，是加强各部门各岗位的思想政治教育工作协调合作的有效路径，也是做好评价监督工作的重要前提。管理机制的实效提升，核心在于对协同育人的工作内容的深刻认知。如思想政治理论课教学与日常思想政治教育的交叉延伸，双重复合教育模式的创新实验管理机制等等，这些均是高校思政育人队伍协调合作的重要内容。二是要完善协同考核机制。由于当下高校的考察体系和绩效体系的高度量化，其他课程教师、思想政治理论课教师、学生事务管理工作者关注的是个体的教学任务和管理工作的效果与成绩，这难以调动队伍之间展开协同对接、共创思政工作新局面的积极态度。所以，一方面要优化安排高校各队伍职业考核的比重，把协调合作作为重要的绩效指标；另一方面要重点优化高校职

---

① 习近平：《在北京大学师生座谈会上的讲话》，人民出版社 2018 年版，第 9 页。

称评审机制,优先选择积极发挥协同效应的先进模范代表。三是要优化高校协同激励机制。激励机制有利于充分调动育人队伍之间协调合作的积极性、主动性和创造性。首先,高校可针对各类课程教师、思想政治理论课教师的辅助工作量,给予适当的协同育人的工作量的补贴。其次,高校可对思想政治理论课教师、各类课程教师、辅导员等队伍的协同合作表现突出的给予适当奖励。最后,高校可以评选对接合作的积极代表,通过演讲报告、答辩汇报等形式,发扬先锋模范示范作用。

第六章　高校思想政治工作过程协同

树立过程协同理念是着力构筑全方位协同育人格局的内在要求。高校思想政治工作过程协同主要包括内涵协同、管理协同和载体协同。只有坚持以内涵协同为前提,以管理协同为核心,以载体协同为着力点,构建长效机制,才能有效构建共同育人的教学环境和培养效果,努力取得高校思想政治工作新成果。

第一节　高校思想政治工作过程
协同概念、要素及规律

作为一种综合实践活动,高校思想政治工作不是各部分运行的简单相加,而是在一定规律作用下,相互联系、相互作用的各要素通过一定结构和方式协同运行的过程。高校思想政治工作的过程协同,本质是工作对象在特定社会价值引导下,自主建构思想道德规范的过程。

一、思想政治工作过程的基本含义

思想政治工作过程是教育主体根据一定培养要求和思想品德发展规律,进行有目的、有计划、有体系地对受教育者进行影响,使其思想矛盾发生转化,并养成社会所期望的思想政治素质要求的过程。① 由此,使工作对象养成与

---

① 参见张耀灿、陈万柏:《思想政治教育学原理》,高等教育出版社 2001 年版。

社会预期相符的思想道德素质,是这一教育过程最好的结果。

思想政治工作过程协同,是指高校思想政治工作各要素内部及其之间采取某种联结方式,实现思想政治教育工作内在矛盾转化的具体运行方式。作为教学矛盾运动过程的有机组成部分,高校思想政治工作过程当然也是矛盾不断解决又不断产生的过程。这一概念包含三层含义。

第一,从协同方式看,高校思想政治工作过程协同是由共同参与的不同层次的相对独立个体或具体层面上的各要素有机集合、综合作用下,为实现思想政治教育目标而采取的一种有规律的运行方式。高校思想政治工作的过程协同目标能否达成,取决于构成整体框架的要素内部及要素之间的联结方式,能否在推动系统结构趋向矛盾转化中发挥决定性作用。

第二,从协同功能看,高校思想政治工作过程协同是对思想矛盾转化效果产生直接影响的功能性机制的重构,通过要素协同实现工作系统的整体功能。

第三,从协同目标看,高校思想政治工作协同过程是要素集合方式在一定外力刺激下,趋向教育目标的有效因果关系展开的过程。由于特定结构形成特定功能,特定功能服务特定目标,要素体系结构不同,机制运行的最终目标也不一样。

二、思想政治工作过程协同的要素构成与特征

(一)思想政治工作过程协同的要素构成

思想政治教育的结构要素、体制机制构成了高校进行思想政治在过程协同方面的基本要素。思想政治工作是思想政治工作过程协同的前提要素,用来启动工作过程,驾驭工作方向,调控运行速度和发展规模,其包括思想关系的实施者和接受者,以及所包含在这些要素结构中的思想元素,并具有实践操作性、目的体现性和能动反映性特征。

思想政治工作体制是思想政治工作过程协同的中介性要素,可使其社会属性与自然属性相适应,包括思想政治工作机构设置、各机构隶属关系及其职责权利划分、思想政治工作规章制度,具有选择性和中介性特征。

思想政治教育和工作运行机制保障了过程协同,为思想政治的协同工作提供充足的内在运行动力,从而保证了稳定良好的运行态势、适当的运行状态和正确的运行指向,其包括决定机制、鼓励机制、督查机制、调节机制、培训机制和淘汰机制,具有隐蔽性、教导性和灵活性特征。

(二)思想政治工作过程协同的基本特征

1.衔接性

高校大学生思想政治工作本身就是一个将分散环节联结成相互关联的一个链条,经历从量变到质变、再从质变到新的量变的连续发展过程,具有连接性、秩序性和持续性。高校思想政治工作过程协同的持续性,反映了高校思想政治工作过程协同的秩序性。

2.全程性

过程协同不是机械的、即时的,而是辩证的、长期的。推进高校思想政治工作过程协同,有利于全程把握工作状态,确保特定时间内的思想政治工作沿着正确方向展开。

3.自觉整合性

思想政治工作中存在着矛盾运动,可控因素与不可控因素、自然因素与内在因素、积极因素与消极因素并存。面对思想政治工作中所自发出现的诸种矛盾,教育主体按照矛盾运动规律,凭借一定体制机制自觉整合要素关系,使思想政治工作矛盾运动向着可控的、积极的方向发展。

三、思想政治工作过程协同的运行状态与规律遵循

(一)思想政治工作过程协同的运行状态

高校思想政治工作过程协同运行表现为各种不同形态,是一个复杂的、动态的过程。高校思想政治工作需关注其过程协同的三种运行状态:运行常态、理想状态和非常状态。

高校思想政治工作过程协同的运行常态指的是在思想政治工作过程中的激励、整合、沟通、协调和控制五个子机制之间,以及各个机制内部不同要素、

不同部分之间,存在较多不协调、不均衡因素,但尚未破坏机制正常运行,并可通过自我调节加以修正的运行状态。这种运行状态作为最常见的表现形式,处于理想状态和非常状态之间,大致可分为合作态、波动态、适应态、变革态、隐性态等几种类型。

思想政治教育过程协同运行的理想状态是指在思想政治工作过程中的激励、整合、沟通、协调和控制五个子机制之间,以及各个机制内部不同要素、不同部分之间的相互促进、良性互动的运行状态。这种状态下,朝着预定目标协调运行,并与周围环境高度适应的思想政治工作机制,将离轨、失调等不利因素控制在最小限度,具有目的一致性、结构协调性、环境适应性、整体优越性等特点,这是思想政治工作协同效应发挥的最理想状态。

思想政治教育过程协同运行的非常状态是指思想政治工作过程中的激励、整合、沟通、协调和控制五个子机制之间,以及机制内部不同部分和层次之间的不协调因素相互矛盾、相互抵消,机制运行出现不平衡状况,甚至呈现离轨、失控的状态。非常状态既包括目标偏差、动力不适度、非常环境的压力以及强制力等主体之外的因素导致的思想政治工作过程协同运行的外因型非常状态,也包括教育主体的因素导致的内因型非常状态。无论是外因型非常状态还是内因型非常状态,都可能导致方向偏离、结构失调、过程失控和功能失效。

(二)思想政治工作过程协同的规律遵循

"智者顺时而谋,愚者逆理而动。"认识规律、遵循规律,才能事半功倍。只有认识和遵循包括情理相融律、活动导向律、协同联动律在内的思想政治工作过程协同规律,才能培养出社会主义合格的建设者和接班人,这对于高校思想政治工作也是如此。

起源于罗杰斯的"人本主义"以感情为主的理论和苏霍姆林斯基通过情感动人的思想情理相融律,主要强调的是情和理密切联系、相互交融。情是理之基,理是情之魂。理统帅情,情呼唤理。情在理中升华,理在情中发展。以情感人、以理服人。基于此,教育者在教育工作中不仅要晓之以理,更要动之以情;关爱、尊重、理解学生,满足他们合理的需求,要做到有情有理,入情入理,情到理到,情理相融。

以心理学中的认识发生论、活动——性格(动机)论为理论基础的活动指向规律,揭示了高校大学生在接受思想政治教育过程中所出现的认知和行动矛盾及其相互转化的规律。高校教育者在思想政治工作过程协同过程中,以教育活动为抓手,以教育目标为导向,将其与学生的主动参与很好地衔接,进而指导学生向着教育主体所教育的目标和方向努力。活动导向律既体现了高等教育教学的职业性、实践性、应用性、开放性等特征,也符合高校大学生成长的实际特征,即在校学习时间短、入学年龄小、自身喜欢参加校内外各类活动、动手操作能力强等特点,在内化于心,外化于行的教育工作过程中使之自觉做到知行合一。

以唯物辩证法联系发展的观点为理论依据的协同联动律认为,在高校思想政治工作过程中,各种要素在不同层次和不同领域存在着相互影响、相互制约、协同联动的客观联系。这一规律要求教育者不仅要关注思想政治工作过程中的内在要素,还要关注其外在要素,用联系发展的观点对待自身工作,把影响工作过程的各种因素协调起来,调动各方力量,发挥其联动作用,进而达到思想政治工作预期效果。

第二节　高校思想政治工作过程
协同的离散与错位

在急剧变化、风云诡谲的国际国内新形势下,思想政治工作环境呈现多元化、复杂化态势,机遇与挑战并存,并对新时期加强和改进高校大学生思想政治工作提出了新的更高的要求。面对高校思想政治工作过程协同的离散与错位,需加强全员、全过程、全方位协同创新步伐,在协同创新中谋求发展。

一、思想政治工作过程要素

思想政治工作过程是一项复杂性系统工程,构成要素包括教育主体、教育对象、教育内容、教育方法和教育环境等方方面面,各要素之间以及要素内部又彼此联系、有机衔接、相互作用,故而要求教育者、被教育者以及诸要素互动,教育引导青年学生逐步确立和养成良好的思想政治品质及文化道德品质,从而实现思想政治工作预期目标。

高校思想政治教育过程中诸多要素不够协调,存在着彼此孤立脱节的现象,缺乏整体性和有机衔接。高校思想政治工作机制不健全或尚未有效运转起来,存在大学素质教育和人文科学精神缺失、专业面向单一狭窄,育人功能缺乏协同整合,运行机制不够灵活等问题,使得高等职业教育与其"高等性"尚存在一定的差距。

（一）主体之间相互脱节,各自为政

在校内工作队伍子系统中,所有人员之间的协同和配合还有待增强,全员育人的良好氛围尚未形成。高校校内工作系统中,学校、思政教育工作者和学生三者之间存在着相互脱节、各自为政的现状,具体表现为学校分教学、管理、服务三大类,各职能部门归属于条线管理,他们在各自的岗位上各司其职,按照分工,思想政治工作的任务都落在思想政治理论课教师及思想政治教育工作者的身上,他们就像处在一个孤岛上,孤立无援。学校各子系统之间思想政治工作没有形成合力。思想政治教育工作,主要包括学生处管理教师,负责学生的日常性教育,包括社团组织管理、学生日常及社会实践活动;辅导员负责学生的日常思想政治教育工作,从目前来看,高校辅导员队伍建设存在着层次参差不齐、理论素养缺乏、经验不足等问题;思政课教师承担着大学生的思想政治理论课的主要教学任务,是学生在校期间接受思想政治教育的主要承担者,但是他们的工作往往与辅导员和专业课教师是疏离和脱节的,相互之间缺乏联系和相互之间的合作,这往往也造成思想课教育的孤立,而且思想政治理论课教师在讲课时还往往缺乏理直气壮。专业课教课只负责专业技术知识的讲授,对于学生的日常生活和学习则很少过问,也不了解学生的思想政治状态。班主任作为兼职带班,与学生的接触相对较多,但却又与思想政治理论课教师及思想政治工作者缺乏交流与沟通。

（二）"政校企行"之间协同不足，缺乏效率

政府、学校、行业、企业四者之间的整体协同尚需进一步加强，尤其是企业在校企合作过程缺乏主动性、积极性，缺乏深度参与校企联合培养的驱动力；政府缺乏制定相应校企合作的政策及配套资金支持，在管理上还没有构建起科学管理、利益分享、人才共用、产学服用、资源共享的协同机制，有效地联结四方主体，尚未打造"产学服用"共同体，使得四方之间的运行缺乏效率。这是造成四方配合不紧密、运行分散的主要原因，也是合作主体动力不足的原因。

（三）校园文化与行业文化融合不足

高校校园文化具有特定的精神环境和文化氛围，对于提高师生员工的凝聚力，培养良好的校风，培育"四有"新人都具有重要的意义。行业文化与校园文化紧密结合，凸显高校校园文化特色，形成育人风景线，陶冶大学生的情操，塑造大学生的思想品德。然而在校园文化建设中，其却与行业文化结合不紧密，使得校园文化黯然失色。高校通过企业的先进技术走进课堂，是学生掌握最前沿的技术的有效途径，同时还能大幅度地提升职业技能；行业企业的先进文化引入校园，不仅能熏陶大学生的性情，而且可以帮助大学生坚定产业报国的远大梦想。

究其原因，高校思想政治工作被行政化割裂，职能划分、条块分割是造成各部门、各子系统分离、脱节的主要原因。高校无论是从宏观的布局规划到中观的职能划分，还是再到微观的组织实施，这三个环节之间呈现出"多线平行"的运行模式，而其系统内部各种元素的整体功能难以发挥；同时缺乏专业教师、专职教师、学工人员进行课堂教学、学生管理、理论学习、学术交流等的协同平台，缺乏体制机制，从而不能保证思想政治工作有效开展。

二、思想政治工作过程载体

思想政治工作载体彼此隔离，存在着形式和手段单一的现象，多样性和渗透力不够。高校的理论课程、社会实践、组织生活、文化活动、校园网络等多种

形态,都是对教育对象进行思想政治教育的活动载体。这些载体是思想政治教育过程中各种要素相互联系的结合点,是开展思想政治工作必不可少的组织形式和要素。但一些学校对思想政治工作载体的作用、功能和协同性缺乏清晰明确的认识,对于载体的设计缺乏科学性,且对载体的运用形式单一、创新不够。既有运用传统载体建设理念、手段方式滞后和内容覆盖狭窄的问题,也有运用现代载体不系统、不规范、不全面的问题,导致在教育实践中各种载体相互孤立脱节、缺乏深度融合。例如,政治理论课作为最重要的课堂教育载体,很多高校只安排课堂教学,没有安排与之配套的学生社会实践活动的真实体验,缺少配套的校园文化活动的深度配合,缺乏现代科技设施和教学手段的强力支撑,思想政治工作载体系统性整体性功能得不到充分发挥,严重地影响了教育的渗透力和针对性。

三、思想政治工作过程机制

思想政治工作过程的体制机制不完善,教书与育人工作"两张皮"的现象依然存在,缺少协同和有效管理。重视思想政治工作是中国共产党的优良传统和政治优势,党和国家领导人一贯重视高校思想政治工作,毛泽东、邓小平、江泽民、胡锦涛、习近平等都有明确的指示和论述。

"要建立和完善党委统一领导、党政齐抓共管、专兼职队伍相结合、全校紧密配合、学生自我教育的领导体制和工作机制。""校长要对大学生德智体美全面发展负责,把思想政治教育与教学、科研、社会服务工作结合起来,同时部署,同时检查,同时评估。学校各部门要明确各自责任,密切协作,切实完成相应任务。"①为落实中央要求,经过多年探索,我国高校大学生思想政治工作领导体制和工作机制基本理顺。为加强领导和统一指挥,绝大多数高校都成立了大学生思想政治工作领导小组,党委书记任组长,由负责学生工作的副校长分管,日常工作由学生处负责。这种工作体制以及形成的运行机制,极大地

---

① 中共中央国务院:《关于进一步加强和改进大学生思想政治教育的意见》,《人民日报》2004 年 10 月 15 日。

加大了党的系统工作力度,在一定时期和工作氛围中都发挥了积极作用。

然而,这种工作体制和运行机制以及所达到的效果,与中央的要求还有差距,主要是顶层设计还不够完善,特别是以校长为主的行政管理系统和教师教书育人的作用发挥不够。在日常管理运行中,这种工作体制和运行机制倘若把握得不好,容易形成党委与行政、德育与智育"分工分家"的倾向。首先,从领导决策层面看,德育和思想政治工作由一位副院长分管,其直接领导是思想政治工作领导组长党委书记,而智育和教学工作是由另一位副校长分管,其直接领导是学校的法定代表人——校长,二者很难做到步调一致。其次,从管理执行层面看,德育和思想政治工作是党委学生工作部门负责管理,学生工作部部长在分管副书记直接领导下开展工作,向校党委负责;而智育和教学工作由教务部门负责管理,教务处长在分管副校长的直接领导下开展工作,向校行政负责。由于党委学生工作部和教务处的各项检查、评估和考核指标体系不同,两个核心评估指标泾渭分明,也很难做到协同一致。

此外,有的高校领导对思想政治工作重视不够,政策保障落实不力,教书与育人工作"两张皮"的现象依然突出;有的未完全落实高校学生思想政治工作专职人员的待遇,人员数量配备存有不足,经费落实缺口较大,影响了高校大学生思想政治工作队伍地位、待遇。

第三节　高校思想政治工作过程
协同的机制与路径

高校思想政治工作要以内涵创新、管理创新、载体创新发展模式,健全和完善全员协同育人的长效机制,营造全过程协同育人的教育环境,不断提高过程协同的工作实效。

一、以内涵创新提高过程协同的工作实效

高校思想政治工作过程是教育主体依据党的教育方针,以及固有的教育

规律和学生成长规律对教育客体进行知识传授、理论灌输和价值引导的过程，同时又是一个文化熏陶、精神感化和行为养成的过程。高校必须以内涵创新为重点，让思想政治工作的内容体系体现我国大学教育的本质属性，反映大学生思想政治工作的科学性和时代性，着力提高全员全过程育人的实效性。

（一）创新思想政治工作内容体系，体现思想政治工作的科学性和时代性

21世纪将是中华民族腾飞的时代，要实现第二个百年奋斗目标，实现中华民族伟大复兴的中国梦，需要大批善于治党治国治军的优秀领导骨干、数以千万计的优秀经营管理人才和拔尖创新人才、数以亿计的各行各业专门人才和高素质劳动者。高校承载着国家的希望和民族的梦想，思想政治工作者肩负着崇高的历史使命。

不断补充具有时代性、体现人民性和富有世界性的高校大学生思想政治教育结构体系，延续、发展和充实具有新时代内涵的教育内容是创新高校思想政治工作内容体系的迫切要求。切实提高大学生政治素质、思想道德素质、科学文化素质和身心素质，培养和造就能够适应21世纪经济社会发展和国际竞争需要的创新型高级专门人才。高校思想政治教育内容不仅包括职业道德教育、创新创业教育、人文关怀教育等内容，还应包括网络安全教育、心理教育、法纪教育、国防教育、民族团结教育，因此要健全和完善反映时代性、人民性和世界性的大学生思想政治教育内容体系。

（二）创新思想政治工作体制机制，努力做到全员育人、全方位育人和全过程育人

只有通过思想政治工作诸要素相互协作、协同创新，特别是有机整合创新目标、方式、功能和效果，形成"1+1＞2"的协同效应，才能打破要素壁垒，形成教育合力，提升协同育人功效。高校思想政治工作系统中的教育者、教育对象、教育内容、教育方法以及教育环境等都是协同创新的主体。在诸多要素协同创新主体中，教育者是第一要素和核心要素。

教师按照教育方针政策、教育工具手段以及教育目标，通过"传道、授业、解惑"的基本方式，引导和促进受教育者身心健康发展。高校中，包括教师、管理者和后勤工作人员在内的教育者,在思想政治教育工作过程中居主导地位。教育对象或学习主体能否实现思想矛盾转化,教育内容和教育方法能否创新以及能否取得预期成效,良好育人环境和氛围的营造好坏,都离不开教育者主导作用的发挥。只有利用政策导向作用,切实调动教育者的主动性和创造性,才能使教师真正教书育人,管理者管理育人,后勤工作者服务育人,进而实现全员育人、全方位育人和全过程育人。

二、以管理创新健全和完善全员协同育人的长效机制

思想政治工作是一个复杂的系统工程,其复杂性和系统性决定了多部门管理的必要性。管理创新是加强思想政治工作的重要保障。高校必须以管理创新为着力点,努力构建全员协同育人的长效机制。

(一)加强领导,健全和完善协同育人的领导体制和工作运行机制

(1)在坚持党委领导下的校长负责制基础上,构建党政齐抓共管的、符合高校特点的管理模式——四级管理模式。第一层级:学校层面成立学生思想政治工作领导小组,党委书记、校长共同担任组长,由负责学生工作的一位党委副书记(兼任副院长)分管,办公室挂靠党委学生工作部,日常工作由学生处、人事处和教务处共同负责。第二层级:学院(系)层面成立学生思想政治工作领导小组,学院(系)党委书记、系主任共同担任组长,由分党委(党总支)负总责,由负责学生工作的一位党委副书记(兼任副系主任)分管,日常教育管理由学生干事、教学干事共同负责。第三层级:学科专业教研室(或年级)层面,学生思想政治工作由党支部书记和教研室主任共同负责,日常教育管理由辅导员和班主任负责。第四层级:基层班组层级,设置学生党支部(团支部),在辅导员或班主任指导下,学生思想政治工作由学生党支部(团支部)负责,日常教育管理实行学生自我教育、自我管理。通过改进和完善工作体制和运行机制,建立和健全各个层级的工作目标及具体任务,落实工作责任制,做到分工负责、责任明确、专兼协同、统筹实施。同时要加强各部门协同联动,构建相关部门联席工作制度,实现教育、管理、服务协同互动、校风教风学风相互

促进的良好局面。

（2）在学校人才培养体系总框架下，健全和完善高校大学生思想政治工作的制度体系，并与办学理念和办学定位、人才培养方案和人才培养目标、学生个性发展和全面成才相融合，把思想政治工作融入教育教学各环节，贯穿在人才培养的全过程之中，健全和完善全员育人、全要素育人、全方位育人、全过程育人的协同育人工作体系，体现大学教育工作的系统性和规律性。

（二）加强思想政治工作队伍建设，健全"全员"协同育人的长效机制

队伍建设是加强和改进高校思想政治工作成效的重要保证，是提升思想政治教育功能、实现协同育人的重要措施。要以专兼结合为原则，既要建设一支政治强、情怀深、视野广、自律严、人格正的思想政治工作专职队伍，又要充分调动和发挥全员立德树人的主动性和创造性，构建"全员"协同育人的长效机制。

1. 高度重视学生思想政治工作专职干部队伍建设

学校党政管理干部特别是专职政工干部，肩负着学生思想政治教育的组织、协调和实施等重要职责，其思想素质、业务能力及工作状态直接关系到大学生思想政治教育工作的质量和效果。高校要建立和完善思想政治工作专职队伍建设的激励和保障机制，确保其担负起思想政治工作相应职责。

辅导员队伍是开展思想政治教育工作的骨干力量。学校要按照规定的比例配备足够数量的专职辅导员，在政策和待遇方面给予适当倾斜，将其作为党政管理骨干队伍的重要组成部分，予以选优配强、考核晋升，充分发挥其在大学生思想政治教育事业中的生力军作用。

2. 高度重视政治理论课教师队伍建设

思想政治理论课教师肩负着用马克思主义理论和中国特色社会主义理论体系武装大学生头脑的光荣使命，是青年学生健康成长的指导者和引路人。要把高校思想政治理论课教师队伍建设纳入教育事业发展和人才队伍建设的总体规划中，严格实行教师任职资格准入制度，按照有关规定核定专任教师编制并配足数量，建立和完善培训体系，不断提高高校思想政治理论课教师的理论素养、教学水平和科研能力,努力建设一支政治坚定、业务精湛、品德高尚、结构合理的思想政治理论课教师队伍。

3.要高度重视和发挥全体教职员工全员育人的作用

立德树人是高校教育的根本任务。广大教职员作为教育者,都肩负有思想政治教育工作的神圣职责。高校应结合校情和学生实际制定和实施相关政策和规章制度,明确教师、管理工作者、后勤服务人员等各类教职员工的职责任务和考核办法,形成全员全过程育人的工作格局和良好氛围。

(三)建立和完善思想政治工作考核评估体系,落实协同育人的各项政策保障措施

高校大学生思想政治工作具有严密的科学性。高校必须注重过程管理,特别要监控教育质量效果,确保协同育人的针对性和实效性。

地方党政及教育部门对高校大学生思想政治工作负有决策、检查和督导责任,对该地区思想政治工作全局具有决定性影响,是实现过程协同的关键性主体。地方党政及教育部门对影响全局的思想政治工作开展情况进行科学评估,旨在了解和掌握所属区域的思想政治工作成效,有利于形成全党全社会共同关心大学生思想政治教育工作的强大合力。

检查评估的核心指标主要包括对上级文件的学习、贯彻和落实情况,以及对本校学生思想政治工作的组织领导、政策措施、工作规划、学科建设、队伍建设、课程建设、条件保障以及育人环境等方面进行科学评价。要将这些核心评估指标纳入高校党的建设和教育教学评估体系,作为衡量高校办学质量和水平的重要指标,并将评估结果作为考评高校领导班子特别是主要负责人的思想素质和工作绩效的重要依据。

高校作为大学生思想政治工作的直接责任主体,还应结合时代特点和本校实际,建立与上级考核原则和评估标准相配套的考核评价细则,对思想政治工作要素进行定期或不定期考核评价,努力提升大学生思想政治工作的协同实效性。

三、以载体创新营造全过程协同育人的教育环境

高校思想政治工作作为一项教育实践活动,其教育功能和教育目标的实现,离不开丰富的教育载体。载体协同创新是加强思想政治工作的重要途径,需以载体协同创新为抓手,营造全过程协同育人环境。

(一)以课程载体协同创新增强课程教育主导作用

课程载体是大学生思想政治教育的主阵地主渠道。习近平总书记指出:"要用好课堂教学这个主渠道,思想政治理论课要坚持在改进中加强,提升思想政治教育亲和力和针对性,满足学生成长发展需求和期待,其他各门课都要守好一段渠、种好责任田,使各类课程与思想政治理论课同向同行,形成协同效应。"①

1. 充分发挥思想政治理论课的主渠道作用

高校应继续加强思想政治理论课的师资队伍建设、课程和教材建设、教学内容、教学手段、教学方法、教学管理、教学质量和效果保障等方面的体制改革和机制创新,将理论与实践相结合、教育与管理相统一,努力探索课程协同育人的长效机制,引导青年学生坚定理想信念,自觉践行社会主义核心价值观。

2. 高校各门课程都要具有育人功能,全员负有教书育人之职责

高校教师要发挥哲学社会科学理论联系实际的固有优势,围绕改革开放和社会主义现代化建设中的重大理论和实践问题,将知识传授与思想教育有机结合,一方面深入挖掘各类课程所蕴含的思想政治教育资源;另一方面将思想政治教育主动融入专业课程教学各环节,体现在教学、科研和社会服务各方面;既要提高学生分析问题和解决问题的能力,又要提升其思想觉悟和政治鉴别力,使之坚定为人民服务的政治方向。

(二)以网络载体协同创新筑牢网络思想政治工作主动权

1. 主动占领高校网络思想政治教育新阵地

对高校思想政治工作而言,网络信息化既是严峻挑战,又是创新动力和工

---

① 《习近平谈治国理政》第二卷,外文出版社 2017 年版,第 378 页。

作平台。为此,首先要着力形成学校党委统一领导、分工负责、分类落实、协同推进的网络思想政治工作新格局;其次应按"核心+骨干+基础"的组织模式,形成网络思想政治教育工作体系,加强网络思想政治工作队伍建设;再次要开展学生喜闻乐见、生动活泼的网络思想政治教育活动;最后应健全校园网信息发布制度和舆情监控制度,积极引导和规范大学生网络言行,牢牢把握网络思想政治工作主动权。

2. 创建高校网络思想政治教育新平台新模式

通过建立"大学生成长发展数字化平台",实施"大学生在线引领工程""大学生网络文化工作室",开发建设"辅导员博客之家",全面加强校园网络建设,积极探索建立"互联网+高校思想政治教育"工作新模式。建设将知识性、趣味性、思想性、服务性融为一体的主题教育网站和网页,加强微信微博等新媒体体系建设,形成以官方微博为龙头的校园微博矩阵,既可拓展高校思想政治工作的渠道和空间,又能通过网络平台及时了解学生思想动态,有效开展网上思想疏导、舆论引导和知识教导,扩展高校思想政治工作的覆盖面、辐射力和工作合力。

(三)以文化载体协同创新增强校园文化育人功能

1. 以院校办学精神为核心,将文化育人内化于心

高校办学精神具有引领文化风尚、教育感化学生成才的作用。通过凝练办学传统和大学精神,创新工作方式方法,强化人文精神的导向功能、校史校训的熏陶功能、制度文化的认同功能、人文关怀的情感激励功能、校友资源的榜样功能、和谐氛围的育人功能,充分发挥文化潜移默化的育人作用,是文化载体协同创新,增强校园文化育人功能的核心所在。

2. 以校园文化建设为依托,将文化育人外化于形

如果说深厚文化传统是校园内在灵魂,那么优美校园环境和多彩人文景观则是其外在形体。通过推广智能识别系统,形成统一美观的文化标识,系统规划校园景观和风景布局,将高校办学传统和办学精神寓于品牌文化活动设计中,可以让优秀校园文化通过特色品牌文化活动,陶冶青年学生情

操,端正学习态度,明确学习目标。

3. 以制度文化建设为保障,将文化育人固化于法

制度文化和法治环境是文化育人的重要保障。为此,高校应以党务公开、校务公开为重点,推进现代化高校制度建设,规范设计体现高校学术氛围的重要典仪流程,健全高校大学生以学生会、学生社团为载体参与学校民主管理和自我管理的制度机制,加强讲文明、懂礼貌的养成教育,体现高校校园文化的自由、民主、法治和秩序。

第七章　高校思想政治工作环境协同

　　我国社会经济、政治、文化的深刻发展赋予了思想政治工作环境以新的变化与影响，提出了新要求、新任务，高校思想政治工作要全面接受新理念、新目标，全面进入新的征程、新的气象，同时也肩负起一系列新变革、新作为。当前的教育实践中，学校教育、家庭教育和社会教育构成了新时代教育整体育人的系统工程，三者各自担负着十分重要的责任，任何一方出现松懈或问题，如学校教育孤立或家庭教育随意或社会教育无力等情况，都难以形成协同育人有效合力。我们清楚地看到，工业化、信息化、全球化加速推进，意识形态斗争曲折复杂，使新时代思想政治工作环境变得更加复杂多变，新情况、新问题的不断出现，直接影响到我们一再强调的全方位、全过程协同育人机制。因此，构建良好的思想政治工作环境协同机制，已成为高校聚焦立德树人、弘扬爱国奋斗精神的迫切任务和工作重点。

第一节　高校思想政治工作环境
协同的概念与生态

　　马克思曾指出人创造环境，同样环境也改变人。人是教育和环境的产物，但"环境是由人来改变的"①。大学生在塑成思想政治素养过程中，离不开其所处的思想政治工作环境，无论是外在环境还是内在环境，都与思想政治教育

---

　　① 《马克思恩格斯文集》第 1 卷，人民出版社 2009 年版，第 500 页。

186

不停地进行物质、信息、能量等交换,相互作用相互影响,促进思想政治素养不断养成。因此,弄清思想政治工作环境的含义,把握思想政治工作环境协同的功能作用,有利于更好地做好高校思想政治工作。

一、思想政治工作环境协同的概念

对于思想政治工作而言,环境是一种重要的教育力量,它不仅包含水、土、空气、动植物等自然的物质因素,最重要的是还包括思想、信念、规则、法律等人文的非物质因素。某种意义上说,人是环境与教育的产物,环境是人格形成的必要条件;同时我们也应认识到"环境是由人来改变的"。认知环境、创造环境、善用环境,是促进思想政治工作环境协同建设的必由之路。

(一)思想政治工作环境的概念

1. 环境①

思想政治教育总是在一定的社会环境中存在和发展的,同时它本身也是一种社会活动和社会现象,因此离不开社会环境。《辞海》对于"环境"的解释为:一是指"环绕所辖的区域,周匝",二是指"围绕着人类的外部世界,是人类赖以生存和发展的社会和物质条件的综合体"。所以环境在一般意义上是指环绕某一中心或中心体的周边事物、周边体。它也是指定事物所存在的空间内的各种条件的综合,它总是相对于某项中心事物、中心体而存在,外在于此中心事物并对之发生影响,作为事物的外部影响力而存在。

2. 思想政治工作环境②

环境是十分复杂的,人的思想意识是对复杂环境的一种反映。同样,在思想政治工作过程中,那些影响思想道德发展和思想政治效果发挥的内外因素,构成了思想政治工作环境,形成了一定的生态环境系统。广义上的思想政治

---

① 参见孙其昂、黄世虎:《思想政治教育学基本原理(第四版)》,河海大学出版社 2015年版。

② 参见孙其昂、黄世虎:《思想政治教育学基本原理(第四版)》,河海大学出版社 2015年版。

工作环境是多样的,既包括常见的平原山川、森林草地、矿产资源等自然环境,也包括政治、经济、文化、社会风气等社会环境。狭义的思想政治工作环境通常指的是学校环境、家庭环境、单位环境和社会环境。不同的范畴,分类也多有不同,例如有的学者把思想政治工作环境概括分为"大环境"——社会环境、"小环境"——家庭环境、学校环境等,也有的学者把思想政治工作环境直接分为"物质环境"和"精神环境"。不管怎么划分,我们都能从中看出思想政治工作环境具有广泛性、动态性、直观性、特定性、参透性、创造性等鲜明的特征。

3. 思想政治教育生态①

它是指一切对思想政治教育的运行及其发展产生各种影响的内外部因素之间关系及结构的总和。"它与思想政治教育环境的区别主要在于(1)环境是外在于思想政治教育的,而生态则是内外部因素交互作用的整体形态,它依赖于内外部的良性循环;(2)环境所强调的是环境因素对思想政治教育的作用与影响,而生态则强调各环境要素的作用之间存在的平衡关系。在一个生态系统中,各种因素会相互作用,相互影响,而其各部分之间应当相互协调,相互适应,达到一种动态平衡。"②思想政治工作环境是指思想政治工作外部境况的总和,它有现时性、阶级性、多样性、两重性、动态性等特点。

基于以上对于环境的论述,我们认为高校思想政治工作环境主要指"四个课堂"环境:课堂教学、校园文化、社会实践、网络世界,以及四个课堂所呈现的文化生态环境。

(二)思想政治工作环境的影响

1. 环境影响着主客体关系

江泽民曾指出,"改革开放和现代化建设,带来了经济的快速发展和社会的巨大进步,增强了人们的竞争意识、效率意识、民主法制意识、开拓创新精

---

① 参见孙其昂、黄世虎:《思想政治教育学基本原理(第四版)》,河海大学出版社 2015 年版。

② 戴锐:《思想政治教育生态论》,《理论与改革》2007 年第 2 期。

神,为我们做好思想政治工作创造了更好的物质条件和精神条件"①,"随着市场经济的发展,商品交换的法则也容易侵蚀到社会政治生活和人们的精神领域,引发见利忘义、权钱交易,导致国家意识、集体意识和互助精神、奉献精神的减弱"②。社会环境的变化影响着人们思想的变化,增加了思想政治工作的难度,也提出了新的挑战。

2. 环境影响着原则的构成

思想政治工作包括先进性和广泛性要求相结合、教育和管理相结合、解决思想问题与实际问题相结合等原则,是思想政治工作中必须遵循的基本准则。不同的社会阶层和群体,他们的经济状况、生活环境、思想认识、文化素质、心理特征都有所不同,这就决定了思想政治工作必须根据教育对象的差异制定不同的教育目标、内容和方法。

3. 环境影响着内容方法的运用

思想政治教育工作是动态的实践活动,它随着社会需求、外在环境的变化也在发生着变化,给其内容、构成要素、教育对象都带来了新的影响。同时,这种变化或影响促使思想政治工作的方式方法、载体、途径等不断丰富、改善,因人施策、因事施策。

二、思想政治工作环境协同的文化生态

在现代高等教育体系中,家庭教育、社会教育是大学生思想政治教育的重要环节和有益补充,有利于提高思想政治教育工作的覆盖率和实效性,是思想政治教育工作的助推器。由于教育的目标一致、过程连续、作用互补,在教育文化层面构成了生态体系。思想政治工作环境的文化生态是相互联系、相互统一的有机统一体,具有自我适应和自我调节的能力,并具有一定的稳定性。可以说,思想政治工作环境协同产生的良好文化生态,具有感染、激励、同化的

---

① 《江泽民文选》第三卷,人民出版社 2006 年版,第 81 页。
② 江泽民:《论三个代表》,中央文献出版社 2001 年版,第 122 页。

作用,能够营造有方向、有温度、有力量、有层次的氛围,对于塑造大学生思想品格、培育职业素养、全面协调发展具有重要的价值意义。

(一)家校协同塑造大学生思想品格

1. 家庭思想政治教育的含义与功能

家庭教育是大学生整体教育的基础。家庭作为个人政治社会化的第一个场所,对政治制度认同具有基础性的影响。① 家庭教育是基于血缘伦理下自发性的教育活动,在教育关系上具有道德性和权威性,在教育内容上具有传承性和丰富性,在教育过程中具有反复性和持久性,在教育影响中具有渗透性与奠基性,相较于其他教育活动,它具有无可比拟的优势和特点。

(1)家庭思想政治教育的含义。家庭思想政治教育是指在家庭环境中进行的思想政治教育,是年长者(主要指父母)对下一代的思想政治倾向、道德品质、法律素养、心理素质等方面所进行的有意识或无意识的一系列教育活动的总和。在日常的生活中,家庭思想政治教育往往以耳濡目染、春风化雨的方式,融入家庭习惯、家庭氛围、家庭作风、处事风格里,形成了"无形"的教育氛围和方式。除此之外,家庭思想政治教育也以"有形"的方式或标准出现,如思想品德、价值取向和情感素养等内容,并通过这些"有形"案例,进行教育认知或示范榜样。家庭思想政治教育涵盖了思想教育、品德教育、政治教育、心理教育、情感教育等方方面面,包括养成教育、公德教育、认知教育、价值观教育等诸多内容,起到了先入为主的定势作用。

(2)家庭思想政治教育的功能。家庭思想政治教育的重点是以品德教育为主,具有指导性、针对性、监督性、连续性等特点。家庭思想政治教育的功能内在本身也是一个统一体系,相互影响、相互作用。

个体功能和社会功能:家庭思想政治教育的个体功能是指促进人的主体意识的形成和主体能力的发展,促进个人思想品德、政治取向等趋向社会需求的满足。家庭思想政治教育的社会功能则是促进个体社会化的功能,主要是

---

① 参见董海军:《家庭因素对大学生政治制度认同的影响研究》,《思想教育研究》2015 年第 7 期。

通过个体思想意识和行为的社会化,确认社会身份和角色。

内在功能和外在功能:家庭思想政治教育的内在功能指伴随外在教育功能所出现的非预期性的功能,内在功能的显著标志是非计划性、非预期性,例如家长的行为方式、家庭环境、家庭文化等。家庭思想政治教育的外在功能具有计划性特征,即积极功能和消极功能,积极功能指的是教育有助于社会进步和个体发展的积极影响和作用,主要是针对教育作用产生的积极良好的效果而言,往往是正面的、积极的功能;消极功能则指的是由于教育与政治、经济发展不相适应,教育者的价值观念与思维方式不正确、教育内部结构不合理等因素,使教育在不同程度上对人的发展起阻碍作用。

2. 家校协同育人合力的形成

做好家庭教育和高校思想政治教育的融合,构建家校联动的教育机制,对于提升高校思想政治教育的实效作用意义重大。高校发挥学校主导作用,坚持学校教育与家庭教育相结合,坚持教育与生产劳动、社会实践相结合,引导家庭增强育人责任意识,协同配合共同提高对学生道德发展重视程度和参与度,形成家校融合、协调一致的育人合力。

(1)提高对家校协同育人认识,增强家校合作的紧迫感和责任感。著名教育家苏霍姆林斯基认为,"家校合作"是"最完美的教育"。事实证明,学校与家庭教育的密切协作与结合,是广大青年学子走上成功之路的有效路径。家校合作的基础是树立平等的家校合作观。家庭参与学校管理是现代教育的必然趋势,高校必须从培养高水平人才的角度考虑,充分认识到家校合作的紧迫感和责任感,消除自己的权威思想,把家校合作视为促进学生成长成才、推动教师业务发展、实现学校发展进步、家庭幸福生活的必经之路;积极建立平等的家校合作关系,做好家校教育内容的互通与融合,积极引导家长参与到学校教育活动中来,开设普及家庭教育知识的讲座或报告,组织专家、学者通俗易懂地传达国家的教育方针、政策,把家庭教育融入学校思想政治教育中来。同时,积极强化家校联系,优化家校合作形式,精心策划协调教育活动,延伸教育培训范围直至与家庭教育自然衔接,既有针对性、科学性,又有灵活性、生动性,尽量减少不必要的环节和影响,携手形成家校协同育人的高效合力。

(2)高校主动作为,协助提高家庭教育水平。高校是家校联动的第一主体。高校把家校协调育人纳入学校的学年工作计划加以贯彻落实,要完善、出台与之匹配的政策制度,按照计划逐步逐项化为行动实践活动,为家校联动的全面开展提供制度保障,形成教育磁场。

值得注意的是,随着网络新媒体的发展,高等教育在迎接发展机遇的同时,也遇到了许多挑战,相关问题如沉溺网络游戏、误入校园网贷陷阱、存在心理危机等问题日益凸显,造成由家校合作流于形式,导致家校教育未能真正发挥其作用。高校积极实施科学、合理的家校联动,消除传统学校教育弊端,唤醒学校的教育活力,改进教育生态。家校之间应相互衔接、相互补充、相辅相成,学校应引导、协助家长从注重家教、注重家风着手,培植健康家庭教育理念,创设促进学生全面发展的和谐家庭、优良家风和良好学习氛围。

(3)家校协同育人促进思政工作的质量和水平的提高。家校协同育人着眼于家庭与学校相结合,以培育人才为核心,把思想教育与专业教学相结合,把智力因素与非智力因素相结合,共同创造良好的育人环境,培养出符合社会需求的人才,最终实现双赢。作为家校协同育人工作开展的组织者、执行者和指导者,高校教师需要关注每一个学生的情绪状态和情感体验,特别是班主任、辅导员、学业导师,他们对学生的影响最为直接,可以联合学生家庭的力量,多管齐下地开展家校协同,尤其是关注学生的思想道德和人格养成,真正助力每一位学生的健康成长成才。学生家庭可以利用各种机会,如陪同新生入学、参观学校看望学生、参加学校组织的活动等,与学校思想政治教育、专业知识教育结合起来,做到同频共振,协同共进,全面提高学生的思想品德素养和专业知识水平。

3. 夯实学校德育,促进学生规范的自觉养成

高校夯实学生成长的德育工程,是构建家校协同育人校园的基础。

首先,坚定立德树人这一根本理念,坚持教育走在教学前面,通过教学成

就教育这一育人理念,继承发扬丰富多彩的校园文化,不断创新德育形式,丰富德育内容,拓展德育渠道,在润物细无声的德育渗透中,培养学生自主学习、自主发展、自主管理的能力。

其次,要以学校为中心,以家庭为基础,加强德育组织和制度建设。通过制定职业院校学生德育实施方案、学生德育素养规范、测评等制度,从上到下,开展各项适合学生成长的主题教育活动,多角度、全方位地构筑起促进学生成人成才的德育平台,从组织上、制度上加以完善保障。

最后,以培养"全面发展的人"为根本目标,大胆探索和寻求传统优秀教育思想与学校现实要求的结合点,并赋予新的内涵,促进学生明德立志、夯实基础、学做真人、幸福成长。

(二)校企协同培育大学生职业素养

人类在社会活动中需要遵守的行为规范被称为职业素养,其核心在于职业道德、职业信念、职业知识技能和职业行为习惯,这与人生观和价值观是紧密相连的。实践证明,大多数企业择选用人时,最关心的是高校毕业生的职业素养,如毕业生的职业道德、职业精神、合作精神与创新意识等。对于用人企业单位而言,一位合格的员工集中表现在热爱本职工作、谦虚谨慎、尽职负责、敢于担当、注重团队协作,也就是能够在日常工作中沉得下心、认真完成工作任务。这也是用人单位对新入职人员职业素养的基本要求。

同时,高校大学生是一个特殊的社会群体,职业素养的高低直接影响到他们的就业状态和发展态势。进一步讲,职业素养的高低直接关系着求职大学生就业理想实现与否或就业状态稳定与否,这是值得高校深入思考的迫切课题。高校要从提升职业素养入手,着重提高学生就业竞争力,使学生真正成为企业欢迎、符合国家经济社会发展需要的"高素质、高技能型"人才。

1.高校大学生职业素养培育的困境

(1)学生职业素养认识模糊。职业素养是一个多层次立体化的概念,对于很多高校大学生而言,他们对未来职业并不了解,职业素养只是一个模糊的概念。在日常学习生活中,他们往往把职业素养简单等同于职业能力,不知道从哪些方面着手提高自身职业素养,特别是容易忽略对职业素养其他方面的认识和培养,如职业意识、职业道德、敬业精神等。如果高校大学生缺乏提升职业素养的自觉性,对此理解不到位、认识不充分,对所从事工作环境、工作要求将难以适应。而现代企业用人基本的考核要求恰恰就是员工所具备的职业素养。因此,做好职业规划和提升职业素养是非常重要的一个环节,高校大学生在校学习期间首先要解决的就是提高对职业素养的认识。

(2)部分高校重视程度不够。随着我国市场经济的建立和完善,社会需求也发生了许多变化,对人才的需求及对大学生职业素养、职业技能的要求日渐提高,高校毕业生的就业形势日益严峻,大学生就业指导和职业教育已引起了高校和全社会的广泛关注。相比之下,一些高校对职业素养教育没有足够重视,并没有按照社会需求确立就业期望和就业心理,有针对性、系统性地开设职业素养课程,而只是把它作为一门选修课供大家自由选择学习,忽略了学生的个性化需求和对第二课堂的指导,把职业素养课程的开设与实施重点放在第一课堂,难以满足学生实际的需要。

(3)教学方式方法缺乏吸引力。高校开设的职业素养类课程中,有些教学方式方法陈旧,课堂吸引力不强,良好的教学方式方法才是增强课堂吸引度的关键。要激发学生学习的积极性,不能"照本宣科"或"满堂灌",要让学生积极思维,激发他们的求知欲。还要不时地给他们提出一些问题,给他们心理形成一定的压力,从而使他们能振奋精神,集中注意力。此外,在教学过程中还应鼓励学生提问,形成课堂上的互动,使自己的教学做到有趣、有味、有奇、有感,从而增强课堂的吸引力、影响力,提高课堂教学针对性和实效性。

(4)企业协同育人深度偏低。由于我国教育机制尚待完善,高校与企业在人才培养的过程中有明显差异。一些企业对高校人才培养的促进作用未能充分发挥,校企之间的功能互补优势也没有充分发挥出来,校企双方相互融合的力度、深度不够,企业很少参与到职业素养课程开设与具体教学实践过程中,导致双方不能共同构建课程体系、开发教材、组建教学团队、更新教学和实践内容。

2.高校大学生职业素养培育策略

(1)把立德树人放在职业素养培育的首位。培养社会主义建设者和接班人是教育的根本任务,高校要全面贯彻党的教育方针,坚持把立德树人放在人才培养工作的中心环节,提高对学生职业素养培育的重视程度,基于"工匠精神"培养高校学生职业素养,把职业素养培育融于学生教育教学的全过程,构建校企合作协同育人模式。同时,把个人成长成才与职业素质养成结合起来,把企业文化熏陶与职业竞争力提升结合起来,实现校企合作与人才培养的新融合。

(2)构建校企师资互聘机制。职业素养培育需要多方力量协同参与,高校要从符合新时代社会发展的实际需要,推行校企合作教育模式,挖掘校企各自优势力量共同完成。尤其是在职业素养培育师资上,可以联合院校专家教师与企业优秀管理人员、技术骨干力量,实行"双导师"和教学团队机制,聘用德育导师、专业导师、职业导师、企业导师,组成具有专业和实践优势的师资团队。坚持院校是培育学生主阵地的原则,规范培育学生,有针对性地提升学生职业素养培育水平,不断培养出更多具有"工匠精神"的优秀的专业型高素质人才。

(3)拓展校企协同深度,巩固第二课堂培育活动主阵地。对于高校大学生来说,每一位学生都有必要了解掌握职业生涯所需要具备的职业素养,做好自己的职业生涯规划。高校要从新生一入学开始抓起,促使学生的职业能力向高度专业化发展。在教学实践工作中不断探索创新,除了加强提高第一课堂的教学水平之外,深度发挥校企协同功能,还要多渠道多层次拓展第二、三、四课堂,有效衔接第一课堂与第二、三、四课堂之间的联系,加大加强职业素养的培育力度。

①加大职业素养培育活动宣传:高校联合企业,制订职业素养培育实施方案,在新生入学之后,通过校园网络、校园广播、电视系统、海报板报等形式动员职业导师、辅导员、班主任,结合入学教育、主题班会、第一课堂等,进行宣传、指导,让广大师生了解培育活动的流程、要求和意义,同时利用第二课堂深

入开展、推广职业素养培育活动,达到全员参与的目的。

②开展职业素养培育咨询、测评活动:职业素养培育活动实施方案确定后,设置活动咨询点、联系人、联系电话,公开接受广大师生的询问,并根据活动实际进展情况,适时组织职业素养培育活动比赛,激励职业素养优秀学生,引领职业素养培育深度开展。

③实施职业素养培育活动:由导师团队向学生提供职业素养培育活动安排,按照职业素养各个模块,组织开展职业素养培育的各项具体活动,如面试技巧、职业体验、主题沙龙、模拟训练、社会实践等。导师与学生之间可以通过当面交谈或网络交流的方式交流心得体会,也可以邀请专家与企业家来校演讲指导。同时,通过记录学生参与职业素养培育各活动模块的完成情况,进行分析、评估、总结。

④完善职业素养培育活动模块:专门成立课题组,让学生参与进来,深入分析对学生职业素养的影响因素,从在校生、毕业生以及企业三个维度进行问卷调查,调查内容包括年龄、专业、职业规划、就业企业性质、职业发展、学生评价体系等,对调查结果认真分析整合。同时,运用调查结果不断完善职业素养培育实施方案,进一步补充完善培育活动模块、内容,开展综合职业素养教育实践活动,适应新时代社会、企业的新需要,满足"00后"大学生对职业素养提升的新需求,促使每一位学生顺利实现"职业人"的有效转身。

⑤持续跟踪职业素养培育活动:职业素养培育活动塑造了未来企业员工必备的职业素养,在此期间导师团队记录了在校学生参加职业素养培育情况。同时,导师团队指导、帮助大学生们在人才竞争激烈的舞台上,找到归属感,体验成功,建立自信,使学生能够在职场中更加得心应手。通过持续跟进职业素养培育活动,为人才培养模式不断注入源头活水,才能使高校学生不断"破茧成蝶"。

(三)家校企协同促进学生全面发展

坚持产教融合、家校企合作,增强职业素养教育的亲和性、实效性等,提高教育人才培养质量,创新人才培养模式,突出学生实践能力培养,促进学生德才兼备、全面发展,深化校企协同育人成效。

1.家校企协同的内涵

家校企协同是指家校企合作教育的创新,主要包括校家、校际、校企、校地以及跨境合作等多元主体的协同体系,目的是适应社会与市场需要,结合市场反馈和导向,注重提升学生思想素养、实践技能和创新发展能力。概括地说,就是把职业人才培养质量放在首位,以德为先,培养学生的职业道德;以才为优,培养学生职业技能,有针对性地培养人才,重视全面培养发展学生。

家校企协同倡导的人才培养模式强调的是以现代教育思想理论为指导,培养既有思想能力又有应用能力,既有战略能力又有创新能力的高素质人才。家校企协同不是简单结合,而是将所有优势要素、资源进行协调互补、共享发展,直接服务学生学习、服务学生实训、服务学生就业、服务学生成才,最终实现协同教育效果的最优化。

2.家校企协同教育创新优化

(1)创新家校企协同机制,提供有力保障。首先是创新健全组织机构,提供组织保证。组建家校企协同专家咨询委员会,做好顶层设计,加强战略谋划,提供指导咨询,从战略上推进产教融合,畅通学校融入地方经济发展的渠道,深入推动家校企协同育人工作开展。其次是创新健全机制,提供机制保证。创新高校人才培养相关机制,创新家校企三层协同评价教育管理机制,为培养应用创新型人才提供机制保障。最后是创新健全制度,提供制度保证。高校创新制定适应家校企协同人才培养的一系列相关规章制度,从制度上保证人才培养与企业需求、社会需要的有效衔接。

(2)推进教学改革,完善课程体系。高校与企业共同制定教学目标,逐步实现学术课程、技术课程与职业资质课程相结合。完善职业教育专业教学标准,积极建立真实应用驱动教学改革与产业技术进步驱动课程改革机制,以能力为本位,把企业岗位的核心要求转化为对应的学习场景,按照职业资格标准和科技发展水平规划开设教学内容,完善制定衔接紧密、特色突出的专业人才培养方案。同时,我们将进一步加强和改进公共基础课教学,将中国传统优秀文化、优秀校园文化、良好的家庭美德、家教家风、职业道德和人文素质融于人才培养各个方面和环节中,提升职业院校学生综合素质和创新能力。

(3)共建协同教育实践创新平台,提高学生实践创新能力。家校企在不断深化教学改革的基础上,突出内涵建设,建立战略合作关系,以实验室建设为基础,共建各类特色实践基地,全方位、多角度地为学生搭建实践创新平台,努力提升学生实践创新能力。在夯实实践创新平台建设的过程中,家校企还应加强合作,创建形式多样的校企联合实习基地。以真实的企业案例培养学生实际操作能力,为学生实践应用能力提高提供了贴近实际的平台,真正让学生学以致用,并学有所长,实现了学生从学校走向行业的"无缝连接"。

(4)加强德育建设,实现家校企共培模式的有效融合。家校企共同培育人才模式首先要把学生德育建设放在首位,形成相应的机制、制度、传统、文化,不断熏陶、反复滋养学生思想品德和精神状态,催化学生养成、巩固职业道德的行为习惯。通过设立家校企协同育人指导委员会,组建德育专家指导团队和成立德育模范专家工作室,专门负责学生德育培养的日常工作和运行管理,并延伸到专业、年级、班级、党支部、团支部,把德育及职业教育融入教学过程中实施,并实行校企双考核制度,从多方面考核、评价、引导人才培养效果,共同培养符合家校企三方需求的德才兼备的学生。同时,密切家校企之间联系,尤其是密切学校和企业的联系、加强学校管理部门与企业生产车间、专业导师与实践导师的沟通交流,构建三级联动运行管理、共同培育模式,拓展保障协作、共管共育校企合作新格局,保障职业道德培养的长效性。

第二节 高校思想政治工作环境
协同建设的必要性

作为一个开放式的教育生态系统,思想政治工作环境需要通过与外界环境进行充分的信息和能量的交换与流动,以及内在生态的培育发展来增加本身系统效能。因此,思想政治工作环境协同建设具有社会性、开放性、实践性、文化性等特点,它的内在需求必须适应学校教育模式由过去封闭运作模式向现代多方参与、多层次相互支持的协同教育模式转化,以达到水乳交融、事半功倍的育人效果。

一、协同加强思想政治工作环境协同的外部生态建设

就受教育对象来说,成长成才的环境至关重要。思想政治教育工作环境与周边的社会环境、人文环境、生态因子(历史、经济、文化、法律等)等必须相协调,这些环境共同构成了大学生成长成才的外部生态。对于思想政治工作环境协同建设而言,要加强外部生态建设,需要积极创造条件加强并营造良好的外部环境氛围。

第一,协同全社会参与的宣传格局。政府各部门坚持正确的政治方向和舆论导向,坚持精准宣传,突出宣传重点,牵头形成家校企搭台、全社会协同参与的宣传格局,做到政策执行和落实过程的有机衔接;通过宣传和教育,弘扬时代主旋律新风尚,营造良好的社会文化氛围,促进大学自觉行动,达至"知行合一"。

第二,协同各方面力量组建专家指导团队。针对思想政治工作环境协同外部生态建设存在的主要问题,要协同政府教育职能部门人员、高校教师、就业单位专家等多方面的精干力量,组建思想政治工作专家指导团,掌握思想政治工作规律、宣传党和国家政策等方面,创新工作方式方法,对高校大学生进行针对性的专题辅导。

第三,协同建立高校学生公共服务体系。调动大学生自我教育的主动性、积极性,校企成立或联合成立专门部门、岗位,在各自职责范围内制定、完善配套政策,细化可操作性的流程,把大学生纳入公共服务体系中,为大学生自我成长教育、创新创业提供指导和支持服务。

第四,协同开展文化活动。传承中国优秀传统文化,弘扬社会主义先进文化,突出主旋律,弘扬正能量,搭建文化大戏平台,以文化艺术团、大学生社团为载体,开展各类文化活动,活跃文化氛围,增强大学生文化自信。鼓励大学

生利用假期开展企业文化调研实践、科普文化采风创作等活动,通过参观走访企业,学习感受企业家的创新创业精神,了解社会诉求和企业需要,逐渐使大学生融入文化环境中,树立文化自信。

第五,营造良好校风学风。家校企联合营造良好的校风学风,延伸至企业文化教育。通过组织举办与专业学科紧密相关的学术讲座,开拓学生知识视野,优化学生的知识结构。积极邀请学界专家专门为学生讲述学术前沿问题、最新专业研究成果,给学生带来丰盛的学术盛宴。同时,指导学生参加科研课题工作,鼓励学生申报、参与科研课题,倡导班级开展"学术沙龙"等活动,学生为主,教师为辅,师生共同成长、共享感悟,共建校园浓厚的崇尚品德、追求学术至上的氛围。

二、协同推进思想政治工作环境协同的内在生态环境

受教育者不仅是思想政治教育的对象,也是创造生活的主体。在高校思想政治工作教育工作与外部环境协同演进的过程中,必然促动内在生态环境,从自强意识、思想平等、创新精神等时代精神素养的角度,正确认识和把握思想政治工作环境协同作用的内在生态环境,合理制定思想政治教育目标,使受教育者真正理解和接受、内化道德教育的内容,培育学生高尚情操、理想人格和健康心态。

其一,内在生态环境受到社会大环境的冲击影响。内部生态环境受到社会环境的影响。随着社会主义市场经济的繁荣发展,社会环境发生了前所未有的变化,社会生活发生了翻天覆地的变化,社会阶层、社会组织和社会群体结构多样化发展。此外,还对社会文化和价值观的多样性和丰富性产生重大影响。社会是具体而复杂的,全球化和信息化促进了物质信息和能源的越来越频繁和快速的交换,为社会带来了源源不断的生机和机遇。同时也给高校大学生的心灵带来了巨大的冲击和困惑。特别是现今社会,网络信息传播渠道四通八达,对高校大学生产生了微妙的影响。

其二,协同培育高校学生自强意识、平等思想、创造精神。首先,高校学生

要树立的是自强意识。自强是个体生存发展的基础动力,也是个体不安于现状,依靠自己勤奋进取,不断努力奋斗向上的可贵品质。高校学生成长成才必须具备自强意识这一良好品质,才能在社会中站稳脚跟,不断实现个人和社会价值。在生态学中,自强意识也是生态性理念的有机展现;个体自强推动整体发展提升,没有个体自强,就没有整体发展,重视整体发展必须先从重视个体开始;反之亦是,二者相辅相成、相互作用,构成良好生态环境。其次,高校学生要树立的是平等思想。平等思想强调的是社会的公平正义,社会平等应是人格平等、机会平等和权利平等的统一。高校学生要做追求平等遵守规则的人,做公平正义社会的创造者,也要做公平正义社会的享有者。最后,高校学生要树立创新创造意识。创造力是高校学生素质能力持久权重的重要指标,也就是产生新思想、发现和创造新事物的能力。高校学生要具有创造力的前提是具备创造意识,具备能够自觉运用创新思维,发挥创造潜能,力求产生创造性成果的思想观念,进而才有创造成果。高校要最大限度地培养每个学生的创造意识、创造力,突出体现出人才的独有价值。

其三,协同关注大学生的心理环境和亚文化。高校思想政治教育的目标是大学生和高校人数最多的群体。这些群体属于同一年龄阶段,在兴趣和爱好,价值观形成的时代条件和社会环境方面具有天然的相似性和亲和力。因此,每个因子相互吸引、相互作用,关系也最密切,身份和归属等影响能力最强。在日常的学校生活和学习过程中,处于"领导层"的大学生或学生干部将在个人平等交换各种信息和意见的平台上得到普遍认可,自然会出现权威,在学生中更容易获得更高的情感和价值认同,这将成为大学生情感发展的基础和核心。因此,高校在思想政治教育过程中通过宣传和示范,不断吸引更多的大学生向社团靠拢,实现大学生自我教育的目标。同时,作为高校思想政治工作者,我们必须尽快加深理解并融入学生社区。我们必须不断认识到,青年大学生的偶像崇拜,语言交流、沟通,消费行为及心理和服装潮流,都表达和呈现了群体的心理状态和思想价值,这些都与道德品质的发展既有联系又有区别。教师和思想政治工作者只有在不断把握共性和差异,真正融入学生,了解学生,回归生活,形成健康的师生互动关系,才能在大学生群体中具有说服力和影响力,才能把德育教育扩展到更深入和更广泛的范围。

三、建立思想政治工作环境协同的有效机制

随着鼓励、支持思想政治工作环境协同建设举措的不断实施和推进,高校思想政治工作环境协同建设有所改善,这对于促进高校思想政治教育和创新创业教育具有积极的影响。但同时我们也要明白,思想政治工作环境协同建设单靠某一方面是不可能完成的,它涉及政府、学校和企业等各个方面。建立由政府、高校和企业等参与的"高校思想政治工作环境协同建设联席会议制度"平台,把高校思想政治工作环境协同建设涉及的各方面力量组织起来,各方面力量按照职责分工,主动自觉开展研究思想政治工作环境协同建设工作中自身的作用及与其他方面的矛盾与问题,及时掌握情况,并提出相应的解决方案,通过联席会议,讨论协同方案,会后认真落实联席会议部署的具体工作任务,不断妥善处理需要通过跨行业协调配合解决的问题,从而形成互通有无、互相配合,全社会共同参与、齐心协力做好思想政治工作环境协同建设工作的良好局面。

建立推进思想政治工作环境协同建设的有效机制,需要重点把握两个方面:一是构建协同平台。近年来,无论是政府、学校还是其他组织,认识到了思想政治工作环境协同建设的重要性,在加强推进思想政治工作环境协同方面做了大量工作,取得了一定的成绩。但是由于体制、条件及认识等原因,在协同推进高校创业教育环境建设方面还有待深化。最为突出的问题就是政府部门、企业和高校之间缺乏交流沟通的平台,不能实现很好的协同,有时甚至出现互相矛盾的做法,整体功能得不到充分发挥,导致思想政治工作环境协同建设工作效率低下,质量和效果不佳。二是营造协同氛围。长期以来,以就业为导向的教育有蜕变为守成教育的趋势,没有形成思想政治工作环境协同建设的舆论氛围和育人氛围,宣传报道很少,先进做法少,树立的典型更少,造成的错觉是协同与不协同都不重要。

第三节　高校思想政治工作协同文化生态优化

费孝通先生说:"文化的深处时常并不是在典章制度之中,而是在人们洒扫应对的日常起居之间。一举手,一投足,看似那样自然,不加做作,可是事实上却全没有任意之处,可说是都受着一套从小潜移默化中得来的价值体系所控制……愈是基本的价值,我们就愈是不假思索。行为时最不经意的也就是最深入的文化表现。"①社会日常文化生活,不仅外显地体现在中华民族的风俗习惯、饮食建筑、生产生活上,而且已经深深地内化为人们的心理素质和民族性格,渗透到不同历史时期社会生活的各个领域,成为制约人的思想形成发展的重要因素。因此,文化深刻影响着高校大学生的成长成才。通过营造以善化人的社会文化环境、打造以文化人的校园文化环境、塑造以和化人的家庭文化环境和创造以合化人的行业文化环境,可以促进高校思想政治工作协同文化生态的优化。

一、营造以善化人的社会文化环境

社会文化环境是指在一种社会形态下已形成的信念、价值观念、宗教信仰、道德规范、审美观念以及世代相传的风俗习惯等,被社会所公认的各种行为规范。② 社会文化环境在思想政治教育生态系统建设中起着关键作用,对大学生的思想行为产生着重要的影响。坚持正确的舆论导向,弘扬中华传统优秀文化、弘扬社会主义核心价值观、弘扬社会正气,营造向上向善的社会文化氛围,有助于大学生正确价值观的形成。

第一,文化软实力氛围优化。

首先,文化领导权的自觉建构。葛兰西认为:"一个社会集团的霸权地位表现在以下两个方面,即'统治权(domination)和'智识与道德的领导权'(in-

---

① 费孝通:《美国与美国人》,生活·读书·新知三联书店1985年版,第76页。
② 参见 https://baike.so.com/doc/5381876-5618218.html。

tellectual andl eadship）。"①中国特色社会主义政治主导、中华传统文化主导、社会主义核心价值观主导，虽然是对不同层面主导的概括，但在性质与方向上是一致的，只是内容侧重于政治、文化、法律、道德、哲学等不同意识形态主导。② 因而要在继承党的意识形态工作良好传统基础上，注重对意识形态工作的策略研究，"坚持党管意识形态的原则，以党的思想政治工作为主渠道，正确处理好意识形态'淡化'和坚守的关系"③。要推进意识形态文化化发展，"意识形态要契合文化媒介的物质加以传播；意识形态通过制度文化的构建加以强化；意识形态通过文化环境的营建加以熏陶；意识形态通过文化产品的消费加以影响"，④社会主义意识形态要占据社会的大量的传媒工具，不仅包括传统的平面媒体，而且包括现代电子传媒；不仅包括由执政党与政府控制的主流媒体中的官方文化，而且包括通过各种掌控制度等途径支配着大量精英文化、商业文化、草根文化等，随时随地并且大量地持续向社会公众进行发散与共享；要通过文化产品和服务在文化产业、文化事业的发展中不断再生产，将"各种亚文化融合到社会主义核心价值体系中，在整个社会中起价值导向和文化空间塑形作用，确保主导文化在社会中的领导权"⑤。由此可见，社会文化对大学生的价值观发挥重要影响。

其次，生动的"软实力"建设与社会主义核心价值体系建设的引领，是维护一个政党的意识形态安全，巩固文化领导权的需要，也是维系一个政府的社会动员和社会团结的精神力量。一方面，我们党不断加强文化软实力建设，在党内开展一系列政治学习和理论武装头脑活动，通过在国民教育系列开设的思想政治理论课，通过设置教育目标和明确教育任务，通过专业政策与课程政

---

① ［意］安东尼奥·葛兰西：《狱中札记》，曹雷雨译，中国社会科学出版社2000年版，第38页。

② 郑永廷、江传月主编：《主导德育论》，人民出版社2008年版，第5页。

③ 周宏、董岗彪：《试论当代中国意识形态工作的基本策略》，《河海大学学报》（哲学社会科学版）2010年第1期。

④ 林滨：《当代意识形态的发展与"文化化"》，《教学与研究》2011年第4期。

⑤ 范玉刚：《大众文化的僭越与文化领导权重构》，《江苏行政学院学报》2008年第4期。

策,通过各种途径和方式培训,提升大学生思想政治素质,坚守马克思主义信仰和社会主义信念,为重构和巩固中国共产党的文化领导提供产业整体实力和竞争力,为文化领导权重构提供载体支持和文化产业支撑;另一方面,社会主义核心价值观体系建设是思想政治教育系统建设的价值实践和内容体系,是"构建中国软实力国内认同的思想基础,也是提升中国软实力国际认同度的内在要求,是中国软实力建设的根本路径"①。要坚持用社会主义核心价值体系引领社会思潮,确证中国特色社会主义的主流价值的价值指向,不断增强自身解决思想问题和现实问题的能力。

习近平总书记明确了宣传思想工作必须遵循的方针,"坚持团结稳定鼓劲、正面宣传为主","弘扬主旋律,传播正能量"。凝聚共识、引导方向和鼓舞激励是宣传思想工作的光荣使命。越是面对巨大挑战和困难,越是攻坚克难,就越要通过正面宣传、不断"点赞",鼓舞干劲、增强信心、激发动力,为不断推进中国特色社会主义事业提供强大的精神力量。全社会要弘扬社会主义核心价值观的主旋律,营造劳动光荣的社会风尚和精益求精的敬业风气,将党的二十大精神落到实处,为高校开展思想政治教育教学活动营造积极的舆论氛围,为大学生提供充足的精神食粮。在持续推进高校思想政治教育工作过程中,社会媒体工作者要树立强烈的政治意识和大局意识,为营造良好的社会氛围作出应有贡献。一是要努力提高自身的政治素养;二是要有阵地意识,自觉维护好巩固党在意识形态领域的主导权,加强学生日常教育;三是要坚持社会主义办学文化,大力弘扬社会主义新时代文化风尚。

第二,社会关系优化。

其一,营造和谐的社会关系。"后工业社会理论在很大程度上强调了一个事实,即个人社会化轨迹是个体行动与社会结构互动的复杂产物,每个社会成员都可能成为思想政治教育关系风格中的一个结点,实现着人与人之间、个人与群体之间、群体之间乃至人们与社会之间的物质、能量、信息的沟通与交

---

① ［法］让-查尔斯·拉葛雷:《青年与全球化》,陈玉生、冯跃译,社会科学文献出版社2007年版,第6页。

换,这种交换大量通过社会纹理影响这种方式而发生或进行,于是便发生了社会活动内容、社会活动场所、社会关系、社会心理与社会信息等几大要素的组合匹配。"①学校作为担当个体社会功能、引导社会成员行为一致性和知识传承的机构,也在逐步面临着来自家庭社会群体媒体和信息社会等一系列社会网络关系所带来的挑战。

其二,社会系统领域多元力量的支持。"行动者主要依据社会规则体系(包括那些组织和支配社会统治的规则体系)来设计其行为,扮演各种角色,维护自身利益。行动与互动,社会行动者支配并改变他们周围的物质环境、制度环境和文化环境。"②首先,国家、政府、企业、组织、个人等都可以是思想政治教育的主体,这些主体功能的合力能够为思想政治教育系统建设提供更多动力,因而要充分开发,挖掘多元主体传承、创造和发展功能。其次,思想政治教育是党的意志和决策的外显和具体化,通过党委领导系统、政府行政管理系统中的领导干部的政治行动和管理行为,能够将抽象的政党意志与决策转化为现实的思想政治教育行动,更好地贯彻思想政治工作要求,提升思想政治工作效益。最后,第三部门或组织正在成长,相对独立的社会个体及主体力量不断成长壮大,为文化领导权重构提供了重要的主体条件。

总之,我们要从影响思想政治教育系统的社会基础——社会结构转型与变迁背景下,考虑思想政治教育系统存在的环境变化;同时这种现代性也给思想政治教育系统要素之间的互动、结构调整带来挑战,思想政治教育系统内部存在传统与现代、输入与输出等矛盾。因此,孤立的研究难以突破,必须运用系统思维加强对整个思想政治教育系统进行全局性、全方位的观察,防止片面性和孤立性,运用系统思维根除思想政治教育系统中存在的"钟摆"式思维痼疾,从思想政治教育系统内部要素的丰富完善与结构的优化和外部经济、政治、文化、社会环境的优化内外两个维度促进思想政治教育系统的优化链式发

---

① 邱柏生:《高校思想政治教育的生态分析》,上海人民出版社 2009 年版,第 34 页。
② [瑞典]汤姆·R.伯恩斯主编:《结构主义的视野——经济与社会的变迁》,周长城等译,社会科学文献出版社 2000 年版,第 173—174 页。

展路径,最终实现大学生的全面发展与社会进步的和谐共振。

二、打造以文化人的校园文化环境

校园文化是指"学校在其建设与发展过程中经过长期积淀形成的以学校管理者和广大师生为主体不断创造并共享的校园精神和物质文化的总称。它包括师生员工的价值取向、精神境界、思维方式、行为准则;包括学校的传统习惯、校园风貌和文化氛围的活动形式及一定的物质形态"。"校园文化具有重要的育人功能,要建设体现社会主义特点、时代特征和学校特色的校园文化,形成优良的校风、教风和学风。"①高校校园文化环境的建设更要注重与社会发展相接轨,以社会主义核心价值观为核心,发挥其导向功能、规范功能和凝聚功能,体现办学特色,呈现出共融共通、相生相伴的格局。高校校园文化环境建设要体现出办学特色和企业特色,即校园文化要引进与企业文化相适应的元素。

第一,优化校园环境,将社会主义核心价值观融入高校的物质文化建设。

社会主义核心价值观的精髓源自中优秀华传统文化,引领着包括校园文化在内的建设方向。物质文化建设既要尊重和传承中华优秀文化传统,又要充分挖掘高校独特的文化品格与精神特质,还必须将社会主义核心价值观作为校园文化建设的主题与灵魂,科学设计校园文化环境,寓情于景、寓教于物,铸造高校的学校精神和文化品格,逐步形成高校独特的校园文化。此外,校园文化应与企业文化相结合,使学生在实习期间了解企业文化,企业技术专家和行业专家可以作为学生的校外导师进入校园,将专业知识与企业文化相结合,有效融入高校物质文化,规划设计校园结构布局,建筑设计,校园装修,美化绿化等文化景观。文化总是以一定形式和载体呈现出来,并对人们的思想和行为产生影响。开展校园文化活动离不开校园物质文化建设,它是加强校园文化建设的物质基础和有效载体。和谐优美的校园环境,丰富完善的教育设施,

---

① 　中共中央、国务院:《关于进一步加强和改进大学生思想政治教育的意见》,中发〔2004〕16 号文。

时尚先进的文体设施,齐全周备的服务设施等,这些都是校园文化建设的基础和前提。如何实现"物质"和"文化"的交相辉映,是我们校园文化建设的关键。优雅的校园环境、内涵丰富的物质文化建设,不仅有益于涵育师生品德修养,而且对于师生良好习惯的养成具有很强的导向力、规范力、凝聚力,还会对社会产生极大的吸引力。总之,高校校园文化建设要体现楼、堂、场、馆文化,让教室文化、宿舍文化、食堂文化、操场文化等蕴含其中,陶冶师生的高尚情操和爱国情怀。

第二,弘扬中华优秀传统文化,将社会主义核心价值观融入高校的精神文明建设。

校园文化建设注重历史沿革和文化积淀,挖掘并运用中华优秀传统文化的丰厚滋养和思想力量孕育的现代文明,将社会主义核心价值观融入高校的精神文明建设。首先要理解并把握社会主义核心价值观的内涵及本质要求,与高校的历史传统、人文价值、办学特色等各种因素有效结合起来,进行凝练、升华,创新设计,并形成高校师生共同的理想和追求。同时,通过宣传思想政治工作、教育教学工作和校园文化活动进行大力宣传,倡导并推行高教特色的新时代校园文化,掀起职业校园文化主题"活动月"的浪潮,高扬大学校园的鼓舞和激励功能,唱响新时代的主旋律。高校充分发挥校园文化活动鼓励和凝聚功能,大力举办"大师进校园""优秀校友进校园"等系列高水平的专题讲座,要与经常性的文化活动结合起来;与此同时还要充分发挥校史馆的传承与展示作用,搭建起学校精神文化的传播平台,弘扬学校精神、诠释校园文化、培养爱国情怀,激发全校师生的自豪感、荣誉感、责任感和进取心。其次,加强社会主义核心价值观的导向作用,发挥党报校刊尤其是网络新媒体的有力宣传作用,深度报道好人好事,树立正确的舆论导向,净化校园舆论环境,营造良好的舆论氛围;丰富校园文化宣传平台的形式和载体,有效增强师生对校园精神的认同,培养师生的人文价值、科学精神和创新意识;大力开展校园文化活动,如学习名言名句、读经典、讲故事,建设文化长廊,主题活动、感恩教育活动等,形成鲜明的高校特色文化,提升校园文化的凝聚力。

第三,培养法律意识,将社会主义核心价值观融入高校的制度文化建设。

高校制度文化建设体现出独特的办学思想和理念,将科学严谨的治校风格、求真务实的准则要求、产教融合的办学特色融入校园文化,以一种规范和引导的力量,让师生养成法律意识和行为自觉,从而保障校园活动正常有序地开展。在将社会主义核心价值观融入高等教育的过程中,要牢固树立以人为本的理念,关切师生利益和学生成长成才,增强服务意识和提高服务质量,不断增强社会主义核心价值观的感染力和凝聚力。

第四,自觉践行,将社会主义核心价值观融入高校的行为文化建设。

社会主义核心价值观是师生行为导向和行为判断的标准,从思想和道德层面提出要求,明确提倡和禁止的日常行为。同时,要充分发挥思想政治教育者和专业课教师的作用。首先,教师躬身践行社会主义核心价值观,在教书育人中遵守职业操守和行为规范,发挥道德水准高、思想境界高、价值取向正确、行为表现高雅的示范效应,带动学生积极践行社会主义核心价值观。其次,在校园行为文化铸造过程中,使社会主义核心价值观更为生活化,深度融入校园的科技、学术、体育、文娱、校内外实践等各个环节中,形成"以赛促教、以赛促学、以赛促改、以赛促建"的良好氛围。同时,在日常教育过程中,要将社会主义核心价值观"内化于心,外化于行",锤炼当代大学生意志和情怀,勇担报效祖国的社会责任,彰显新时代创新创业精神,提升综合解决问题的实践能力。

第五,发挥网络优势,将社会主义核心价值观融入高校网络文化建设。

发挥网络优势打造高雅、健康、和谐的校园网络平台,引导学生正确地对待网络和利用网络,营造出培育和践行社会主义核心价值观的网络文化氛围。首先,职业院校可以通过设置校园主题网站,树立典型人物,挖掘主题活动的内涵,积极运用网络平台,如主题网站、微信、QQ、微博等网络新媒体,撰写有思想深度、有文化内涵的评论文章,传播正能量,答疑解惑,引导培养大学生明辨是非、独立思考的能力,牢固树立网络文化阵地意识,巩固网络文化阵地,切实将社会主义核心价值观教育有效融入高校师生的日常生活中去。其次,建设一支专业的新媒体建设支撑队伍。依托高校在网络信息技术、装潢设计等专业优势,做好新媒体产品的设计、开发、应用、推广等工作,为校园网络文化建设提供有力的保障。最后,建设一支网络新媒体监管队伍,建立舆情中心,做好舆情监测工作,保障校园文化向上向好发展。

三、塑造以和化人的家庭文化环境

习近平总书记强调指出:"动员社会各界广泛参与家庭文明建设,推动形成爱国爱家、相亲相爱、向上向善、共建共享的社会主义家庭文明新风尚"[1],"无论时代如何变化,无论经济社会如何发展,对一个社会来说,家庭的生活依托都不可替代,家庭的社会功能都不可替代,家庭的文明作用都不可替代"[2]。提出注重家庭、家教、家风的希望。"尊老爱幼、妻贤夫安,母慈子孝、兄友弟恭,耕读传家、勤俭持家,知书达理、遵纪守法,家和万事兴等中华民族传统家庭美德,铭记在中国人的心灵中,融入中国人的血脉中,是支撑中华民族生生不息、薪火相传的重要精神力量,是家庭文明建设的宝贵精神财富。"[3]号召"广大家庭都要重言传、重身教,教知识、育品德,身体力行、耳濡目染,帮助孩子扣好人生的第一粒扣子,迈好人生的第一个台阶"[4]。可见,家庭建设对于学生一生的成长是至关重要的。

当前,社会处于转型升级发展的新时期,但仍存在着价值观、信仰缺失等一系列社会问题,人们将目光聚焦于家庭美德建设,家庭教育及良好家风的培育对于新时代高校大学生的成长成才起着至关重要的作用。我们着重从稳固家庭教育场域的角度,对塑造文明和谐的家庭文化环境展开阐述。

(一)加大社会支持力度,营造良好的社会环境

在大学生的日常生活和学习过程中,家教和家风都是家庭建设不可或缺

---

① 习近平:《在会见第一届全国文明家庭代表时的讲话》,人民出版社 2016 年版,第 7 页。
② 习近平:《在会见第一届全国文明家庭代表时的讲话》,人民出版社 2016 年版,第 2 页。
③ 习近平:《在会见第一届全国文明家庭代表时的讲话》,人民出版社 2016 年版,第 2 页。
④ 习近平:《在会见第一届全国文明家庭代表时的讲话》,人民出版社 2016 年版,第 5 页。

的,然而家庭文化受到社会经济环境、政治环境、文化环境等外部条件的深度影响。当前,我国处于新的历史发展机遇期,社会环境的变化对家庭美德建设产生更直接和客观的影响。因此,向上向善的社会文化环境是构建和谐家庭的前提条件。第一,筑牢经济基础,健全民主法律。政府、学校以及民间团体等积极组织并自觉投入扶贫攻坚工作中来,对贫困家庭进行建档立卡,有针对性地开展帮扶工作。第二,健全民主法治,倡导政治参与。现代社会的文化环境下,家庭的社会交往和社会意识大大增强,有着较强的政治参与意识。要营造良好的社会氛围,健全民主法治,健全家庭法律体系,为家庭参与民主政治建设,参与社会主义现代化建设打好基础。第三,弘扬社会主义先进文化,构建社会主义和谐社会。唱响时代的主旋律,让家庭文化体现中国文化、中国风格和中国精神,为学生的成长提供良好的家庭环境和氛围。

(二)维系家庭和谐,营造家教家风建设的良好氛围

家庭在大学生的成长成才过程中起着重要的作用,同样肩负着培育社会主义现代化建设需要的合格建设者的任务。随着改革开放的不断深入发展,我国社会也发生了翻天覆地的变化,同时也深度影响着家庭模式和结构特征的变化,并呈现出新时代的全新面貌。家庭观念因受到多元文化的冲击而变得愈加淡薄,随着人口出生率的下降,家庭成员数量也在减少,家庭结构呈现松散化趋势,失去了原有的凝聚力。有效维系家庭的和谐与发展,我们要做好如下几点。一是要提高家庭的存在感,发挥家庭参与社会主义现代化建设的重要作用,践行培育下一代的重大使命。家庭成员以家为荣耀和自豪,认同家庭文化,形成家庭共同体,致力于家庭的繁荣与兴盛。二是和睦家庭成员关系。在日常生活和工作过程中,家庭成员要构建平等人格,建立相互欣赏、相互关怀的诚挚情感。三是和谐社区和邻里关系,加强沟通,增进互访互信,增进邻里与社区之间的互动交流,努力构筑良好的社区氛围和新时代社会风尚,促进社区风尚、良好家教、家风的形成。

(三)完善良好家教,为家庭和谐与家风建设夯实基础

家庭教育在学生一生成长中起着重要的作用,而家庭往往推卸或逃避教育责任,当问题出现的时候,家庭往往会将教育责任推给学校。面对当今教育出现的边缘化、功利化等问题,家庭教育应给予一定的辅助,共同做好学生的教育工作。第一,正确认识家教地位。在家庭教育、学校教育和社会教育过程中,由于家庭教育的独特作用,因此家庭教育辅助做好学校教育,培养学生具有社会属性的社会人,发挥协同育人的协同效应,提高教育的效果。为此,我们要坚持"系统教育"的理念,提升家庭教育地位,构建家庭、学校和社会协同育人的综合教育机制,推动构建家庭和谐氛围。第二,健全完善家教内容。传统家庭教育历来注重德育教育,涉及仁义礼智信等为人处世的纲常之道,而现代家庭教育着重强调"以人为本"的理念,注重人的德、智、体、美、劳全面发展。丰富并完善家教内容,增强家教育人效能,为社会主义现代化建设培养合格建设者和可靠接班人。第三,优化家庭教育方法。运用典型案例法、情感注入法、榜样示范法等综合方法,形成一套家庭独特的话语体系,不断提升家教的效果,促进学生健康成长。

(四)构筑良好家风,为和谐家庭与文明家教铸就灵魂

家风和家教各有自身的特性和规律。良好的家风有着深厚的文化积淀,对学生的一生成长具有积极向上的引导作用,也有思想认识和行为举动的规约作用。我们需要根据家庭具体情况,合理借鉴传统家风、做好优秀家风的整理和宣传工作,营造良好家风氛围。首先,借鉴吸收优秀传统家风,形成具有时代风貌的优良家风。其次,重塑家风风采,将民主、平等、责任、自律、和谐等现代家风与"礼乐教化、修齐治平"的传统家风融入家庭生活,展现家庭风采。最后,借助网络新媒体平台,传播传承良好家风文化,要强化媒体从业者的专业素养人格风范,坚定社会主义理想信念,增强新时代社会责任感,做好对良好家风、文明家教与和谐家庭传承者以及全方位、立体式的宣传工作者角色,弘扬正能量,从而激发社会环境的向上向善的文化力量。

四、创造以合化人的行业文化环境

校园文化建设是推动现代化高校进步发展的重要力量。目前,中国70%

以上的职业院校存在自身特殊的行业背景。①"依托行业、服务行业"是职业院校的办学理念,而"以行业就业为导向,满足企业人才需求"则是众多职业院校的办学宗旨。依据高等教育的职业特色与行业特色的双重要求,高校校园文化建设既要展示职业教育的独特魅力,也要体现行业文化的传承性。高校校园文化建设要融入行业文化元素,彰显校园文化的行业特色。行业文化是在行业发展历程中积淀、凝练提取出来的涵括了相关职业核心理念、道德伦理、思维模式与行业规范等的独特产物。② 先进的行业文化具有导向、激励、凝聚和协调功能,还具有与行业规章制度相关联的软约束力,推动着行业的进步和发展。

高校的教育特色决定了其必须紧密结合行业的发展,共荣共进。但在校园文化建设的过程中,部分高校却忽视了对行业文化的承继与对接,这与职业院校"宽口径、重基础"的人才培养理念背道而驰。重企业文化的灌输,却忽视行业企业的实际需求,极大地影响着学生的培养质量。因此,扩展和提升职业院校校园文化的内涵,形成具有行业特色与品牌的校园文化,这将是高校校园文化建设的关键。

(一)高等教育融入行业文化教育的重要性、紧迫性

第一,高等教育融入行业文化教育的重要性。良好的行业文化发挥着价值引导、精神激励和行为规约的功能,积极推动着行业的繁荣有序发展。面对社会的转型升级以及企业对人才培养规格要求的提高,高校应改革创新人才培养方案,不断提高人才质量,在校园文化建设中注重行业文化的教育作用。高校大学生需自觉接受行业文化熏陶,融入行业文化的环境之中,提升自身的综合素养,成为社会企业所需要的高素质高技能人才。

第二,高等教育融入行业文化教育的紧迫性。高等教育处于现代化体系

---

① 参见王建梁、张业琴:《高等职业教育与大学无缝对接的实现机制:澳大利亚学分转换模式探析》,《清华大学教育研究》2009 年第 6 期。

② 参见韦景令:《职业院校"行业文化进校园"的研究与实践》,《职业教育》2018 年第 9 期。

构建和内涵式发展的新阶段,但是行业文化的缺位运行,仍然是高校必须解决的紧迫问题。高校多有行业发展的背景,并与行业发生着紧密的联系,要在教育过程中主动发现社会需求,创新与优化人才培养模式,培养现代企业所需要的"道德素质强、职业技能强、吃苦精神强、创新意识强"的高素质技术技能型人才。

(二)高等教育融入行业文化教育的模式

第一,高校的体制创新模式。高校要落实文化育人工程,需要政府相关主管部门、行业龙头企业、高校三方的鼎力协作,更需要三者在协同体制机制上的对接与创新。政府主管部门应出台相应的政策,鼓励校企合作,将行业文化融入校园文化。校企合作过程中,行业内校企文化的共建需要政府部门创新资金扶持、校企共建、校企互聘、人才评估、管理模式等体制机制的建设,创新行业文化进入校园和谐氛围的方式;行业协会、骨干企业、政府主管部门与高校深度合作,立足行业长远发展,由行业主管部门与龙头企业共同搭建高校行业文化建设的平台,创新行业技能型人才培养模式,营造高校行业文化氛围。

第二,高校实训基地创新模式。创建企业实训实习场地,发掘行业内优秀企业的文化精髓,构筑双基地的文化展示平台。双基地是高校在企业挂牌成立的大学生实训实习基地和综合素养培训基地,以及企业在高校挂牌成立的技能型人才培养基地和员工培训基地。双基地的创建实现行业文化理念的共融共通,推动校企深度合作,着眼于"宽口径、重基础"的行业人才培养,通过人员互通、理念共创、文化共育,从而更好地实现"行业文化进校园"。校企制度文化无缝对接,拥有行业背景的高校在专业特色的发展道路上向行业精英学习,从而实现高校制度文化的创新。基于实训基地形成人才协同共建机制,在校园文化的创建中,要做好宣传思想工作,及时报道行业技能标兵和道德楷模的先进事迹,丰富校园文化中的行业文化的内涵。

第三,高校校园文化品牌创新模式。一是要在校园文化活动中融入品牌企业的正向元素。展示行业企业风采,让大学生在生活与学习过程中就能领悟到骨干企业的品牌文化,丰富大学生的校园文化生活。二是要推进高校品牌社团的创建,紧密围绕行业内具体特色专业来创建大学生社团,如物流、电子商务等,同时在社团活动中积极融入职业素养、职业行为所需要的元素,在活动中培养大学生的综合素养。三是要重点推进行业品牌项目的建设。例如,高校校园文化可以借助酒店管理专业的发展契机,以酒店管理专业品牌服务项目的具体培训为教学载体,为大学生提供模式化的行业精品服务文化,实现行业精品文化育人的效果。

(三)高校"行业文化进校园"的效果评价方式

第一,"行业文化进校园"的物质文化评估。高校的物质文化是体现和弘扬职业院校校园文化精神、提升高校大学生专业技能水平的物质载体,对高校大学生的行业研习意识萌发、行业心理品质培育起到潜移默化的作用[1]。高校校园物质文化的建设是否体现行业特性和文化色彩需要进行评估。首先,要考察高校是否做好思想宣传工作,是否就行业内优秀人士的成功奋斗案例与精神进行宣传,所属系部内部是否形成行业内部的专业细分类文化。这是通过校园物质文化设施对大学生进行行业发展历史教育,激励大学生扎根行业理想信念。其次,要考察高校教学环境是否从专业化工场的角度进行设计,是否真正建立出融实训、生产和服务于一体的智能教室。最后,要考察高校是否发挥行业资源的优势,创建大学生实训实习基地,搭建行业内创业平台,让大学生融入行业的真实环境中接受锻炼。

第二,"行业文化进校园"的制度文化评估。高校制度文化建设中的机制建设,是保障高校教育秩序正常稳定的必要环节,具有导向、约束和规范的作用。高校制度文化建设要引入行业标准、制度和先进管理经验。其一,教育管理制度是否具有全面性,要明确各部门和员工在行业教育中所应承担的责任,充分发挥教职工和学生的主动性和创造性。其二,实训实习管理制度是否与行业及龙头企业接轨,实训中心建设是否按照行业标准进行标准化的操作,这样可以使高校学生在实训情况中接受行业文化的熏陶。其三,要重点考察是

---

[1]　参见黄兆牛:《职业院校校园文化育人的价值与路径探讨》,《九江职业技术学院学报》2018 年第 1 期。

否搭建满足大学生获取行业内教学资源的网络平台,是否充分满足大学生自我学习的个性化需要。

第三,"行业文化进校园"的精神文化评估。校园精神文化是高校师生内心态度、意志状态和思想境界的最好诠释,也是高校文化建设的出发点。首先,高校在精神文明建设过程中,要挖掘自身的历史文化资源,要有良好传承行业办学传统,同时还要将现代行业的先进文化,将行业价值观、品牌精神和经营理念等行业精神文化融入校园文化,打造富有行业文化特色的校园精神文化,使行业文化与高校校园文化协同共生。其次,组织教师到行业企业挂职锻炼,也可以安排大学生去企业进行顶岗实习,让师生共同参与到企业的生产管理、经营管理和技术研发等活动中去,从而激发学生的学习兴趣,培养学生的职业意识,提高学生的职业技能;技术能手进校园活动,聘请行业技术骨干、管理精英参与到高校实训课程教学和专业课程的研发工作,引导学生树立正确的职业观。优秀校友进校园活动,举办行业沙龙,让优秀校友走上讲台,来到沙龙活动现场,与学生进行零距离的沟通,鼓励学生敢于拼搏、勇于创新的精神,实现行业文化与校园文化的有机融合。最后,要评估高校是否充分发挥网络新媒体搭建的宣传平台,专题进行行业动态、行业标兵和行业规划等方面的宣传作用,从而构建高校校园精神文化。

总之,"行业文化进校园"是高校校园文化建设的新方向。高校在实施"行业文化进校园"的过程中,要创新性地引入企业文化的核心价值观和行为规范,形成现代新型校园文化,这样才能提升高校的人才培养质量,培养企业需要的高素质技能型人才。

结　语

立德树人是教育的根本任务。思想政治教育工作具有铸魂育人的重要作用。新时代思想政治教育的现代化,对高校思想政治工作提出了更高要求。围绕立德树人探讨高校思想政治工作协同问题,用新时代中国特色社会主义思想铸魂育人,对于开创我国高等教育事业发展新局面,特别是促进高校健康发展及大学生全面发展具有重要现实意义。

高校肩负着向社会发展输送高级专门人才的重要任务,在国家实施科教兴国战略和人才强国战略中占据特殊地位。高校思想政治工作是新时代全面落实立德树人根本任务,深化推进高校教育教学改革的重中之重。习近平总书记指出:"人才培养体系涉及学科体系、教学体系、教材体系、管理体系等,而贯通其中的是思想政治工作体系。"深入探究高校思想政治工作协同问题,实现高校思想政治工作体系科学发展、协同联动,有助于实现高校思想政治工作体系建设的系统性和整体性,推动高水平人才培养体系建设。

高校思想政治工作有其自身的复杂性,这决定了它的特殊性。高校凭借自身特色和功能,在获得规模发展和人才质量提升的同时,走向现代化教育体系建设和内涵式发展的新阶段。高校人才培养质量的提升,不只是青年学生专业技能的提高,更要关注其思想道德素质的提升。随着高等教育的规范化、体系化、现代化的发展,高校思想政治工作呈现出时代性、创造性、前瞻性、实践性、系统性等鲜明特征,新形势、新特点、新要求对高校思想政治工作形成了新的任务。

作为思想政治工作的新理念,协同理念是基于整体、系统、协作的价值标准,要在破除高校思想政治工作各种壁垒中,形成和谐共处的师生关系,有效提高高校思想政治工作整体效应。协同推进高校思想政治工作,强调在总体规划和部署安排中调动、协调、整合学校思想政治工作的资源要素。通过建立"党委统一领导、党政齐抓共管、有关处室各负其责、二级学院认真实施"的协同机制,清晰责任分工、理顺工作关系,将思想政治工作有效融入教学、科学研究、管理服务,学生成长成才全过程,即融入教育事业发展全过程,形成全程育人、全员育人、全方位育人的大思政育人格局。

本书以马克思主义理论为指导,立足于高校思想政治工作的"非协同"问题,紧紧围绕高校思想政治工作为何协同、怎样协同的问题展开论述,力求革新思想政治工作思维模式,推动主体自觉、主动协同,开创思想政治工作新格局。本书从高校思想政治工作的六个向度,论证了高校思想政治工作协同的内涵、意义和路径。目标协同聚焦立德树人目标,以学生思想品德的形成为价值旨向,导引主体行为,设置教育内容,营造生态环境;主体协同的目的在于弄清高校思想政治工作主体的类别、层次,理顺高校思想政治工作主体之间的关系,识别高校思想政治工作主体的功能,为高校思想政治工作主体关系的优化提出建议;主客体协同则从主体间性的视角来看待主客体关系,强调主体间性思维方式,考察主客体关系失衡现象,构建主体间性思想政治工作模式;内容协同则重在提升高校大学生政治思想、政治意识、政治态度的认同感,以社会主义核心价值观为引领,坚定社会主义理想信念,体现教育内容的科学性和现代化;过程协同则是以问题为导向,针对高校思想政治工作过程中的要素不协调、载体相隔离、机制不完善等问题,从实践的视角构建高校思想政治工作过程协同机制;环境协同强调高校思想政治工作文化协同作用,加强内在和外在的生态环境建设,推动高校思想政治文化生态的不断优化。最后,本书从高校思想政治工作的开展视域,展望高校思想政治工作可持续协同创新的前景。

本书以"新时代高校思想政治工作协同创新"为选题进行深入研究,希望能够在对高校思想政治工作协同深入研究的同时,对相关问题提出一套较为完整的可操作性的方案,从而为高校思想政治工作者在今后的具体工作实践中提供宏观理论借鉴和微观操作模式上的参考,同时也希望能为全面把握和深入推进大学生思想政治工作新局面发挥一定作用。然而,囿于自身和客观原因,本书还有许多问题未能全面探究下去。今后,我将继续努力,不断加深对该课题的研究,同时希望能有更多的人参与到高校思想政治工作中去,通过全方位、多角度的研究,建立起系统科学的高校思想政治教育理论体系和高效运转的高校思想政治工作协同体系。

参 考 文 献

一、经典著作

《马克思恩格斯选集》第 1 卷,人民出版社 1995 年版。

《马克思恩格斯选集》第 2 卷,人民出版社 1995 年版。

《马克思恩格斯选集》第 3 卷,人民出版社 1995 年版。

《马克思恩格斯选集》第 4 卷,人民出版社 1995 年版。

《马克思恩格斯文集》第 1 卷,人民出版社 2009 年版。

《马克思恩格斯全集》第 2 卷,人民出版社 2002 年版。

《马克思恩格斯全集》第 27 卷,人民出版社 1995 年版。

《马克思恩格斯全集》第 23 卷,人民出版社 1972 年版。

《邓小平文选》第二卷,人民出版社 1994 年版。

《邓小平文选》第三卷,人民出版社 1994 年版。

《江泽民文选》第三卷,人民出版社 2006 年版。

《习近平谈治国理政》第二卷,外文出版社 2017 年版。

《习近平谈治国理政》第四卷,外文出版社 2022 年版。

习近平:《论党的宣传思想工作》,中央文献出版社 2020 年版。

习近平:《决胜全面建成小康社会 夺取新时代中国特色社会主义伟大胜利——在中国共产党第十九次全国代表大会上的报告》,人民出版社 2017 年版。

习近平:《在北京大学师生座谈会上的讲话》,人民出版社 2018 年版。

习近平:《在会见第一届全国文明家庭代表时的讲话》,人民出版社 2016 年版。

二、重要文件

教育部:《关于推进高等职业教育改革创新引领职业教育科学发展的若干意见》,教职成[2011]12 号。

教育部:《关于整体规划大中小学德育体系的意见》,中发[2004]16 号。

中共教育部党组:《高校思想政治工作质量提升工程实施纲要》,教党[2017]62 号。

教育部:《关于加强高职高专教育人才培养工作的意见》,高教[2000]2 号。

教育部:《关于全面提高高等职业教育教学质量的若干意见》,教高[2006]16 号。

中央宣传部、教育部:《关于印发普通高校思想政治理论课建设体系创新计划的通知》,2015 年 7 月 27 日。

三、理论著作

顾海良主编:《高校思想政治理论课程建设研究》,经济科学出版社 2009 年版。

孙其昂:《思想政治教育现代转型研究》,学习出版社 2015 年版。

罗国杰:《道德教育与价值导向》,教育科学出版社 2000 年版。

荆惠民:《思想政治工作概论》,中国人民大学出版社 2007 年版。

习近平:《决胜全面建成小康社会　夺取新时代中国特色社会主义伟大胜利——在中国共产党第十九次全国代表大会上的报告》,人民出版社 2017 年版。

教育部思想政治工作司:《中共中央国务院关于进一步加强和改进大学生思想政治教育的意见》,《加强和改进大学生思想政治教育重要文献选编(1978—2008)》,中国人民大学出版社 2008 年版。

[德]赫尔曼·哈肯:《协同学:大自然构成的奥秘》,凌复华译,上海译文

出版社 2013 年版。

郑杭生：《社会学概论新修》，中国人民大学出版社 2003 年版。

王学俭：《现代思想政治教育前沿问题研究》，人民出版社 2008 年版。

张耀灿主编：《思想政治教育学前沿》，人民大学出版社 2006 年版。

张耀灿主编：《现代思想政治教育学》，人民大学出版社 2006 年版。

骆郁廷：《思想政治教育原理与方法》，高等教育出版社 2010 年版。

邱伟光、张耀灿：《思想政治教育学原理》，高等教育出版社 1999 年版。

郑永廷：《思想政治教育方法论》，高等教育出版社 1999 年版。

顾海良、佘双好：《高校思想政治理论课程教学改革研究》，武汉大学出版社 2006 年版。

孙其昂：《思想政治教育现代转型研究》，学习出版社 2015 年版。

陈秉公：《21 世纪思想政治工作创新理论体系》，吉林教育出版社 2000 年版。

熊建生：《思想政治教育内容结构论》，中国社会科学出版社 2012 年版。

张耀灿、陈万柏：《思想政治教育学原理》，高等教育出版社 2001 年版。

石书臣：《现代思想政治教育主导性研究》，学林出版社 2004 年版。

张崇深：《简明中国古代文化史》，甘肃人民出版社 1994 年版。

吕萌：《媒介形态变化与电视文化传播》，合肥工业大学出版社 2006 年版。

罗国杰：《道德教育与价值导向》，教育科学出版社 2000 年版。

詹万生：《整体构建德语体系总论：全国教育科学"九五"规划国家级重点课题研究成果》，教育科学出版社 2001 年版。

苗东升：《系统科学大学讲稿》，中国人民大学出版社 2007 年版。

《爱因斯坦文集》第 3 卷，许良英、赵中立、张宣三编译，商务印书馆 1979 年版。

俞吾金：《意识形态论》，上海人民出版社 1993 年版。

邱伟光、张耀灿：《思想政治教育学原理》，高等教育出版社 1999 年版。

陈万柏:《思想政治教育学原理》,人民大学出版社 2013 年版。

赫文武:《教育哲学》,人民教育出版社 2007 年版。

罗洪铁:《思想政治教育专题研究》,中央文献出版社 2007 年版。

教育部社会科学司:《普通高校思政治理论课文献选编(1949—2006)》,中国人民大学出版社 2007 年版。

胡绳:《中国共产党的七十年》,中央党史出版社 1991 年版。

孙其昂:《思想政治教育现代转型研究》,学习出版社 2015 年版。

郑永廷、江传月主编:《主导德育论》,人民出版社 2008 年版。

邱柏生:《高校思想政治教育的生态分析》,上海人民出版社 2009 年版。

[比]伊里亚·普里戈金:《从混沌到有序》,曾庆宏译,上海译文出版社 1987 年版。

[美]阿伦·C.奥恩思坦、琳达·S.贝阿尔-霍伦斯坦、爱德华·F.帕荣克:《当代课程问题》,余强主译,浙江教育出版社 2004 年版。

[美]Jerry M.Burger:《人格心理学(第八版)》,陈会昌译,中国轻工业出版社 2017 年版。

[法]弗朗索瓦·佩鲁:《新发展观》,张宁译,华夏出版社 1987 年版。

[法]塔尔德、[美]克拉克:《传播与社会影响(当代世界学术名著·新闻与传播学译丛·大师经典系列)》,何道宽译,中国人民大学出版社 2005 年版。

[英]伯顿:《媒体与社会:批判的视角》,史安斌主译,清华大学出版社 2007 年版。

[美]多米尼克·大众传播动力学:《数字时代的媒介》,蔡骐译,中国人民大学出版社 2004 年版。

[德]赫尔曼·哈肯:《高等协同学》,郭治安译,科学出版社 1989 年版。

[德]赫尔曼·哈肯:《协同学:大自然构成的奥秘》,凌复华译,上海译文出版社 2013 年版。

四、学位论文

李晓莉:《思想政治教育协同创新研究》,兰州大学,2016 年。

杨睿:《基于协同学理论的思想政治教育方法创新研究》,广西师范大学,2014 年。

许力双:《中国高校大学生思想政治教育路径研究》,吉林大学,2016 年。

张雪飞:《高校思想政治理论课教学实效性研究》,辽宁师范大学,2011 年。

苏令银:《主体间性视域的思想政治教育主客体关系研究》,华东师范大学,2013 年。

五、中文期刊

顾海良:《打牢马克思主义学科建设的根基》,《理论导报》2015 年第8 期。

李叔龙:《关于增强高校党建工作实效性的思考》,《学校党建与思想教育》2012 年第 34 期。

杨大荣:《新媒体时代下高校党建工作创新研究》,《当代职业教育》2015 年第 3 期。

雷志成:《协同创新视域下高校思想政治工作队伍建设》,《长江大学学报》(社会科学版)2014 年第 10 期。

张琪:《大学生思想政治教育主体协同系统分析》,《东北师大学报》(哲学社会科学版)2015 年第 1 期。

骆郁廷:《论思想政治教育主体、客体及其相互关系》,《思想理论教育导刊》2002 年第 4 期。

董振华:《把握高职学生思想政治工作的两大特点》,《思想理论教育导刊》2017 年第 6 期。

杨高:《高校大学生思想政治教育工作创新模式探析》,《中国成人教育》

2013 年第 11 期。

王懂礼：《基于高校特色的思想政治教育实效性建设内容探析》，《学校党建与思想教育》2012 年第 5 期。

吴艳华：《三重认同：思想政治教育的目标》，《思想教育研究》2015 年第 11 期。

刘华才：《新形势下大学生思想政治工作协同创新研究》，《学校党建与思想教育》2017 年第 3 期。

刘志国：《高校学生思想政治工作水平提升策略研究》，《中国高等教育》2017 年第 13 期。

蒋玉莲：《试论"三位一体"的高职大学生思想政治教育新模式》，《学术论坛》2010 年第 11 期。

项久雨：《论多重视角下的思想政治教育主客体关系》，《教学与研究》2014 年第 9 期。

高晨阳：《中国传统哲学整体观模式及其评价》，《文史哲》1988 年第 6 期。

吴彤：《自组织方法论论纲》，《系统辩证学学报》2001 年第 2 期。

梁继锋：《自组织理论视野下的思想政治教育系统研究》，《黑龙江高教研究》2009 年第 7 期。

郑吉春：《协同理论视域下推进高校大学生思想政治教育工作的思考》，《北京教育（德育）》2015 年第 5 期。

唐兴：《大学生思想政治教育与心理健康教育的共生发展机制研究》，《中国科技创新导刊》2009 年第 12 期。

蔡小葵：《运用协同理论探索大学生思想政治教育中的协同机制》，《内蒙古师范大学学报》（教育科学版）2013 年第 11 期。

余仰涛、熊习岸：《建设思想政治教育学应正视的几个问题》，《江汉论坛》2003 年第 7 期。

王永贵：《掌握高校思想政治工作主导权的现实思考》，《思想理论教育》

2017 年第 4 期。

王学俭、李晓莉:《论思想政治教育协同创新》,《甘肃社会科学》2014 年第 3 期。

王学俭、李晓莉:《思想政治教育协同创新的育人机制探析》,《教学与研究》2015 年第 10 期。

王冠中:《马克思主义整体观下的"四个全面"战略布局解读》,《岭南学刊》2016 年第 3 期。

黄路生:《构筑高校思想政治工作"协同体"》,《中国共青团》2017 年第 9 期。

武晓华:《当前加强大学生职业道德教育的思考》,《高校理论战线》2009 年第 9 期。

郑永廷:《思想政治教育学科研究重点与难点辨析》,《思想教育研究》2007 年第 5 期。

陈科、张林:《客体主体化:思想政治教育有效性的实现——基于对网络游戏玩家"反客为主"意识的剖析》,《思想教育研究》2018 年第 2 期。

王桂菊:《思想政治教育主客体关系探本——基于对思想政治教育本质的解读》,《学校党建与思想教育》2012 年第 7 期。

李辉:《新时期高校思想政治工作"三个规律"的内在逻辑》,《中国高校社会科学》2017 年第 3 期。

甘晖:《思想政治工作的目标与队伍建设及其相关问题》,《思想教育研究》2004 年第 10 期。

王宗礼、周方:《网络新媒体对高校意识形态安全的冲击及应对》,《思想教育研究》2018 年第 10 期。

贺定修等:《高职教育政校行企协同创新机制》,《教育与职业》2014 年第 17 期。

余双好:《思想政治教育学科发展的问题与走向》,《思想教育研究》2014 年第 1 期。

贺国元:《高校学风建设中辅导员和专职教师的责任差异》,《宁波大学学报》2015 年第 2 期。

蒋强军:《高等职业院校思想政治理论课困境与提升路径》,《沈阳农业大学学报》(社会科学版)2016 年第 18 期。

张文强:《发挥专业课教师在思想政治教育工作中的作用》,《河南社会科学》2005 年第 3 期。

骆郁廷:《论思想政治教育主体、客体及其相互关系》,《思想理论教育导刊》2002 年第 4 期。

骆郁廷、丁雪琴:《思想政治教育客体主体化探析》,《学校党建与思想教育》2002 年第 21 期。

金飞:《高校主体间性思想政治教育实践模式探索》,《教育与职业》2016年第 10 期。

程仕波、熊建生:《论思想政治教育获得感》,《思想教育研究》2017 年第7 期。

骆郁廷:《论网络思想政治教育的主体与客体》,《马克思主义与现实》2016 年第 2 期。

冯建军:《人的道德主体性与主体道德教育》,《南京师范大学学报》(社会科学版)2002 年第 2 期。

孙正聿:《塑造和引导新的时代精神——面向新千年的马克哲学》,《中国社会科学》2001 年第 5 期。

周光迅、卢露:《大学生思想政治教育规律的若干哲学思考》,《杭州电子科技大学学报》(社会科学版)2008 年第 4 期。

张尚兵、余达淮:《新形势下创新高校思想政治教育工作的若干维度》,《江苏高教》2017 年第 7 期。

石书臣:《主体间性视域下思想政治教育主客体关系的新形态及其构建》,《学校党建与思想教育》2017 年第 3 期。

武晓华:《当前加强大学生职业道德教育的思考》,《高校理论战线》2009

年第 9 期。

佘双好:《心理健康教育何以成为思想政治教育研究的领域》,《马克思主义研究》2007 年第 3 期。

侯勇:《论思想政治教育系统思维转型》,《思想教育研究》2012 年第 3 期。

董海军:《家庭因素对大学生政治制度认同的影响研究》,《思想教育研究》2015 年第 7 期。

邱柏生:《要重视研究思想政治教育的生态环境》,《学校党建与思想教育》2004 年第 5 期。

林滨:《当代意识形态的发展与"文化化"》,《教学与研究》2011 年第 4 期。

六、报纸

《中共中央、国务院关于加强和改进新形势下高校思想政治工作的意见》,《人民日报》2017 年 2 月 28 日。

《中共中央、国务院关于进一步加强和改进大学生思想政治教育的意见》,《人民日报》2004 年 10 月 15 日。

后　记

党的十八大以来,习近平总书记在全国宣传思想工作会议、全国高校思想政治工作会议上的重要讲话,以及中共中央、国务院印发的《关于加强和改进新形势下高校思想政治工作的意见》中,"创新""协同"成为主题词,引起思想理论界和高等学校的极大关注和反响。习近平总书记强调,要以改革创新的精神做好高校思想政治工作,推进高校思想政治工作话语体系、体制机制等创新,完善协同育人模式,努力形成高校思想政治工作的协同效应。为此,深化高校思想政治工作协同创新的理论基础,推进高校思想政治工作协同创新,是当前全面学习贯彻习近平新时代中国特色社会主义思想的内在要求,也是新时代推动高校思想政治工作创新发展的必然选择。

本书是在我博士论文的基础上,根据答辩委员会专家们提供的宝贵意见进一步修改完成的。值此拙著完成之际,谨向所有关心我成长发展的家人、老师、同事、朋友们致以由衷的感谢!

感谢我的恩师王宗礼先生。能够成为先生的博士生是我一生最大的荣幸。是先生带领我走进了学术的殿堂,他渊博的知识、严谨的治学态度、认真细致的做事风格、勇于创新的精神、对学术的不懈追求都令我十分钦佩,这将是我受益终生的宝贵财富。4年博士学习生活,先生教会了我科学的思维方式、正确的研究方法、前沿的思想理念,教会了我许多为人处世的道理。他每一次学术思想的启发都让我受益匪浅,每一次生活上的关怀都让我倍感温暖与感动。正是在这样的情怀和熏陶中,我才有了更加认真完成论文的动力!先生已作古,仅以此书,向先生表达我的哀思和崇高的敬意。

感谢西北师范大学马克思主义学院张润君教授、陈晓龙教授、李朝东教授、刘基教授、吴国喆教授对我学业的谆谆教诲。感谢史小宁教授、金建萍教授、侯选明教授、马俊峰教授、孙健教授、岳天明教授、何继龄教授和孙继虎教授对我论文的开题和修改奉献的许多思想智慧,使我的论文得以完善。感谢黄蓉生教授、刘先春教授、王学俭教授、张新平教授在论文答辩中的悉心指导。感谢符得团书记、马科中书记、左利平老师、张莉老师对我学业的关心和支持。本书写作过程中阅读、参考、引用了同行们的一些研究成果,在此向他们表示衷心的感谢。

感谢我的同窗好友韩世强、王慧娟、梁军、董春莉、黄艳永、潘永峰、马迎、张锐、冯鑫。感谢师姐、师兄、师弟、师妹对我的帮助与支持。我们在学术上的思想激荡和辩争、在生活上的相互关心和鼓励,让我收获了友情和亲情,你们是我一生最大的财富。

感谢我的父亲和母亲,他们在精神上时刻激励着我,支持我不断努力奋斗,迎接生活中每一次的挑战。母亲已辞世,仅以此书献给我亲爱的母亲。我更要感谢我的妻子和女儿,是她们给了我家庭的温暖、关爱和快乐。再次感谢我的妻子对家庭生活的任劳任怨,对我的包容、理解和尊重,使我能够心无旁骛地从事书稿的修订工作。

本书的出版得到了西北师范大学马克思主义学院思想政治理论课专项建设经费的资助,得到了人民出版社的支持,衷心感谢人民出版社编辑和其他出版工作人员为本书出版付出的辛勤劳动。当然,书中难免存在疏漏之处,敬请各位同仁、专家学者批评指正!

周 方

2023 年 5 月于田家炳书院

责任编辑：戚万迁

封面设计：王欢欢

图书在版编目（CIP）数据

新时代高校思想政治工作协同创新研究/周方 著. —北京：人民出版社，2023.8

ISBN 978－7－01－025853－9

Ⅰ.①新…　Ⅱ.①周…　Ⅲ.①高等学校-思想政治教育-研究-中国

Ⅳ.①G641

中国国家版本馆 CIP 数据核字（2023）第 171760 号

新时代高校思想政治工作协同创新研究

XINSHIDAI GAOXIAO SIXIANG ZHENGZHI GONGZUO XIETONG CHUANGXIN YANJIU

周　方　著

人民出版社 出版发行

（100706　北京市东城区隆福寺街 99 号）

北京汇林印务有限公司印刷　新华书店经销

2023 年 8 月第 1 版　2023 年 8 月北京第 1 次印刷

开本：710 毫米×1000 毫米 1/16　印张：15.5

字数：220 千字

ISBN 978－7－01－025853－9　定价：68.00 元

邮购地址 100706　北京市东城区隆福寺街 99 号

人民东方图书销售中心　电话 （010）65250042　65289539